그들은 왜 사무실을 없앴을까

HOW THE FUTURE WORKS
: Leading Flexible Teams To Do The Best Work of Their Lives

HOW THE FUTURE WORKS

완전히 자유로운 근무 공간과 시간,
유연근무로 앞서가는 기업들 이야기

브라이언 엘리엇 외 지음 | 박소현 옮김

그들은 왜 사무실을 없앴을까

한국경제신문

LEADING
FLEXIBLE TEAMS
TO DO
THE BEST WORK OF
THEIR LIVES

이 책에 쏟아진 찬사들

우리는 일사불란, 근면 성실을 우선으로 하는 근무 문화로 선진국 반열에 오를 수 있었다. 하지만 다시 한 번 도약하기 위해서는 새로운 대안이 필요하다. 이에 대한 공감대는 이미 형성되어 있다. 이 책에는 유연하고 성과 높은 팀을 만드는 원칙과 이를 실행하는 문화를 구축하는 데 필요한 방법이 담겨 있다. 이를 통해 우리는 가능하다고 생각했던 것보다 더 많은 걸 얻을 수 있을 것이다.
정응섭, 슬랙 한국 지사장

이 책은 디지털 기술을 중심으로 새롭게 펼쳐질 유연근무 세상에서 직원들을 하나로 연결하고 지원하고 북돋워주는 문화를 구축하기 위한 핵심 원칙들을 짚어준다. 직원들의 업무 방식을 완전히 바꾸고 잠재력을 이끌어내기 위한 필수 지침서다.
마크 베니오프, 세일즈포스 회장 겸 공동최고경영자

우리는 유연근무가 일의 미래임을 알고 있다. 문제는 이를 어떻게 효과적으로 시행할 것인가. 이 책은 최신 데이터와 함께, 업무 능력 저하 없이 더 많은 자율성을 확보하기 위한 현실적인 조언을 전한다.
애덤 그랜트, 펜실베이니아대학교 와튼스쿨 교수, 베스트셀러 《오리지널스》 저자

우리는 현상을 유지하는 퇴보의 길을 걸을 것인지, 후대를 위해 사회를 변혁할 것인지를 놓고 선택의 기로에 서 있다. 일의 미래를 깊이 있게 탐구하는 이 책은 우리에게 청사진을 제시하며 사회 변혁의 동력을 제공한다. 현대 사회의 리더들이 읽어야 할 필독서다.
인드라 누이, 펩시코 전 최고경영자, 《충만한 나의 삶(My Life in Full)》 저자

디지털화가 더욱 심화되는 포스트 팬데믹 세상에서 최고경영자들이 당면한 주제 가운데 일의 미래만큼 전략적으로 중요하고 복잡하고 긴급한 주제도 없다. 세 저자는 예기치 못했던 문제를 조명하고 리더가 결정을 내릴 수 있도록 통찰력과 실용적인 조언을 제공하며 직원과 조직 모두를 위하는 업무 환경으로 개선하는 길을 안내한다.
리치 레서, 보스턴컨설팅그룹 회장

근무 장소와 근무 방식의 본질이 변화하고 있는 상황에서, 규모를 막론하고 모든 조직에게 일의 미래를 탐구하기 위한 지침이 필요하다. 이 책은 유연근무에 관한 각종 연구와 원칙, 스토리텔링을 뛰어난 솜씨로 엮어내고 있다.

아르빈드 크리슈나, IBM 최고경영자 겸 회장

현대 사회의 경영진에게는 가뭄에 단비만큼 귀한 책이다. 발상도, 구상도, 글도 탁월하다. 각 장 말미에 실린 점검사항과 부록에 실린 툴들을 참고하면 유연근무 실행 계획을 수월하게 수립할 수 있다. 대단한 쾌거다!

앨런 머리, 〈포춘〉 최고경영자

오늘날 일터에서 경험하는 중대한 변화들을 헤쳐나가는 비즈니스 리더들에게 천군만마 같은 참고 자료다. 퓨처포럼(Future Forum)의 세 창립자들은 일의 개념을 새롭게 정립하고 더 효과적인 새로운 근무 형태를 정착시킬 때 당면하게 될 중요한 문제들의 해답을 찾는 데 도움을 준다.

트레이시 레이니, 리바이스 최고인사책임자 겸 전무

설득력 있는 기업 사례를 소개해 유연근무에 대한 사고방식을 바꿔놓은 이 책은 직원과 조직 모두를 위해 보다 지속가능하고 개선된 근무 형태를 제시한다. 근무 장소, 근무 시간, 근무 형태를 숙고하게 하는 실용적인 지침과 자료를 제공하며, 무엇보다 유연근무를 전략으로 채택해야 할 이유를 보여준다. 치열한 인재 확보 전쟁의 한복판에서 포스트 팬데믹 시대 일의 미래를 재구상하고 있는 리더들이 읽어야 할 걸출한 책이다.

헬레나 고츠슐링, 캐나다왕립은행 최고인사책임자

팬데믹으로 업무가 중단되는 사태가 벌어지면서 유연근무 시대가 도래했다. 빛나는 통찰력을 보여주는 이 책은 여러 사례를 통해 유연성, 다양성, 포용성을 갖춘 조직 문화를 성공적으로 안착시키는 데 필요한 틀을 제시한다.

세달 닐리, 하버드 경영대학원 교수, 《리모트워크 레볼루션》 저자

나는 퓨처포럼의 조언을 귀담아듣는다. 미래의 업무 방식에 대해 방대한 데이터를 수집하고 주의를 기울이고 유의미한 질문을 던지고 유익한 통찰을 제공하는 이들을 알아보는 사람이라면 나처럼 귀를 기울일 것이다.

프리야 파커, 《모임을 예술로 만드는 법》 저자

코로나 시기가 시작되고 1년쯤 지난 2021년 3월 어느 날, 슬랙 (Slack) 경영진은 주간 화상 회의를 진행하는 중이었다. 회의가 시작되고 45분이 지나도록 대화는 갈피를 잡지 못해 사무실 출근 재개, 원격근무(remote work, 사무실에 출근하지 않고 집이나 다른 장소에서 일하는 근무 형태 – 옮긴이) 정책, 시간대에 따른 고용 지침, 지역별 임금 조정안 등 코로나 시기 이후 이제는 익숙해진 여러 문제들이 중구난방으로 튀어나왔다.

모두들 일방적으로 자기 이야기만 쏟아냈다. 듣고 보니 미래에 펼쳐질 가장 기본적인 근무 환경에 대한 생각이 제각각인 듯했다. 보다 못한 최고인사책임자 나디아 롤린슨(Nadia Rawlinson)이 나섰다. "잠깐만요. '무엇이 달라질 것인가'라고 하셨는데 비교 기준 시점이 언제인가요? 코로나 시기 전인가요, 아니면 지금인가요? 그게 중요해요. 기준에 따라 답이 정반대가 될 수도 있으니까요."

옳은 지적이었다. 우리의 뇌는 지름길을 선호한다. 그러다 보니 미래를 상상할 때도 과거와 비슷한 모습의 미래를 떠올린다. "앞으로는 일주일에 이틀만 사무실에 출근할 겁니다"라고 말하면 "그 외 사항은 코로나 시기 전과 거의 똑같을 것입니다"라는 의미가 함축돼 있다고 생각한다. 하지만 이 추정은 틀렸다. 근무 환경이 이미 바뀌었는데도 여전히 모든 직원이 출퇴근 가능한 거리에 산다고 전제하기 때문이다.

앞으로 근무 방식이 사무실 출퇴근이라는 '규범'에서 진화한다면 삶이 여러모로 개선될 것이다. 코로나 시기에 거의 모든 직원이 재택근무를 했음에도 놀라운 성과를 거둔 사실에 비춰보면 우리는 두 가지 이점을 누릴 수 있게 됐다. 첫째는 코로나가 잠잠해지고 일상적인 감염 위험과 팬데믹의 영향에 익숙해지면서 정상적인 삶의 즐거움을 되찾게 되리라는 점이다. 다시 여행을 떠나고 다른 사람을 만나고 건강에 대한 위험 요인이 줄어들면 정서적 안정감과 행복감은 그전보다 증진될 것이다.

둘째는 업무를 위해 직접 대면해 소통하고 협력하는 일이 다시 가능해지리라는 점이다. 이는 인간관계를 다지고 신뢰를 쌓고 창의적인 작업을 하는 데 유익하다. 동료와 직접 대면해야 할 필요성이 그전처럼 크지 않다 하더라도 주기적으로 동료들과 만나 함께 시간을 보내는 것은 대다수 지식노동자들에게 중요한 일이다. 이는 평소에 '완전 재택근무'를 선호하는 사람들도 다르지 않다.

롤린슨의 질문을 계기로 회의는 다시 열정적인 토론 분위기를 띠었다. 그 이후 나는 소프트웨어 기업을 이끄는 최고경영자들과 업계 전문가들, 수십 명의 고객과도 대화를 나누었고 많은 이들이 미래의 업무 방식을 긍정적이고 열린 마음으로 수용하고 있다는 사실을 알게 됐다.

팬데믹은 디지털 기술이 직접 대면 소통을 보조하던 세계에서 직접 대면 소통이 디지털 기술을 보조하는 세계로 바뀐 현실을 여실히 보여줬다. 이제 우리가 할 일은 디지털 기술이 주가 된 현실에 발맞춰 사고방식을 바꾸는 것이다.

우리는 엄청난 기회를 목전에 두고 있다. 경험상 "위기를 낭비하지 말라"보다 더 값진 격언은 없었다. 그리고 지금껏 코로나보다 더한 위기는 없었다. 지금까지의 업무 방식을 재고하고 오래된 악습을 타파할 기회이자 개인과 기업이 일하는 방식을 개선할 기회로 삼아야 한다.

과학자들의 말대로 한번 깨진 계란은 원래대로 되돌릴 수 없다. 우리가 원하는 미래를 그리려면 현재의 상황을 전제해야 한다. 익숙하지만 다시는 오지 않을 과거를 전제하면 안 된다는 말이다. 각 분야의 리더들은 예측불허의 현 상황을 창의력을 발휘하고 실험하고 발명하는 계기이자 업무 방식을 근본적으로 바꿀 단 한 번뿐인 기회로 인식해야 한다. 슬랙이 지원하는 컨소시엄 퓨처포럼(Future Forum) 창립에 기쁜 마음으로 조력한 것도 미래의 방식을 모색하는 리더들에게 힘이 되고 싶어서였다.

우리 모두 스트레스는 덜 받으면서도 성취감을 느끼며 더 생산적으로, 더 즐겁게 일할 수 있다. 여러분이 그럴 수 있도록 돕는 것이 이 책의 목적이다.

스튜어트 버터필드

(슬랙 공동창업자 겸 전 최고경영자)

그들은 왜
사무실을
없앴을까

차례

'9시 출근 5시 퇴근'은 더 이상 효과적이지 않다
(효과적이었던 적도 없다)

기업형 온라인 협업 애플리케이션 회사 슬랙을 설립할 무렵, 공동 창업자 겸 최고경영자였던 스튜어트 버터필드는 캐나다 밴쿠버에, 다른 창업자들은 뉴욕과 샌프란시스코에서 살고 있었다. 여러 지역에 흩어져 근무하는 사람들을 위한 온라인 협업 툴을 공동으로 개발했지만 정작 본사는 샌프란시스코에 두고 있었다. 그게 당연하게 여겨졌기 때문이다. "은행 간 금융(inter-bank finance, 일반인이 이용하는 시중은행과 달리 국내외의 다른 은행들과만 거래하는 분야—옮긴이)을 하고 싶으면 런던으로, 미디어 대기업을 설립하고 싶으면 뉴욕으로 가야 합니다. 영화 제작을 하고 싶으면 로스앤젤레스로 가야 하고요." 버터필드가 2018년 어느 인터뷰에서 했던 말이다.[1] 그리고 기술기업(tech company)을 세우고 싶다면 샌프란시스코 베이 에어리어(Bay Area)로 가야 한다. 적어도 당시 기업 사이에서는 이 같은 사고방식이 지배적이었다. 사실 버터필드 자신도 얼마 지나지 않아 샌프란시스코로 이사했다. 기술기업들이 몰려 있고 자신의 회사도 자리 잡고 있는 업계 심장부 근처에 거주하기 위해서였다.

온라인으로 협업할 수 있도록 개발된 슬랙은 코로나가 전 세계를 강타하기 직전인 2019년 말에 출시됐다. 그런데도 자사 개발자의 79퍼센트는 샌프란시스코 베이 에어리어에 살았고, 다른 지역에 거주하며 원격근무 중인 직원은 2퍼센트에 불과했다. 회사가 유연근무 자체를 불허한 건 아니었다. 재택근무를 허락받고 눈부신 실력을 발휘하는 직원도 있었고 때로는 다른 지역에 사는 인재를 고용하기도 했다. 하지만 공동창업자이자 최고기술책임자인 칼 헨더슨(Cal Henderson)은 이렇게 시인했다. "저도 원격근무에는 믿음이 안 갔죠." 회사 리더들조차 직원들이 한 지역에 살면서 공동 일정에 따라 사무실 출근을 해야 협력이 잘 되고 혁신적인 일을 할 수 있다고 믿었던 것이다.

하지만 그런 사고방식은 몇 가지 문제점을 낳았다. 우선 능력 있는 인재를 데려오기가 어려웠다. 극히 드문 예외가 있긴 했지만 슬랙에 입사하고 싶은 사람들은 회사 근처에 살거나 근처로 이사할 의향이 있어야 했다. 집값이 매우 높은데도 말이다. 한편 기존 직원이 가족을 따라, 또는 삶의 질을 높이기 위해 다른 지역으로 옮기면 회사 입장에서는 인재를 잃는 셈이었다. "대체 인력이 없을 때는 타 지역에서 인재를 영입하기도 했지만 놓치는 인재도 분명 있었습니다." 버터필드의 회고다.

코로나가 덮치면서 기업들이 사실상 하룻밤 새에 사무실을 폐쇄하고 모두가 어쩔 수 없이 거대한 실험에 내몰릴 때 슬랙도 같은 상황에 처해 있었다. 그러면서 개별 기업뿐 아니라 산업 전반에서 일의 본질이 바뀌었다.

초기에 슬랙 임원진들의 초점은 오로지 생산성에 맞춰져 있었다. 직원들이 변화된 환경에서도 설정한 목표를 달성할 수 있을지에 관심을 둔 것이다. 상황이 변함에 따라 성과 지표가 어떻게 달라지는지를 예의주시한 결과 놀랍게도 전반적인 생산성, 품질, 안정성은 여전히 건실한 것으로 드러났다. "운영상 문제가 전혀 생기지 않았다는 사실에 놀랐습니다." 헨더슨의 말이다. 그래도 전반적으로 눈에 띄는 변수는 있었다. 당연한 일이지만, 가족 중에 어린 자녀나 환자가 있는 직원, 근무 환경이 좋지 않거나 인터넷 접속이 열악한 환경에서 일하는 직원들은 어려움을 겪고 있었다. 하지만 회사에서 필요한 인력을 제공하고 공간을 마련해주고 장비를 지원하는 등 문제의 성격을 파악하고 해결해나가자 상황도 점차 개선됐다.

처음에는 대다수 기업들이, 아니 대부분의 사람들이 이런 변화가 금방 지나갈 거라고 생각했다. 하지만 그러한 상황이 길어지면서 직장인들도 새로운 리듬에 적응하기 시작했다. 우리뿐 아니라 당시 수많은 거래처에서도 그런 현상이 나타났다. 기존 업무 방식에서 지혜를 엿보기도 했지만, 그런 지혜가 통하지 않는 경우도 많았다. 예전에는 대체로 같은 시공간에서 근무했고 이 방식만이 협력과 혁신에 필수라 여겼다. 가령 전에는 브레인스토밍 회의 때 화이트보드를 사용하는 것이 당연시됐다. 하지만 다른 방법을 찾아야 하는 상황에 맞닥뜨리자 해결책이 저절로 나타났다. 대부분 간단한 거였다. 가령 슬랙에서는 팀원이 각자 편한 시간에 아이디어와 의견을 내고 하나의 문서에 정리하는 방식으로 브레인스토밍을 진행했고, 의견이 전부 취합되면 온라인에서 토론을 벌였다. 이 방식이 의외로 효과가 있었다. 회의, 조직 강화(team building), 성과 측정, 그 외 다른 활동들에도 업무 관행과 방식에 조정을 가했더니 기대 이상의 결과가 나타났다(이 조정 방법들은 본문에서 차차 설명할 것이다).

역사상 유례없는 시기에 기업 경영진들은 조직이 힘없이 와해될까 봐 노심초사하며 생산성뿐 아니라 직원들의 정서와 집중력 등에 나타난 변화를 면밀히 관찰하고 있었다. 그런데 정반대의 상황이 벌어졌다. 처음으로 시도한 유연근무제가 오히려 생산성을 높인 것이다. 골드만삭스그룹이 분석한 자료에 따르면 재화와 서비스의 시간당 생산성이 코로나 시국 첫 해에 3.1퍼센트 증가했다.[2]

몇 달 후 슬랙 경영진은 코로나 시국에 자리 잡은 새로운 방식과 교훈을 새로운 업무 방식으로 정착시키는 방침을 진지하게 고려하기 시작했다. "반박할 수 없는 증거가 눈앞에 있었기 때문이죠." 버터필드의 설명이다. "우리가 이런 상황에 내몰린 건 우연히 일어난 사고 때문이었지만, 이런 변화를 받아들여야 하는 상황에 처한 것은 혜택이라고 할 수 있습니다. 이 사고가 없었다면 새로운 방식이 유용하다고 절대 설득할 수 없었겠죠. 유연근무를 하면 더 좋은 성과를 거둘 수 있다는 객관적인 사실을 어떻게 믿게 하겠습니까. 실제로 경험해봤으니까 믿는 겁니다."

증거가 확실한 만큼 경영진은 전반적인 근무 방식을 바꾸기로 결정했다. "어떤 지점에 이르니 이 정도면 되겠다 싶은 자신감이 생기더군요. 그래서 앞으로도 이 방식으로 회사를 운영해야겠다고 생각했죠." 헨더슨의 말이다. 2020년에 슬랙은 유연근무제를 공식적으로 도입했고 기존 업무 방식으로 돌아가지 않겠다고 선언했다. 미국 내 전 지역에서 직원을 고용했고 샌프란시스코 베이 에어리어를 떠나 다른 지역으로 이사하는 직원들도 고용이 유지됐다. 한 편으론 직원들이 언제 어디에서 일하든 편한 조건에서 서로 연락하고 협력할 수 있는 툴과 업무 방식을 개발했다. 이런 운영 방식이 한번 자리를 잡으면 예전 방식으로 돌아가기가 어려워질 터였다. 하지만 버터필드는 스스로의 선택을 통해 자신감을 보였다. 자신도 한때는 떠날 수 없다고 생각하던 베이 에어리어를 떠나 콜로라도로 이사한 것이다. "어디든 못 갈 곳이 없었죠. 이사를 하더라도 회사를 운영하거나 제 일을 하는 데는 아무런 문제가 없을 테니까요."

이는 한 가지 변화에 그치는 것이 아니라 매우 다양한 영역에 영향을 끼치는 근본적인 변혁이었다. 이 영향에 대해서는 이 책 전반에 걸쳐 살펴볼 것이다. 직원들의 거주지만 봐도 2021년 말 기준으로 슬랙 개발 팀 중 36퍼센트만 샌프란시스코에 살았고 팬데믹 이전에 2퍼센트에 불과했던 원격근무 직원들은 이후 50퍼센트에 가깝게 급증했다.

슬랙이 근본적으로 유연근무를 확대한 주된 이유는 직원 채용과 보유, 즉 인재 확보 전쟁에서 긍정적인 효과를 얻을 수 있기 때문이다. 오늘날 기술기업의 최대 과제는 우수한 지식노동자를 확보하는 것이다. 2021년, 〈포춘(Fortune)〉과 딜로이트(Deloitte)가 공동으로 진행한 설문조사에 따르면 최고경영자 73퍼센트가 '인력 부족'이 가장 심각한 문제라고 답했고 57퍼센트는 '인재 확보와 고용'이 가장 큰 과제라고 응답했다. 그 뒤를 이은 51퍼센트는 '인재 보유'가

가장 큰 과제라고 답했다.[3]

이 책을 읽으면 알게 되겠지만 유연근무는 인재를 영입하는 일뿐 아니라 직원의 잠재력을 발휘하게 하는 데도 효과적이라는 점에서 실로 큰 기회를 제공한다. 팬데믹 이전의 업무 방식은 낡은 표준과 조직 모델에 바탕을 두고 있었고, 과학기술이 꾸준히 발전하고 인력이 다양해져도 기존 규범은 교착 상태를 벗어나지 못했다. 어쩌면 그런 변화에 눈뜨고 대응하기 위해 코로나 같은 위기가 필요했는지도 모른다. 버터필드가 말했듯 "이제는 낡고 익숙한 과거의 습관으로 돌아갈 수 없다. 시대에 뒤떨어진 방식으로 대처하면 안 된다. 현 상황에 신중하고 냉철하게 대응해야 하며, 그래야 더 나은 일터와 더 나은 세상을 만드는 데 필요한 창의력이 발휘될 것이다." 이는 리더들이 생각하는 것보다 더 쉽게 달성 가능하다.

유연근무로 인해 "일하는 방식의 모든 측면에 의문을 갖게 됐다. 이제 모든 것을 새로운 시각으로 점검해봐야 한다. 지금까지는 사무실이 업무 성과 측정의 기준이었다. 누구든 사무실에 출근하고 정해진 일정을 따라야 했다. 하지만 팬데믹 이전에도 그런 방식은 지속가능하지 않았다. 우리는 직원 경험(employee experience, 직원이 회사에서 경험하는 교육, 업무 환경, 일상적인 상호 작용 등의 총합 – 옮긴이)에 대해 숙고해봐야 한다. 지금은 직원들이 최대한의 역량을 발휘할 수 있는 절호의 기회다."

아티프 라피크(Atif Rafiq), MGM 리조트 인터내셔널 사업개발본부장[4]

'9시 출근 5시 퇴근'은 사라져야 한다

"시간이 돈"이라는 오래된 속담이 있다. 벤저민 프랭클린이 한 말로 알려진 이 속담에는 시간을 많이 들일수록 생산량도 늘어난다는 굳은 신념이 담겨 있다. 한때는 그 말이 맞았는지도 모른다. 적어도 일부 경우에는 사실이었을 것이다. 농업 시대에는 들판에서 시간을 많이 보낼수록 곡식을 더 많이 심고 결실을 더 많이 수확할 수 있었다(물론 노동 시간이나 수확량에 대한 삯을 받는 일꾼과 땅 주인에게나 해당되는 말로, 노예나 하인들과는 무관했을 것이다). 그렇더라도 농사일은 대부분 해가 지면 끝났고 농사철도 정해져 있었다. 산업혁명 시대에는 대부분의 노동이 들판에서 공장으로 옮겨갔고 노동도 매일 정해진 시간에 이루어졌으며 그 관행은 지금까지 이어지고 있다.

언론인 셀레스트 헤들리(Celeste Headlee)는 《바쁨 중독(Do Nothing: How to Break Away from Overworking, Overdoing, and Under-living)》에서 이렇게 말한다. "산업혁명 이전에는 시간의 기준이 날짜와 계절이었다. 하지만 노동자들이 출퇴근 도장을 찍기 시작하면서 시간 관념이 바뀌었고, 그에 따라 여가도 주말과 휴가철에만 즐길 수 있게 됐다." 물론 일에서 놓여나는 시간이 있어야 여가도 가능할 텐데, 공장의 교대 근무 시간은 하루 10시간이나 12시간, 심지어 14시간에 이르렀다. 먹고 자고 다음 날 일할 준비를 하느라 여가 활동은 꿈도 못 꿀 정도였다(오늘날 근무 형태를 생각하면 그리 낯설지 않은 일상이다).

가혹한 조건에 저항하는 노동 운동이 힘을 얻었지만 변화를 바라는 측은 노동자들만이 아니었다. 1920년대에 자동차왕 헨리 포드(Henry Ford)는 노동 시간에 제한을 둬야 경영에도 이롭다는 사실을 깨달았다. 효율성을 높일 방안을 고심하던 그는 노동자들이 너무 오래 일하면 실수가 늘어나 결국 생산성 저하로 이어진다는 것을 알아차렸다. 그래서 주당 5일 일일 8시간 근무를 사규로 정했다. 그가 최초의 고안자는 아니었지만 이 원칙에 사회적 관심을 집중시킨 사람인 건 분명했다. 포드는 이렇게 말했다. "경험상 출근일수를 주6일에서 주5일로 바꾸면 생산성이 더 높아집니다. 하루 8시간 노동으로 삶이 윤택해졌듯 주5일 노동은 그보다 훨씬 더 윤택한 삶을 선사할 것입니다."[5] 하지만 노동 시간 제한은 프랭클린 루즈벨트 대통령이 '공정근로기준법' 법안에 서명한 1938년에야 모든 노동자들에게 적용됐다.[6]

산업혁명 시대에는 일의 개념이 시간 및 생산 지표와 밀접히 연관돼 떼려야 뗄 수 없는 불가분의 관계처럼 인식될 정도였다. 관리 관행도 그에 발맞추면서 관리자들은 출퇴근카드와 감시 체계를 동원해 노동자들이 정해진 시간에 노동을 하고 생산량을 충족시키는지 감시했다.

이러한 사고방식은 일의 성격이 상당히 바뀐 현대에도 거의 변함이 없다. 20세기 중반에 이르러 많은 노동자들의 일터가 공장에서 사무실로 바뀌었고, 들판과 공장이 그랬듯 업무를 수행하는 중심 장소는 여전히 존재했다. 바로 파일과 사무장비(타자기, 배전반, 팩스)와 동료들이 있는 사무실이다.

오늘날에도 대다수는 근무일을 대체로 월요일에서 금요일, 9시에서 5시까지로 생각한다. 고용주는 이 시간에 직원들이 사무실에 있는 것을 당연시하고 언제 퇴근하는지도 기록한다(적어도 팬데믹 이전에는 그랬다). 현대 경제에서 중요한 위치를 차지하는 지식노동 분야는 다양한 첨단 장비 덕분에 정해진 장소나 시간에 모여서 일할 필요가 없어졌는데도 이러한 경향이 아직까지 잔존하고 있다. 이제 곡물이 자라는 들판에 나갈 필요도, 부품을 조립하기 위해 공장에 나갈 필요도, 동료나 고객을 만나기 위해 사무실에 출근할 필요도 없어졌다. 실제로 아침 9시에 사무실에 출근하고 저녁에 고단한 노동을 끝마치는 일상은 많은 이들에게 과거의 풍경이 되었다. 노트북 컴퓨터와 스마트폰만 있으면 귀가 후에도 일할 수 있기 때문이다. 그런 의미에서 9시 출근 5시 퇴근은 오늘날 대다수 지식노동자들의 동조를 얻지 못하고 있다.

지난 수십 년간 근무 방식이 크게 바뀌었지만 변함없이 그대로인 것도 있다. 가령 프레젠티즘(Presenteeism, 업무의 효율성과 무관하게 사무실에 있는 시간만 중시하는 태도 – 옮긴이), 퇴근시간만 기다리는 불성실한 태도, 직원 감시 같은 관행은 지금도 산업 분야를 막론하고 만연하지만 이에 문제의식을 제기하는 경우는 거의 없었다(곧 살펴보겠지만 여전히 그렇다). 코로나로 인해 전 세계적으로 사무실 출퇴근이 중단되면서 이 문제를 피할 수 없게 됐다. 현재의 근무 방식을 점검하고 지금까지와는 다른, 기왕이면 더 나은 방식을 모색하게 된 것이다.

　인류학자 제임스 수즈먼(James Suzman)은 시대의 변화에 따라 일의 개념이 어떻게 진화해왔는지를 이렇게 설명한다. "현재 인간의 경제구조를 떠받치는 핵심 바탕은 대부분 농업혁명과 산업혁명의 소산이라는 것을 깨달아야 한다. 그런 다음에야 우리는 새롭고 더 지속가능한 미래를 상상할 수 있고 삶의 의미를 찾을 수 있으며 미래를 위해 억압된 에너지와 창의성을 올바른 방향으로 발휘할 수 있다."[7]

　현재의 근무 방식이 과거의 규범에 뿌리를 두고 있다면 그 변화를 가로막는 것은 무엇일까? 근무 방식을 새롭게 개선하는 데 방해가 되는 요인은 무엇일까?

　　공장노동의 산물인 주5일 40시간 근무 관행은 마침내 과거의 유물이 돼가고 있다. 이제 직원들은 진 빠지는 출퇴근 시간에서 해방돼 주어진 하루를 더 알차게 쓸 것이다.

　　드류 휴스턴(Drew Houston), 드롭박스(Dropbox) 공동창업자 겸 최고경영자[8]

퓨처포럼은 무엇인가

퓨처포럼은 코로나 위기를 산업혁명 시대 이후 근무 방식을 재설계할 수 있는 최초이자 절호의 기회로 인식하고 설립한 조직이다.

우리는 기업 리더들이 현 상황을 제대로 파악하고 유리하게 이용할 수 있도록 모든 방법을 알려주고 싶었다. 여기서 기회란 재택근무만 말하는 게 아니다.

퓨처포럼의 발족은 슬랙이 직원의 업무 방식을 이해하고 더 높은 성과를 거둘 수 있도록 지원하는 방법을 연구하는 팀을 보유하고 있었기에 가능했다. 슬랙의 제품 개발은 그 같은 고민에 대한 답에서 출발하기 때문이다. 연구 결과 지난 수십 년간 지식경제 분야에서 거대한 변화가 일어났음에도 업무 관행과 구조, 성과 지표가 이 변화를 따라가지 못하고 있는 것으로 나타났다. 이 연구는 원래 슬랙 제품을 개선하는 데 목적을 두고 있었다. 버터필드는 일의 개념이 어떻게 변화하고 있는지 보다 넓은 시각으로 들여다보고 더 나아가 어떻게 변화해야 하는지를 살피자는 뜻에서 '일의 미래 센터(Center for the Future of Work)'를 설립하자는 의견을 그전부터 피력하던 터였다.

하지만 그의 발상은 조직 내에서 별 호응을 얻지 못했다. 그러다 2020년 코로나가 덮쳐 전 세계의 교류가 단절되고 기업들이 문을 닫을 수밖에 없었던 시점에 슬랙도 어쩔 수 없이 관행에서 벗어나 기업을 운영해야 하는 처지가 됐다. 그러던 중 비슷한 상황에 놓인 전 세계 기업 경영자들과 이처럼 크나큰 제약 속에서 어떻게 일을 지속할 수 있을지에 대해 의견을 나누게 됐다. 초기에는 다음과 같은 실용적인 문제들에 대해 논의했다. "이런 문제는 어떻게 해결해야 할까요? 귀사 직원들은 이런 식으로 근무가 가능한가요? 방해

요인은 뭔가요? 어떻게 지원하고 있습니까? 어떤 방침이 효과가 있나요? 현 상황에 대해 투자자들에게 어떻게 얘기할 건가요?"

그러다 몇 달 후 상황이 안정되면서 경영진은 위기의식에서 벗어나 철학적 접근법으로 돌아섰다. 슬랙은 기술기업뿐 아니라 다양한 분야의 리더들과 소통하기 시작했다. 이 거대한 변화 앞에서 고군분투하는 경우도 있었지만 생산성이 높아지지는 않더라도 이전 수준을 꾸준히 유지하거나 놀랍게도 더 높은 성과를 거두고 오히려 더 만족하며 일에 몰입하는 경우도 있었다. 많은 사람들이 사무실에 나오지 않아도 일을 잘하고 서로 다른 환경에서 각자의 일정대로 일했는데도 해이해지지 않았다는 사실이 많은 리더들에게 충격으로 다가왔다. 이런 깨달음에 이르자 리더들의 대화는 점차 "어떻게 해야 효과를 거둘 수 있을까?"에서 "이 방식이 효과적이라면 지금뿐만 아니라 장기적으로도 업무 방식을 재설계하는 게 나을까?"로 바뀌었다.

이런 분위기 속에서 모든 직원에게 통할 수 있는 업무 방식 재설계에 역점을 둔 컨소시엄 퓨처포럼이 탄생했다. 퓨처포럼은 기업이 근무 시간을 유연하게 운용하고 다양한 배경의 구성원을 포용하고 유대감을 다지고 궁극적으로는 현 상황에 걸맞게 효율성을 높일 수 있는 방향을 제시한다. 이를 위해 독창적인 연구를 수행하고, 다양한 산업 분야에 몸담은 수천 명의 임원들을 참여시켜 서로 배우고, 새로운 개념을 실험하고, 궁극적으로 어떤 미래가 펼쳐질지 생각해보도록 유도한다.

물론 유연근무의 장점은 생각지도 못한 긍정적인 발견이었지만 장밋빛 일색은 아니었다. 연구에 따르면 그 혜택이 공평하게 돌아가지 않은 것으로 나타났기 때문이다. 가령 어떤 부문에서는 대규모의 실업자가 양산됐다. 근무 방식을 바꿀 수 없는 분야가 그랬다. 재택근무 직원들은 학교가 잠정폐쇄되자 자녀를 돌보는 책임까지 떠맡게 되면서 업무에 차질을 빚었다. 이 같은 불공평은 여성들, 특히 유색인종 여성에게 더 큰 타격을 입혔다. 한편으론 유연근무는 차별에 취약한 집단에게 유리하게 작용하기도 했다. 여성들과 유색인종은 유연근무를 가장 절실히 원했다(그 이유는 뒤에서 자세히 다룰 예정이다). 유연근무의 혜택을 경험한 이들이 많아지면서 대다수 지식노동자들도 유연근무제가 더욱 확대되기를 원하고 있다. 우리가 수행한 연구에서도 유연근무는 직업 만족도에서 보수 다음으로 중요한 요소로 꼽혔다.

퓨처포럼의 핵심 목표 중 하나는 직원들이 최고의 성과를 내려면 무엇이 필요한지를 이해하고 현 상황에서 조직과 직원들이 상생하기 위해 리더가 해야 할 일을 알아내는 것이다.

내게 유연근무제는 미래다. 코로나 시기가 가져온 한 가지 장점은 사무실에서 벗어난 지금에야 우리에게 가장 중요한 것이 무엇인지를 다시 생각하게 됐다는 것이다.

벤 체스트넛(Ben Chestnut), 메일침프(Mailchimp, 마케팅 자동화 플랫폼 – 옮긴이) 설립자 겸 최고경영자[9]

일의 미래로 나아가는 7단계

이 책은 퓨처포럼 설립 이후부터 지속된 연구의 일환으로, 슬랙을 비롯해 아이비엠(IBM), 캐나다왕립은행(Royal Bank of Canada), 리바이스(Levi Strauss & Co.), 아틀라시안(Atlassian), 델 테크놀로지스(Dell Technologies), 제넨테크(Genentech), 세일즈포스(Salesforce), 보스턴컨설팅그룹(Boston Consulting Group) 등 다양한 기업의 전문가들이 경험한 사례를 소개한다. 일의 미래를 재설계하는 방법뿐 아니라 이를 위한 청사진을 제공하기 위함이다. 재설계가 필요한 이유는 두말할 것도 없이 과거의 방식이 효과를 잃었다는 데 있다.

유연근무가 일터에서 발생하는 모든 문제를 해결해주는 만능해결책은 아니지만 제대로 활용하면 올바른 방향으로 나아가는 중요한 첫걸음이 될 수 있다. 물론 특정 근무 방식을 수십 년간 유지해왔고 이 변화를 어떻게 도입해야 할지 모르겠다면 제대로 시행하기가 쉽지 않을 것이다. 새로운 디지털 환경에 과거의 방식을 그대로 옮겨오는 단순한 프로세스라고 생각한다면 이 변화는 성공적으로 추진할 수 없다. 사례 연구와 실생활에 직접 적용 가능한 조언을 곁들인 이 책은 업무 방식을 재설계하는 데 도움이 될 핵심적인 일곱 단계를 제시하고 있다. 살벌한 인재 영입 전쟁이 벌어지고 있는 시대에 인재들이 원하는 건 바로 유연근무다. 다음 장에서 살펴보겠지만 지금처럼 변화가 빠른 시장에서 경쟁력을 유지하고 싶다면 반드시 유연근무를 도입해야 한다.

HOW THE FUTURE WORKS

인재 확보 전쟁에서
어떻게 이길 것인가

유연근무제를 선택할 수밖에 없는 이유

"이제는 어디든 일을 하는 곳이 직장이 될 것이고, 각자 일하기 좋은 날이 근무일이 될 것이다."[1] 2020년 10월, 드롭박스 최고경영자 드류 휴스턴은 그간의 근무 방식과는 전혀 다른 유연근무제 도입을 발표하며 이렇게 설명했다. 드롭박스의 조직 문화는 그때까지만 해도 사무실 중심이었지만 이후 대규모 자본을 투입해 최고인사책임자 멜라니 콜린스(Melanie Collins)의 말대로 "우리가 만들어낼 수 있는 가장 쾌적한 작업 환경"을 구축했다. 드롭박스의 사무실은 샌프란시스코에서 시드니까지 전 세계에 포진해 있고 최신식 헬스클럽과 고유의 커피 블렌드를 제공하는 세계적인 카페테리아도 갖추고 있다. 드롭박스는 사무실을 중시했기 때문에 코로나 시기 전만 해도 원격근무를 하는 직원이 전체의 3퍼센트에 불과했다. 그러다 코로나가 전 세계를 강타하면서 사무실이 폐쇄됐고 드롭박스 직원들도 대부분 원격근무로 전환하게 됐다.

슬랙에서와 마찬가지로 코로나 때문에 어쩔 수 없이 업무 방식을 완전히 바꿔야 했던 드롭박스 경영진은 생산성이나 실적이 감소하지 않았다는 사실에 놀라움을 금치 못했고, 기존 업무 방식을 돌아보며 유연근무의 장점과 가능성을 진지하게 검토했다. 유연성을 소극적으로 받아들였던 기업들과 달리 드롭박스는 다음과 같이 한 걸음 더 나아간 질문을 던졌다. 유연근무제는 장기적으로 어떤 효과를 불러올 것인가? 상황에 떠밀려 시행하긴 했지만 유연근무제를 정식으로 도입하면 어떻게 될까?

쉽게 답이 나오지 않았다. 드롭박스는 이 문제를 본격적으로 연구하기 위해 전담 팀을 꾸렸다. 콜린스와 앨러스테어 심슨(Alastair Simpson) 디자인 부사장이 이끌고 디자인 팀, 기술 팀, 인사 팀 직원들이 참여한 팀이었다. 그들은 내부적으로는 직원들의 반응을 관찰하고 외부적으로는 수십 개 기업을 벤치마킹했다. 콜린스는 이렇게 설명했다. "전 직원 사무실 근무부터 전 직원 원격근무까지 모든 방안을 두루 살펴봤죠."

드롭박스가 제외한 근무 모델은 일부는 원격으로, 일부는 평소처럼 사무실에 나와 일하는 하이브리드 근무(hybrid work, 사무실 근무와 원격근무를 상황에 따라 선택해서 일하는 근무 형태 – 옮긴이) 방식이었다. 대다수는 이 모델을 제일 먼저 떠올리겠지만 드롭박스에는 맞지 않는다고 판단했다. 콜린스가 설명했듯 가장 큰 이유는 "직원 경험이 두 가지로 분리된다는 점이다. 누가 원격근무를 하고 누가 사무실 근무를 하는지에 따라 실적과 경력 관련 차별이 나타나 포용성문제를 낳을 수 있다"는 것이었다.

결국 유연근무를 전 직원의 기본 근무 방식으로 채택하기로 뜻을 모았다. 하지만 이 제안을 들은 경영진은 의구심을 표하며 부정적인 반응을 내비쳤다. 특히 휴스턴은 그 이유에 대한 상세한 설명을 요구했다. 이론상으로는 문제가 없었지만 직원들의 '일과'가 잘 그려지지 않는다는 것이었다.

앞서 말했듯 휴스턴은 "일을 하는 곳은 어디든 일터"이고 "근무를 하는 날은 언제든 근무 요일"이라고 말할 만큼 유연근무를 적극 지지하는 입장으로 바뀌었다. 그렇다면 팀원들이 서로 연락하고 협력해야 하는 작업은 어떻게 할까? 전담 팀은 9시에 출근하고 5시에 퇴근하는 기존 방식을 버리고, 근무 시간을 직원들 각자의 '집중 근무시간'과 팀원들과의 효율적인 '협업시간'으로 분배하려면 무엇이 필요할지 궁리했다. 그래서 유연근무 방안에 '집중협업시간(core collabolation hours)'을 포함시켰다. 평일 4시간은 온라인상에서 대기하며 서로 연락할 수 있도록 정해두고 나머지는 각자의 업무에 집중하는 시간으로 쓰자는 것이다(그림 1 참조). 그러자니 다음과 같은 문제가 제기됐다. "시간대가 다른 팀원들과 만나려면 어떻게 해야 할까?" "회의 시간을 8시간에서 4시간으로 단축시키려면 어떻게 해야 할까?"

전담 팀은 몇 가지 해결책을 모색했다. 집중협업시간을 정하려면 먼저 전 세계의 시간대를 파악해야 했다. 가령 미국 서부의 오전 9시부터 오후 1시는 동부 시간으로 정오부터 오후 4시였다. 이렇게 4시간을 정해두면 팀원들은 온라인상에서 협업할 수 있고 그 외 시간에는 가족과 점심 식사를 하거나 축구 연습이 끝난 자녀를 데리러 갈 수도 있을 터였다.

이런 문제들을 차차 해결해나가다 보니 이 제도가 성공하려면 회사가 그저 정책 발표만 할 것이 아니라 콜린스의 표현대로 "의도적인 조직 문화의 변화"를 창출해야 한다는 점이 분명해졌다. 이를

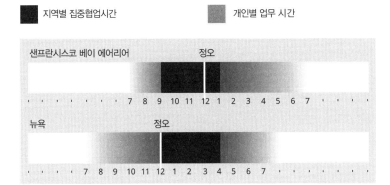

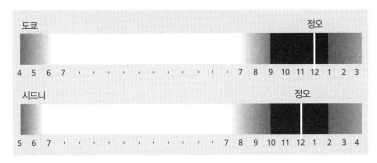

그림 1

드롭박스는 시간대와 거주지를 감안해 '집중협업시간', 즉 동시간에 접속해서 협업하는 연속 4시간을
정해놓았다. 위 예에서는 아메리카 대륙과 아시아태평양 지역에 흩어져 있는 팀의 협업시간을 진하게
표시했다.

출처: 드롭박스

위해서는 회의가 꼭 필요한 중요한 사안이 무엇일지 판단하는 문
제부터 사내 카페나 헬스클럽 이외에 제공해야 할 복지 혜택에 이
르는, 모든 영역에 대한 사고방식의 변화가 필요했다.

　이 개념을 도입하고 이에 발맞춘 근무 환경 변화를 알리기 위해
드롭박스는 모든 직원에게 특별 제작한 툴킷(toolkit)을 제공했다.

실용적인 연습문제가 포함된, 상시 업데이트되는 지침서를 배포하는 한편으로 팀원들이 행동 변화에 집중하도록 조언도 전했다. 지침서는 업무의 우선순위부터 팀 리더의 직무에 이르는 다양한 주제를 다루고 있었고, 툴킷은 주로 비동기 업무(asynchronous work, 한 팀의 구성원들이 모두 엄격한 일정에 따르거나 실시간으로 만나 소통하지 않고, 마감기한을 맞추는 조건하에 각자의 상황에 맞춰 진행하는 업무 – 옮긴이)에 중점을 뒀다. 협업 시 비동기 업무를 어려워하는 직원이 많았기 때문이다. 심슨은 이렇게 말한다. "가장 역점을 둔 행동 변화는 불필요한 회의를 없애고 비동기 업무를 수용하는 것입니다. 이 두 가지를 완수한다면 우리가 최근까지 연구한 내용을 바탕으로 직원들이 최적의 성과를 낼 수 있으리라고 봅니다." 유연성에 중점을 두긴 했어도 대면 교류 또한 중요하다는 판단에 따라 드롭박스는 드롭박스 스튜디오를 세우기로 했다. 직원들이 직접 만나 회의를 하거나 팀 행사를 주관하고 교육을 실시하는 등 니즈에 따라 다 함께 모여야 할 때 이용할 공간이었다.

새로운 전략을 실행한 지 얼마 되지 않아 몇 가지 장점들이 드러났다. 앞에서 언급했듯 업무 유연성을 중시하고 이를 원하는 직원들이 늘고 있는 추세고 이는 드롭박스도 다르지 않았다. 내부조사에 따르면 직원의 88퍼센트가 유연근무제 확대를 반겼고 '생산성도 이전과 비슷하게 유지되거나 더 높아졌다'고 답했다.

장점은 그뿐만이 아니었다. 경영진은 유연근무 모델이 회사의 핵심 목표와 재정 목표를 달성하는 데도 도움이 되는지를 알아봤다. 초반에 나타난 결과는 긍정적이라는 표현으로는 부족할 정도였다. 유연근무제를 도입한 후 나타난 변화는 다음과 같았다.

- 지원자 수 3배 증가
- 고용에 소요되는 시간 15퍼센트 절감
- 다양한 배경의 지원자 16퍼센트 증가

이는 유연근무가 가져온 긍정적 효과의 일부에 불과하다. 드롭박스 같은 기술기업뿐 아니라 다른 분야의 기업들도 비슷한 효과를 경험했다. 역사가 오래된 기업이든 신생 기업이든, 중앙집중식 조직이든 글로벌 조직이든 규모가 크든 작든 유연근무는 거의 모든 산업에서 엄청난 잠재력을 발휘한다. 제대로 활용한다면 개인, 기업할 것 없이 분명 그 이점을 누릴 수 있다.

유연근무란 무엇인가

유연근무라고 하면 하이브리드 근무, 원격근무, 온라인 근무(virtual work, 사무실에 출근해서 다른 직원들과 직접 대면하지 않고 온라인에서 소통하며 일하는 근무 형태 – 옮긴이), 분산 근무(distributed work, 팀원들이 각자 다른 장소에서 일하며 협력하는 근무 형태 – 옮긴이) 등이 떠오를 것이다. 수십 년간 당연시되던 근무 환경과는 다른 형태들이다. 여기서는 이를 한데 묶어 '유연근무'로 표기했다.

이렇게 혼용하는 이유는 경우에 따라 의미가 약간씩 달라지기 때문이다. 이 개념은 각 기업의 니즈뿐 아니라 기업 내 각 팀의 니즈에 부응하는 광범위한 선택지를 아우른다. 많은 이들이 유연근무를 집에서 일하는 재택근무라고 생각하는데, 이는 협소한 정의다 (곧 살펴보겠지만 가장 큰 이점도 아니다). 유연근무는 일련의 규칙이나 정책이라기보다 사고방식에 가깝다. 말하자면 '일=사무실', '근무일=9시 출근 5시 퇴근'이라는 낡은 개념에서 탈피하는 것이다. 직원들에게 더 많은 자유와 재량을 주면 각자 자신에게 가장 잘 맞는 방식으로 일할 수 있다. 이때 중요한 것은 언제 어디서 일할 것인가가 아니라 어떻게 해야 최선의 성과를 거둘 수 있느냐다. 이를 위해서는 유연한 사고가 필요하다.

가령 재택근무는 최선의 유연근무 모델이 아니다. 일하는 '시간'이 아니라 일하는 장소를 중시하기 때문이다. 그런데도 유연성을 이야기할 때 대개 일하는 장소를 떠올린다. 앞서 언급한 '원격', '분산' 같은 용어들도 대체로 장소의 유연성을 암시한다. 하지만 실제로는 유연한 근무 시간이 훨씬 더 중요하다. 퓨처포럼이 6개국 1만여 명의 지식노동자를 대상으로 설문조사를 한 결과, 76퍼센트가 유연한 근무 장소를 원했다. 상당히 높은 비율인 만큼 주목할 필요는 있다. 하지만 놀라운 건 이들이 가장 절실하게 원하는 유연성은 아니었다는 점이다. 그보다 훨씬 높은 93퍼센트는 유연한 근무 시간을 원했다(그림 2 참조).[2]

76%
근무 장소의 유연성을 원함

 93%
근무 시간의 유연성을 원함

그림 2
출처: 퓨처포럼 펄스, 2021

이 조사 결과가 많은 리더들의 예상을 빗나갔듯 유연근무는 열린 개념으로 생각해야 한다. 근무 장소의 유연성을 수용한 혁신적인 리더라 할지라도 근무 시간의 유연성은 선뜻 받아들이지 못한다. 하지만 인정할 건 인정하자. 회의가 오전 9시부터 오후 5시까지 줄줄이 예정돼 있다면 집에서 참여하는 줌 회의라 할지라도 진정한 의미의 유연성으로 볼 수 없다. 직원들이 요구하는 형태도 아니다. 이들이 원하는 건 배우자나 자녀와 함께하는 시간을 보장해주는 유연성이다. 휴식을 취하거나 운동을 하거나 다른 사람을 만나는 데 시간을 내고 각자 생산성이 가장 높은 시간에 일할 수 있는 유연성이다. 일과 삶이 균형을 이룰 수 있게 해주는 자유와 자율성을 원하는 것이다.

통계 수치를 봐도 유연근무에 대한 욕구가 통념에 반한다는 것을 알 수 있다. 젊은 직장인이나 워킹맘뿐 아니라 나이와 성별, 인종, 국가를 막론하고 모두가 바라는 업무 형태다. 사무실 근무를 선호한다고 답한 임원들조차 대다수는 시간에 구애받지 않는 유연한 일정을 중시한다.

절대다수의 직장인이 바란다는 것 외에도, 업무 방식의 유연성을 확보해야 하는 이유는 또 있다. 제대로만 시행한다면 유연근무는 조직이 경쟁력 우위를 선점하게 해줄 수많은 혜택을 제공한다는 점이 그것이다.

경쟁력에서 우위에 서라

직장인들이 업무의 유연성을 원한다는 것, 특히 근무 시간의 유연성을 원한다는 것은 자명하다. 하지만 그것만으로는 경영자들이 구조적, 문화적 변화에 돌입하지 못한다. 유연성 도입을 촉진할 가장 설득력 있는 동기는 그것이 가져올 보상이다. 산업 분야를 막론하고 유연근무가 조직에 가장 중요한 세 가지 혜택을 제공한다는 증거는 갈수록 늘고 있다.

인재 영입 전쟁에서 이길 수 있다

앞에서 언급했듯 2021년 조사에 따르면 최고경영자들의 가장 큰 과제는 인재 영입이었다. 〈포춘〉과 딜로이트가 공동 기획한 설문조사에서도 나타났듯 "가장 중대한 과제가 무엇인지 묻자 최고경영자들은 하나같이 인재 영입이라고 말했다. 이는 인재를 유치하고 고용하고 보유하고 개발하고 성장시키고 몰입시키는 일을 포괄한다."[3] 실제로 기업들이 유연근무 프로그램을 도입하는 가장 큰 이유도 인재 영입일 것이다. 캐나다왕립은행의 최고인사책임자 헬레나 고츠슐링(Helena Gottschling)은 유연근무 모델을 "제대로만 시행한다면 판도를 바꿔놓을 제도"라고 장담한다.

그렇다면 유연근무가 인재 영입에 어떻게 도움이 된다는 것일까. 사무실에 출근해 근무하는 회사라면 직원들은 당연히 출퇴근이 가능한 거리에 살아야 한다. 이런 조건이라면 조직이 끌어올 수 있는 인재풀에 한계가 있을 수밖에 없다. 기업이 사무실을 (대체로 비싸고) 건물이 밀집된 업무지구에 두는 주된 이유도 여기에 있다. 영입할 만한 잠재 인재의 폭이 더 크기 때문이다. 하지만 유연근무를 시행하면 거주지에 상관없이 해당 업무의 최적임자를 선별할 수 있다. 이는 적임자와 기업 모두에게 더 큰 가능성을 열어준다. 리바이스의 최고인사책임자 트레이시 레이니(Tracy Layney)는 베이 에어리어에 살지만 그녀의 직속부하인 리더들은 대부분 다른 지역에 산다. 그녀는 이 상황을 전혀 개의치 않는다. "저는 최고의 인재를 원할 뿐이에요. 세상에는 감탄을 자아내는 인재가 정말 많죠. 그러니 생활비가 말도 못하게 비싼 이 지역에 살고 있거나 여기로 이사 올 의향이 있는 사람들만 스카웃할 이유가 없잖아요?" 그녀의 설명이다.

유연근무를 원하는 사람들이 많다 보니 이 제도가 기업이 내세우는 매력적인 조건이 됐다. 실행 즉시 효과가 나타난다는 이점도 있다. 드롭박스의 경우 유연근무제를 도입하자마자 입사 지원자 수가 3배로 늘었다. 슬랙에서도 비슷한 현상이 나타났다. 근무지 유연성을 도입한 후로 제품디자인개발 팀 지원자가 70퍼센트나 증가한 것이다.

대다수가 유연근무제를 시행하는 회사, 특히 근무 시간 유연성이 보장된 회사를 선호하기 때문에 인재를 보유하는 데도 유익하다. 실제로 유연근무제는 보수 다음으로 직업 만족도를 결정하는 중요 요인이다.[4] 삶의 질을 크게 높여주기 때문이다. 조사에 따르면 유연근무제는 스트레스를 크게 줄여주고(근무 시간 유연성을 도입한 경우 6분의 1로 감소), 일과 삶이 균형을 이루게 해주고(45퍼센트 개선), 일에 대한 전반적인 만족도도 높여준다(30퍼센트 증가). 부양 책임을 감당하는 직원들에게는 생명줄이나 마찬가지다. 하버드 경영대학원의 연구에 따르면 부양 책임은 노동자 4명 중 3명에게 영향을 미친다.[5] 이는 업무 실적에도 영향을 미치고 과도하면 일을 그만두는 원인이 된다. 이 경우 유연근무제는 구세주나 다름없다. 가령 자녀를 둔 여성은 근무 시간 유연성의 가장 큰 장점으로 낮에 개인 용무나 집안 대소사를 처리하기가 훨씬 수월해졌다는 점을 들었다(자녀가 있는 남성은 일과 생활의 균형을 가장 큰 장점으로 꼽았다).[6]

유연근무는 개인적 의무와 직업적 의무를 병행할 수 있는 여유를 제공한다. 이는 중요한 지점이다. 경영진이라면 잘 알겠지만 직원이 일을 그만두면 후임자를 찾는 데 상당한 시간이 소요되고, 자칫 한 사람 연봉의 2배에 해당하는 비용이 들 수 있기 때문이다.[7]

직원들이 일에 몰입한다

해마다 갤럽은 글로벌 직장 실태(State of the Global Workplace) 보고서를 작성하는데, 여기서 늘 지적하는 문제가 하나 있다. 바로 직장인은 대체로 업무에 집중하지 못하거나 집중하지 않는다는 점이다. 해이한 업무 태도는 상당한 피해를 야기하므로 대다수 기업들이 이런 행태를 개선하기 위해 꾸준히 해결책을 모색하고 있다.[8] 이 문제에 긍정적인 효과를 발휘하는 대책이 바로 유연근무다. 갤럽에 따르면 팬데믹 이전에 부분적으로라도 유연근무를 했던 직원들은 업무 몰입도가 높았다. 실제로 코로나 때문에 모든 분야가 혼란에 빠졌던 2020년에 직원들의 몰입도가 정점에 이르렀다. 여기에 가장 크게 일조한 요인이 유연근무였다.[9]

유연근무가 몰입도를 높이는 한 가지 이유는 다양한 배경을 지닌 직원들이 참여하고 가치를 존중받는 포용 정책을 펼치기 때문이다. 유연근무는 기존 업무 체계에서 배제되거나 주류에서 밀려난 직원들, 즉 차별에 취약한 직원 집단에게 혜택과 지원을 제공한다는 이점이 있다(이에 대해서는 뒤에서 더 자세히 다룰 예정이다). 유연근무는 기업의 전형적인 업무 방식이 맞지 않는 이들에게도 환영받고 있다. 가령 내성적인 직원은 사무실 근무 문화를 거북해한다. 원격근무 직원들이나 위성사무실(satellite office, 해당 지역의 업무를 하는 지사와 달리 업무 자체는 본사와 같으면서 인재 유치나 효율화를 위해 다른 도시 또는 직원들의 거주지에 만든 사무실 – 옮긴이)에서 근무하는 직원들도 대개 비주류로 취급받는다. 팀 행사나 회의에 적극 참여하지 못하는 상황도 '이등 시민 취급'을 부추긴다. 하지만 온라인 회의에서는 모든 직원이 평등하게 참여할 기회를 갖는다. 이 외에도 맡은 일이나 아이디어의 유용성 때문이 아닌 외모, 목소리 크기, 거주 지역 등 사소한 이유로 직원들이 소외감을 느끼는 경우는 많다. 유연근무는 모든 직원을 포용하겠다는 의도를 바탕으로 협업하고 창조하고 혁신하는 방식을 설계하게 해준다.

경영진은 흔히 유연근무가 기업의 성장에 필요한 창의성과 혁신 정신을 시들게 한다고 우려하지만, 실제로는 이 덕목을 더욱 꽃피울 수 있다. 퓨처포럼의 연구에 따르면 근무 장소는 창의력에 거의 영향을 주지 않는다(이는 5단계에서 다룰 예정이다). 그 예에 해당하는 끈질긴 고정관념 한 가지가 바로 다 함께 모여 브레인스토밍을 해야 참신한 아이디어를 얻을 수 있다는 선입견이다. 수많은 연구 결과가 입증하듯 수십 년간 지속해온 이 관행은 좋게 말해도 시간 낭비에 불과하며, 나쁘게 말하면 악명 높은 집단 순응 사고와 생산성 저하를 낳는다.[10]

더 나은 성과를 이끌어낸다

유연근무는 기업의 골칫거리인 인재 영입 및 보유 문제를 해결하는 데 큰 도움이 되고 직원들의 만족도를 높이며 스트레스를 줄이고 집중력을 높여주므로 제대로 시행하면 자연스럽게 기업의 수익도 증가한다.

그런데도 경영진들은 좀체 안심하지 못한다. 가장 흔한 우려는 유연근무가 생산성에 부정적 영향을 미치리라는 것이다. "직원들이 사무실에 없으면 일을 하는지 안 하는지 어떻게 알 수 있죠?"라는 질문 자체가 문제다. 감시 체계와 프레젠티즘에 초점을 둔 구태의연한 산업혁명 시대 사고방식을 연상시키기 때문이다. '현 시대' 에 효율적인 방안에 대해서는 7단계에서 더 이야기하겠지만 지금 알아두어야 할 것은 그런 의구심은 근거가 없다는 사실이다. 연구 결과에 따르면 그와 정반대로 '유연근무제는 오히려 생산성을 높여준다.' 조사 결과 근무지 유연성도 생산성을 높여주지만 근무 시간 유연성은 그보다 훨씬 더 높은 30퍼센트 이상의 생산성 증가율을 보였다는 사실을 알아둘 필요가 있다.[11]

미국 특허청(USPTO)이 유연근무제를 확대한 후 그 효과를 측정한 조사는 생산성 향상을 보여주는 한 가지 예다. 프리스위라지 초드리(Prithwiraj Choudhury) 교수가 이끄는 연구 팀은 미국 특허청의 핵심 성과 지표인 특허 건수를 살펴본 결과 1인당 생산성이 4.4퍼센트 증가한 사실을 밝혀냈다. 예상과 달리 유연근무가 업무의 질을 떨어뜨리기는커녕 오히려 직원들의 몰입도를 크게 향상시킨 것이다. 유연근무제 시행 후 1년이 지난 2013년에 미국 특허청은 연방정부에서 가장 일하기 좋은 곳으로 선정됐다.[12]

유연근무는 고객 참여(Customer engagement, 기업 혹은 브랜드와 고객이 웹사이트나 소셜 미디어, 커뮤니티 포럼 등 다양한 채널을 통해 교류하는 모든 과정 – 옮긴이)에도 긍정적인 영향을 미친다. 슬랙의 경우 직원들은 원격근무 덕에 낮에는 여유 있게 고객들과 만날 수 있었고 임원들과의 회의에 대한 부담도 덜었다. 직접 대면 회의보다 화상 회의가 덜 딱딱하게 느껴지기 때문이다. 전에는 영업부 직원들이 하루에 고객을 한 명만 만날 수 있었다면 이제는 화상으로 세 명까지

만날 수 있었다. 영업부 직원들이 줌 고객 미팅 때 최고위급 임원(C-level executive, 최고경영자[CEO] 외에 최고재무책임자[CFO], 최고운영책임자[COO] 등 각 부문별 최고 책임자 - 옮긴이)이 동석하는 빈도도 25퍼센트 늘었다. 온라인 영업은 예전처럼 고객을 직접 대면할 때보다 시간 절감 효과가 커 영업에 투자할 시간이 2주 더 늘어났다는 보고도 있었다.

지금은 잘 알려진 사실이지만 구성원의 다양성(diversity)도 유연근무제의 성과 증진에 일조한다. 이를 뒷받침하는 연구는 매우 많지만 그중 하나가 2017년에 보스턴컨설팅그룹에서 시행한 구성원의 다양성과 수익의 연관성에 관한 연구다. 이에 따르면 임원진의 다양성이 평균 이상인 기업은 평균 이하인 기업보다 이자 · 세금 전이익(EBIT, Earnings Before Interest and Taxes, 영업이익에서 이자와 세금을 제한 금액 - 옮긴이) 마진이 '9퍼센트포인트 더 높았다.' 더 놀라운 사실은 인적 구성이 다양한 기업은 그렇지 않은 기업에 비해 혁신수익(innovation revenue, 최근 3년 동안 기업이 제품과 서비스를 새로 개발하거나 개선함으로써 발생한 수익이 전체 수익에서 차지하는 비율 - 옮긴이)이 '19퍼센트포인트 증가해' 총수익도 26퍼센트에서 45퍼센트로 급증했다는 점이다.[13] 다양한 배경의 직원을 보유한 기업은 더 빨리 성장하고 더 혁신적이고 적응력이 높고 현금 흐름이 더 좋고 리더를 양성하는 데도 더 능하다.[14]

다양성을 갖춘 조직은 잠재력이 크고 특히나 오늘날의 복잡한 문제를 해결하는 데도 유리하긴 하지만, 대다수 리더들은 그로 인한 갈등을 해결하는 데 어려움을 겪고 있다. 완벽하진 않지만 유연 근무가 이 문제를 해결하는 수단이 될 수 있다. 일례로 미국에서는 흑인 노동력의 60퍼센트가 남동부 지역에 사는데, 이곳의 민간기 업에서 이들이 차지하는 비율은 3분의 1에 불과하다.[15] 근무지 유 연성을 활용하면 회사에서 멀리 떨어진 곳에 사는 사람도 채용할 수 있다. 드롭박스가 이 정책을 도입한 후 입사지원자의 다양성이 16퍼센트나 증가한 사실은 앞서 언급한 바 있다. 슬랙도 유연근무 를 도입하면서 차별에 취약한 집단에 속한, 멀리 떨어진 곳에 사는 인력을 3분의 1이나 더 고용할 수 있었다.

퓨처포럼 연구에 따르면 흑인, 히스패닉, 아시아계 응답자 대부 분은 유연근무를 선호했다. 따라서 유연근무가 이들 집단을 채용 하고 보유하는 데 긍정적인 영향을 줄 가능성이 높다. 이는 여성 직 원에도 해당한다. 가족을 돌보는 일을 불공평하게도 주로 여성들 이 떠맡다 보니 앞서 언급한 것처럼 이들에게 돌아가는 혜택이 적 지 않다. 유연근무는 차별에 취약한 직원 집단의 불이익도 경감시 킨다. 가령 흑인 직원은 사무실에 출근할 때보다 원격근무를 할 때 회사에 대한 소속감이 더 강해진다.[16] 여기에는 다양한 이유가 있 다. 스탠퍼드대학교 교수 브라이언 로어리(Brian Lowery)의 설명에 따르면 사무실 중심 업무는 아웃사이더로서의 입지를 영속화한다. "흑인 직원들은 백인이 지배적인 근로 환경에서 스트레스를 받기 쉽고, 이는 소속감 약화에 일조한다. 중요한 건 업무 자체가 아니라 근무 시간의 대부분을 차지하는 인간관계가 이 같은 효과를 낳는다는 점이다."[17]

마지막으로 유연근무는 회사의 수익에도 영향을 미친다. 직원들이 장기 근속하면 비용이 절감되고 생산성이 높아지면 회사 수익도 늘어난다. 땅값이 비싼 도심에서의 사무실 유지비나 고객을 만나고 거래처를 오가는 데 드는 비용을 줄이면 더 유용한 분야에 효율적으로 쓸 수 있다. 원하는 결과를 얻을 수 있는 곳에 투자하는 것이다. 이렇게 생각해보자. 직원들이 앉아 있는 공간에 투자할 것인가, 어디서 일하든 직원들이 최선의 성과를 이끌어낼 수 있게 해줄 환경에 투자할 것인가?

유연근무의 장점 한눈에 보기

유연근무제는 다음과 같은 영역에 긍정적인 영향을 미쳐 인재 확보 전쟁에서 이기고 직원들의 몰입을 높이고 더 나은 성과를 달성하게 해준다.

- 채용
- 인재 보유
- 생산성
- 창의성
- 혁신
- 고객 참여
- 다양성
- 수익

유연근무를 가로막는 요인

유연근무의 장점이 이렇게 많다면 이런 의문이 들 것이다. '그렇다면 왜 모든 기업이 유연근무를 시행하지 않는가?'

한 가지 이유는 기존 방식을 고수하려는 현상 유지 편향 때문이다. 우리는 대체로 과거의 방식에 편안함을 느낀다.[18] 따지고 보면 예전 방식 덕분에 조직이 여기까지 올 수 있었던 게 아닌가. 여태 별 문제가 없었는데 굳이 바꿔야 할 이유가 있을까? 슬랙의 전최고경영자 버터필드는 회의를 예로 들어 변화에 대한 저항을 설명한다. 임원들이 하나같이 입을 모아 회의가 너무 잦아서 효율적으로 체계화하면 득이 더 많을 것이라고 말하면서도 "상황을 개선시키려는 노력은 일절 하지 않는다. 예전 방식이 익숙하고 효율적으로 개선하는 방법도 모르기 때문이다." 그 방법을 제시하는 것이 바로 슬랙이 하는 일이다. 모든 직원이 원하고 관리 역량도 키워주는 근무 시간 유연성이 잦은 회의로 저해되고 있다.

유연근무를 도입하지 않는 또 다른 이유는 그 방식이 늘 성공적인 건 아니기 때문이다. 코로나 시국이 유연근무를 촉진시키고 수요를 견인한 건 사실이지만, 실은 오래 전부터 일부 대기업을 중심으로 다양한 형태로 시행되고 있었다. 최고경영자가 바뀌면서 예전 방식으로 회귀하는 경우도 있었고, 기대했던 효과를 얻지 못하는 경우도 있었다. 하지만 새로운 기술이 속속 등장하면서 유연근무 시행 가능성도 덩달아 높아졌다.

가령 서비스형 소프트웨어인 사스(SaaS, Software as a Service, 소프트웨어와 관련 데이터는 제공업체의 서버에 있고, 사용자는 인터넷을 통해 접속하여 이용하는 소프트웨어 전달 모델 - 옮긴이)의 등장과 IT의 소비자화(consumerization, 조직 중심의 제품만 제공하던 이전과 달리 최종 사용자를 개별 소비자로 상정하여 제품 및 서비스 디자인의 방향을 변경하는 경향 - 옮긴이)는 이전에 불가능했던 일을 가능하게 만들었고 코로나는 그런 추세를 가속화했다.

유연근무가 과거에 실패했고 지금도 이따금 실패하는 건 제대로 활용하지 못하기 때문이다. 주로 다음과 같은 두 가지 면에서 그렇다.

- 무엇을 할 것인가: 유연근무로 무엇을 할 수 있고 무엇을 해야 하는지, 특히 근무 시간 유연성이 왜 중요한지를 제대로 이해하지 못하는 사람이 많다.
- 어떻게 할 것인가: 유연근무를 성공적으로 시행하는 법을 모르는 사람이 많다.

이 책은 이 두 가지 문제를 해결할 방법을 알려줄 것이다.

무엇을 할 것인가: 디지털우선 전략을 도입하라

앞서 얘기했듯 유연근무에는 여러 형태가 있고 다양한 이름으로
불리고 있다. 우리의 연구와 경험을 토대로 권장하는 유연근무 형
태는 바로 '디지털우선(ditigal-first)' 방식이다. 디지털은 유연근무의
핵심이므로 유연근무제가 제대로 작동하려면 반드시 디지털우선
전략을 도입해야 한다.

디지털우선의 의미를 이해하려면 무엇이 디지털우선 방식이 아
닌가부터 살펴봐야 한다.

- 디지털우선은 종래의 사무실 중심이 아니다.
- 디지털우선은 근무지 유연성만 의미하는 것이 아니다.
- 디지털우선은 평일 재택근무 일수를 의무적으로 정해놓는 것이
  아니다.
- 디지털우선은 '직접 대면 불가'나 '무조건 원격근무'를 의미하는
  것이 아니다.

디지털우선은 디지털 기술이 대면 소통을 보완하던 방식에서 대면
소통이 디지털 기술을 보완하는 방식으로 전환하는 것을 말한다.
이를 통해 유대감을 다지면서도 모두를 포용하는 근무 환경을 마
련할 수 있다. 이를 위해서는 사고방식부터 바뀌어야 한다. 이전처
럼 본사를 둘 수 있지만 이 본사는 디지털 공간으로 옮겨야 하며 물

리적인 사무실로 보완해야 한다. 이전처럼 직원들이 유대감을 다지고 협업할 수 있지만 이는 주로 디지털 포럼(온라인과 오프라인에서 여러 사람이 소통하고 교류하는 장을 두루 이르는 말-옮긴이)에서 이루어져야 하며 대면 교류로 보완해야 한다. 가장 중요한 건 디지털우선은 유연한 근무 환경을 적극 수용하고 중시하는 태도를 의미한다는 점이다. 이로써 직원들은 근무 시간과 장소를 직접 선택하는 자유를 통해 잠재력을 발휘하고 최선의 성과를 거둘 수 있다.

근무 '장소'뿐만 아니라 근무 '시간'의 유연성에 대한 요구라는 점에서 장소에 초점을 두는 '하이브리드'나 '원격 우선(remote-first)'은 적절한 용어가 아니다. 진정한 유연성은 근무 시간 유연성을 보장하는 것이며 근무 시간 유연성을 보장하려면 반드시 디지털 툴을 활용해야 한다. 이것이 바로 디지털우선 사고방식이다. 디지털 툴을 통해 근무 장소뿐 아니라 근무 시간의 자유를 누릴 수 있기 때문이다.

디지털우선 접근법을 취하려면 과거에 회사 건물, 책상 배치, 회의실, 층별 용도를 고심하는 데 들인 시간과 노력만큼 생산성과 협업을 뒷받침해줄 디지털 인프라 구축에 시간과 노력을 들여야 한다. 이 변화는 초점만 바꾼다고 실현되지 않는다. 제대로 실행하는 방법을 모르면 실패로 끝날 가능성이 크다.

디지털우선(digital-first)

디지털 기술이 대면 소통을 보완하던 방식에서 대면 소통이 디지털 기술을 보완하는 방식으로 전환하는 유연근무 모델로, 이를 통해 유대감을 다지면서도 모두를 포용하는 근무 환경을 마련할 수 있다. 디지털우선은 유연한 근무 환경을 적극 수용하고 중시하는 태도를 의미하며, 직원들은 근무 시간과 장소를 직접 선택하는 자유를 통해 잠재력을 발휘하고 최선의 성과를 거둘 수 있다.

어떻게 할 것인가: 유연성을 설계하라

디지털우선은 자신에게 적합한 장소와 시간을 골라 근무하는 자유를 보장하지만 직원들의 자유라는 발상에 불안감을 느낄 경영진도 있을 터다. 하지만 유연근무는 완전한 자유도, 체계 없는 혼돈도 아니라는 사실을 알면 이들의 태도도 달라질 것이다. 혼란만 가중하는 자유는 고용주도, 직원들도 원하지 않는다. 대다수는 주5일, 9시에 출근해 5시에 퇴근하는(심하게는 아침 8시에 출근해서 저녁 8시에 퇴근하는) 근무 형태를 원치 않지만 그래도 근무일에 있어서는 일정한 규칙을 원한다. 조사 결과에 따르면 직원의 65.6퍼센트는 완전한 유연근무와 예측 가능한 규칙을 적당히 절충한 방식을 원한다고 응답했다.

기업이 할 일은 디지털우선 근무 환경을 뒷받침하기 위해 '틀 내 유연성(flexibility within a framework)'을 구축하는 것이다. 유연근무제가 제대로 작동하려면 선언만으로는 부족하며 조직 문화와 업무 방식, 인프라가 근본적으로 바뀌어야 한다. 그렇지 않으면 큰 그림을 그릴 수 있는 좋은 기회를 놓치고 만다.

드롭박스도 그런 위험에 처할 뻔했다. 초기에 리더들은 근무지 유연성에는 동의해도 근무 시간 유연성은 쉽게 받아들이지 못했다. 직원들의 협업에 부정적인 영향을 미칠 것이라는 게 이유였다. 하지만 팬데믹으로 별 수 없이 실험에 내몰리면서 효과적인 방안에 대한 실마리를 발견했다(이를 '온라인 우선[virtual-first]'이라고 명명했는데, 이 역시 디지털우선 전략의 좋은 예다). 그런 뒤 이를 뒷받침하기 위한 정책과 툴, 인프라를 마련했다.

드롭박스는 낯설기만 한 제도를 도입하는 모험을 감행했다. 이를 위해 상당한 변화와 투자가 필요했다. 하지만 입사지원자가 늘고 직원 교육이 수월해지고 구성원이 다양해지자 이 투자는 현명한 결정으로 판명됐다. 이는 시작에 불과했다. 실험을 반복하고 효과적인 방향으로 개선시켜나가면서 유연근무의 혜택도 늘었고 업계에서 경쟁력 우위를 확보할 수 있었다.

전혀 실험해보지 않은 일에 무모하게 도전할 필요는 없다. 퓨처 포럼은 독창적인 연구와 여러 기업들과의 협업을 통해 전환의 발판을 마련했고 디지털우선을 출발점 삼아 여러분이 목표를 달성하기 위해 무엇을 해야 하는지를 핵심적인 7단계로 정리했다. 이 단계를 따르면 앞으로 펼쳐질 미래를 그릴 수 있고 기업의 새로운 비전을 지원하고 성과를 높여줄 틀을 설계할 수 있다. 단번에 끝나는 손쉬운 과정은 아니다. 하지만 드롭박스를 비롯해 이 책에 소개한 여러 기업의 사례에서 볼 수 있듯 그만한 노력을 들일 가치는 충분하다.

HOW THE FUTURE WORKS

미래의 일하기 방식을
체화하는 7단계

유연근무제를 실행하는 방법

HOW THE FUTURE WORKS

1
단계

무엇을 위해
변하려 하는지에 집중하라

구성원 전원이 유연근무제의 목표와
원칙에 합의해야 한다

캐나다왕립은행은 1864년에 설립된 유서 깊은 은행으로, 전 세계에 8만 6,000명의 직원을 거느리고 있으며 1,600만 명이 넘는 고객을 보유하고 있다. 이 조직이 유연근무제를 도입하기 위해 대대적인 개편을 결행할 당시 최고인사책임자인 헬레나 고츠슐링은 근속 30년을 넘기고 있었다.

애초에 캐나다왕립은행이 이런 전환을 고려하게 된 것은 직원들의 제안 때문이었다. 코로나 시국에 대다수 직장인들이 원격근무로 전환될 때 그들은 여러 국가에 흩어져 있는 직원들을 대상으로 일련의 설문조사를 시행하고 포커스 그룹(focus group)을 만나고 전문가들을 불러 모아 회의를 진행했다. 그 결과 대다수 직원들이 유연근무제를 선호한다는 사실을 알아냈다. 이는 캐나다왕립은행의 가장 중요한 목표에도 부합했는데, 그 목표란 인재 영입에서 경쟁력을 갖추는 것이었다. "우리 회사는 인재 영입 경쟁에서 우월한 위치를 선점하고 있죠. 제대로만 시행하면 유연근무제가 결정적인 차별화 요소가 될 겁니다." 고츠슐링의 말이다.

유연근무를 위한 캐나다왕립은행의 기업원칙
----

1) 유연근무제는 계속 실행한다: 하이브리드 근무 방식은 기

업과 고객과 직원 입장에서 실현 가능성이 있고 최적의 효과가 기대될 때만 시행할 것이다.

2) 개별 방식들은 기업전략의 틀 안에서 운용한다: 기업전략은 지속성과 규모의 유지를 위한 지침을 제시하지만, 회사 플랫폼이 유연하므로 모든 팀과 역할, 지역에 최적화된 방식을 적용할 수 있다.

3) 근접성은 여전히 중요하다: 동료, 지역사회와 가까운 거리를 유지하는 것은 우리 문화의 핵심이며 앞으로도 변하지 않을 것이다. 따라서 대부분의 직원들은 사무실로 출퇴근할 수 있는 거리에 거주하는 것을 권장한다.

4) 전략적 투자가 필요하다: 직원들이 최대한 능력을 발휘하도록 우리는 더 유연한 환경을 조성하는 데 필요한 과학기술과 인프라, 기술에 투자할 것이다.

5) 모든 직원에게 성장의 기회를 제공하는 포용적인 기업 문화를 만든다: 직원들은 부서나 근무지에 상관없이 지속적이고 의미 있는 직원 경험과 성장 기회를 누려야 한다.

캐나다왕립은행은 그전에도 유연근무제를 허용하긴 했지만 팬데믹 이후에야 조직 전체에 도입했다. 그들은 조직 전반을 어떻게 변화시킬 것인가에 역점을 뒀다. 그 첫 단계가 '기업원칙' 수립이었다. 여러 사업 부문을 거느린 복합 조직으로서 직원들이 36개국에 흩어져 근무하는 만큼 이는 특히나 중요했다. "우리 조직의 다양한 업무는 성격이 전혀 달라서 어떤 문제든 해결 가능한 만병통치약은 없으리라는 것을 처음부터 알았죠." 고츠슐링의 설명이다. 가령 개인금융 팀은 언제든 고객을 만날 준비가 돼 있어야 하고 분석 팀과 회계 팀은 이와는 전혀 다른 요구사항에 대비해야 한다. 앞선 5가지 원칙이 토대로 작용해 여러 지역에 흩어져 있는 방대한 조직을 조화롭게 운용하고 리더들이 최선의 의사결정을 내리도록 돕는 지침을 제공한다.

유연성이라는 비전을 전사에 적용 가능한 간단한 원칙으로 표현한 것은 하나의 과정이었다. 말하자면 수많은 토의를 거쳐 유연근무제의 모범 사례를 각 부문의 구체적인 니즈에 맞게 수정할 방안을 합의하는 절차였다. 일례로 유연근무제를 도입할 때 근무 시간 유연성과 근무지 유연성 모두에 초점을 두면서도 일정한 경계를 설정했다. 그 경계란 조직을 위해 "근접성은 여전히 중요하다"(기업 원칙 3)라는 것이다. 슬랙이 내세운 '디지털우선'이 대면 업무 금지를 뜻하는 게 아니듯 이 원칙도 직원들이 일주일에 5일을 사무실에 출근해야 한다는 의미가 아니다. 캐나다왕립은행의 리더들은 의도적으로라도 대면 교류의 자리를 마련하는 것이 중요하다는 사실을 알고 있었다. 이 원칙은 직원들이 출근 가능한 지역에 살면서 일주일에 하루라도, 또는 맡은 업무에 따라 해당 분기 첫 주나 마지막 주만이라도 회의나 행사를 위해, 계획 수립을 위해 동료들과 한데 모일 수 있어야 한다는 의미를 담고 있다.

고츠슐링은 이렇게 말한다. "우리가 우려했던 상황은 팀원이 전부 뿔뿔이 흩어져 살면서 한 번도 사무실에 모이지 않거나 비슷한 업무를 맡은 구성원들이 가까이 살면서 자주 모이는 거였어요." 기업원칙 3은 특정 지역이나 도시에 사는 것을 의무화한 것이 아니다. 고츠슐링은 팀의 대면 만남 빈도를 바탕으로 "통근에 얼마큼의 시간과 노력을 들일 의향이 있는가?"라는 질문을 던져 직원들에게 공을 넘겼다. 이렇게 구체적인 기준을 세우면 유연성과 구조를 적절히 절충하는 데 도움이 된다. 리더와 직원이 원하는 바의 접점을 찾아내는 것이다.

초기에는 이 같은 유연근무 전략에 대한 반응이 긍정적이었고, 회사 측에서도 이를 반영해 신입직원 채용 홍보 자료에 "왜 캐나다왕립은행에 지원해야 하는가?" 같은 제목을 써넣기도 했다. 하지만 의구심을 가진 직원도 있다. 고츠슐링은 이들에게 코로나 시국에 18개월이나 원격근무를 시행했지만 별 문제가 없었다는 사실을 상기시킨다. 그렇다고 캐나다왕립은행의 전략이 성공했다고 단언하기에는 아직 이르다.

"앞으로도 우리는 계속 배워나가면서 어떤 점이 효과가 있고 어떤 점이 효과가 없는지 의견을 주고받으며 개선해갈 생각입니다." 고츠슐링의 말이다. 이 제도를 지속적으로 조정해나가겠지만 유연근무 자체는 핵심 원칙으로 유지할 계획이다. 고츠슐링은 앞장서서 이 방침을 추진하고 있다. "개인적으로 주5일 출근으로 돌아갈 일은 절대 없을 거예요. 아마 다른 직원들도 저랑 같은 생각일 겁니다."

캐나다왕립은행이 그랬듯 조직 구성원들의 협업 방식을 전사적으로 바꾸려면 상부조직이 유연근무의 목적과 원칙을 수립해 하부 조직을 설득해야 한다.

유연근무의 목적: 이유를 명확히 하라

유연성, 특히 근무 시간 유연성으로 성과를 거두려면 일에 대한 낡은 관념을 과감히 버리고 생각을 전환해야 한다. 개인, 팀, 기업에 따라 유연성에 대한 생각도 제각각이므로 한데 결집시켜 변화를 정착시키기는 어려울 수 있다. 따라서 기업이 그 목적을 이해하고 이를 리더들에게 이해시켜야 한다. 먼저 이렇게 자문하라. 애초에 왜 유연근무를 시행하려고 하는가?

왜 이 질문에서 출발해야 할까? 너무도 많은 조직이 이유도 모른 채 유연근무제에 무작정 뛰어들기 때문이다. 직원들이 원한다거나 이미 실행 중인 다른 회사에 뒤쳐질 수 없다는 이유에서다. 이런 접근법은 다음과 같은 몇 가지 이유로 잘못됐다.

첫째, 연구를 통해 밝혀졌듯 목표가 뚜렷한 회사가 유리한 위치를 선점한다. 직원들, 특히 젊은 직원들은 뚜렷한 목적의식을 갖고 직원, 고객, 지역사회의 이익을 도모하는 방법을 명확히 제시할 줄 아는 조직을 선호하는 경향이 높다. 이런 기업은 실적도 좋다. 〈하버드 비즈니스리뷰〉에서 전 세계 기업을 대상으로 실시한 조사에 따르면 명확한 목표를 제시하는 기업은 성장률도 높았고 혁신과 변화에도 능했다. 혁신과 변화는 경쟁이 치열한 오늘날의 시장에서 반드시 필요한 역량이다. "조직은 구성원 모두가 같은 방향을 향해 노를 저을 때 더 높은 성과를 거둡니다. 잘 짜인 목표를 공유하면 나아갈 방향이 분명히 보이죠. 목표를 공유하지 않으면 같은 자리만 맴돌 뿐 한 발자국도 나아가지 못하고 늘 같은 논의만 되풀이하게 됩니다." 이 조사에 인용된 한 임원의 말이다.[1] 업무 방식 같은 중요한 문제도 목표를 명확히 밝히고 구성원들과 함께 공유하는 것이 중요하다.

둘째, 앞서 설명했듯 유연근무는 여러 가지를 의미한다. 코로나로 인한 락다운(lockdown)이 해제되면서 기업들은 앞으로 나아갈 방향을 모색하기 시작했다. 2021년에는 골드만삭스의 '매일 출근', 〈포춘〉 선정 500대 기업에 속한 대다수 기업들의 '주당 2~3일 출근', 깃랩(GitLab)의 '전 직원 원격근무', 드롭박스의 '온라인 우선 근무' 등 갖가지 근무 형태가 나타났다. 재택근무만 하는 기업도, 우리가 권하는 디지털우선 근무지 유연성을 도입한 기업도 있었다.

기업이 발전하려면 리더들이 유연근무를 시행하는 주된 목적을 상세히 알려야 한다. 이 같은 업무 방식의 전환은 그저 직원들의 환심을 사기 위한 것이 아니다. 이 변화가 회사의 수익에 막대한 영향을 미칠 수도 있다. 목표는 회사에 따라 다르겠지만 변화의 핵심적인 이유는 하나다. 바로 인재 영입이다. 앞에서 언급했듯 유연근무제를 도입한 기업은 최고의 인재들을 유치하는 데 유리하다. 회사에 필요한 인재풀이 더 넓어지고 이미 보유한 인재들이 더 헌신하고 더 오래 근속할 가능성도 높아진다. 캐나다왕립은행이 유연근무제를 도입한 목적도 유연근무제를 원하는 현 직원들의 요구에 부응하고 인재 영입 경쟁이 치열한 시장에서 타 기업보다 우위를 차지하기 위해서였다. 이 목표는 "고객의 행복과 지역사회의 번영"이라는 조직의 전반적인 목표와도 양립한다. 그 외에 전 세계의 폭넓은 노동력을 더 신속하게 구할 수 있다거나 부동산 비용 같은 초기 비용을 절약할 수 있다는 부차적인 이유도 있겠지만 유연근무의 1차 목표는 구성원들의 요구를 충족시키는 데 있다.

슬랙에서도 목표를 수립할 때 이와 비슷한 주제들을 논의했다. 수개월 동안 (대체로 중구난방인) 토론을 수없이 거친 후 우리는 목표를 명확히 세웠다. 여기에는 다음과 같은 핵심 질문과 리더들이 합의해야 할 원칙들이 포함돼 있다.

- 가장 우수하고 다양한 인재풀에 접근하고 싶은가? 현재는 출퇴근 가능한 거리에 거주하는 사람만 고용할 수 있으므로 전 세계의 거대한 인재풀에 접근하지 못하고 있다.
- 직원들은 앞으로 유연근무를 기본 복지 혜택으로 요구할 것인가? 시장의 수요 공급에 따라 연봉이 결정되듯 재택근무 정책과 유연한 근무 시간 정책, 디지털우선 정책도 '직원들이 당연하게 요구할 것이다.'
- 디지털우선과 더불어 기민한 조직으로 거듭나야 하는가? 도시든 교외든 어느 시간대든 지구촌 어디에 살든 직원들이 협업 가능한 환경, 본사와 먼 지사를 비주류로 취급하는 차별 철폐, 지

식을 공유하고 목표를 이해할 때 높아지는 업무 속도 등은 모두 사무실 중심 근무 형태보다 디지털우선 근무 형태를 시행할 때 더 달성하기 쉽다.

유연근무가 사업 목표를 어떻게 뒷받침할 수 있을지 리더들과 정신없이 토론을 벌이다 보면 차츰 합의를 이끌어내게 될 것이다. 그런 다음 이 목표를 일련의 핵심 원칙으로 나타낸다면 유연근무제 도입이 용이해지고 전 직원들도 이에 발맞출 것이다.

유연근무 목적

유연근무 시행의 주된 목적을 나타내는 성명. 유연근무가 기업에 중요한 '이유'를 명확히 밝혀야 하며 조직의 전반적인 목표 및 가치관과 양립해야 한다.

유연근무 원칙

기업의 가치관과 유사한 이 원칙은 유연근무 목적을 뒷받침하는 핵심 신념과 가치들이다. 구체적인 의무나 규칙이 아니라 직원의 행동에 대한 요구, 경영진의 의도에 부합하는 의사결정을 내리는 법을 알려주는 지침으로, 유연근무 시행의 '이유'를 반영한 것이다.

유연근무 원칙: 어떻게 목표를 뒷받침할 것인가

원칙은 어떤 측면에서는 기업의 핵심 가치들과 별반 다르지 않다. 전략(가령 일주일에 출근하는 일수)보다 기업이 업무 방식의 근본적인 전환에 어떤 태도로 임해야 하는지에 더 초점을 두기 때문이다.

우리는 앞에서 다음과 같은 캐나다왕립은행의 원칙들을 살펴봤다.

- 주요 의도: "유연근무제를 계속 시행한다."
- 접근법: "기업전략의 틀 안에서 운용한다."
- 유연근무의 의의 및 시행 방식과 관련된 세 가지 주요 가치: "근접성은 여전히 중요하다", "전략적 투자가 필요하다", "성장의 기회를 제공하는 포용적인 기업 문화"

유연근무를 도입하면 직원들이 큰 변화에 맞닥뜨릴 수밖에 없으므로 원칙을 전사적으로 공유해 방향과 일관성을 제시하고 의욕을 북돋워줘야 한다. 캐나다왕립은행의 예를 다시 보자. 이 기업은 여러 국가에 다양한 사업 부문을 두고 있다. 직원도 수만 명에 이르고 부문별로 니즈도 다르다. 이에 전부 부응할 수 있는 유연근무제를 어떻게 시행할 수 있을까?

그 답은 고츠슐링의 말처럼 "한 가지 해결책으로 밀어붙이지 말라"는 것이다. 전략을 유연하게 실행하고 개별 부서와 팀 리더가 자율적으로 가장 알맞은 방식을 판단하게 해야 한다. 단, 기본 틀은 설정해야 하며 최고위급의 지침이 제시돼야 한다. 팀이 모이는 빈도나 팀별·개별 성과를 측정하는 방법 등과 관련해 어느 직급에서 어떤 의사결정을 내리든 이 원칙과 일맥상통해야 한다.

이 원칙은 직원들의 사고방식을 바꾸는 데도 도움이 돼야 한다. 유념해야 할 건 유연근무가 기존 업무 방식에 대한 사고를 뒤집는다는 점이다. 이 사고방식은 그 역사가 오래 됐다. 이 낡은 관념을 새로운 관념으로 대체하고 일을 재설계하는 데는 시간이 걸릴 뿐 아니라 이를 뒷받침할 조치들도 필요하다. 심사숙고를 통해 명료한 원칙을 마련해야 하는 이유도 여기에 있다. 이 원칙들은 업무 방식뿐만 아니라 관련된 사고방식까지 바꾸는 과정에서 기준으로 작용한다.

캐나다왕립은행의 "근접성은 여전히 중요하다"처럼 자사에만 적합한 고유 원칙도 있을 것이다. 이를 수많은 기업이 표방하는 "세계 어디서나 근무 가능"이라는 원칙과 비교해보자. 후자의 경우 직원이 원한다면 남태평양의 섬으로 옮겨도 회사는 개의치 않을 것이다. 오픈소스 소프트웨어 기업인 깃랩도 본사 건물 없이 100퍼센트 원격근무를 시행 중이므로 캐나다왕립은행과는 필요한 요건이 다를 것이다.[2] 이렇듯 유연근무 원칙은 기업의 전반적인 니즈와 목표에 맞게 설정해야 한다.

그렇긴 해도 다양한 조직과 산업에 두루 적용되는 원칙들은 있다. 그중 하나가 '공평한 기회를 보장한다'는 것이다. 이는 너무도 중요한 원칙이라 다음 장의 주제로 다룰 예정이다. 명심해야 할 건 직원이 자신의 능력을 최대한 발휘하게 하는 것이 유연근무의 목적이라는 점이다. 직원이 사무실에 출근하지 않는다고 해서 사내 정보에 접근하지 못한다거나 성장 기회를 놓치고 있다거나 공동체 의식과 동료 의식을 다지지 못한다고 생각한다면 유연근무의 효과를 무효로 만드는 셈이다. "재택근무를 하고 싶다면 그렇게 하세요"라고 말하는 것으로 끝이 아니다. 재택근무로 인해 비주류로 밀려나는 일은 없을 것이라는 확신도 심어줘야 한다.

유연근무 원칙의 예

다음은 다양한 기업들이 유연근무제를 도입하면서 만든 원칙들이다.

- 직원들이 최대한 능력을 발휘하도록 유연성과 자유를 부여한다. 며칠간 재택근무를 허용하는 데 그쳐서는 안 된다. 근무 '장소' 및 근무 '시간'의 유연성을 폭넓게 생각하고 '활동'이 아닌 '성과'를 측정한다.

- 상부의 지시를 제시하기보다 팀에 목표 달성을 위한 자율권을 준다. 한 가지 방식이 모든 팀에 맞을 수는 없다. 업무 분장과 관련해 전반적인 지침을 제시하고 구체적인 사항은 필요에 따라 자율적으로 결정하게 한다.

- 공평한 기회를 보장한다. 다양한 인재와 원격으로 근무하

는 직원들을 위해 업무 분장과 상관없이 공평한 기회를 보장한다. 더불어 리더들은 팀원들이 어디서 일하든 네트워크를 구축하고 기회를 창출할 수 있는 방안을 모색한다.

- 변화에 적응하면서 배우는 자세를 견지한다. 우선순위를 정하고 실험하고 모범 사례를 공유할 수 있는 기회를 제공한다. 규범과 관행은 학습 과정에서 꾸준히 진화해야 한다. 성과를 주기적으로 측정하고 규범과 업무 방식을 그때그때 조정한다.

유연근무제의 목표와 원칙을 규정하고 조정하는 과정을 설명하기 전에 원칙을 제시할 때 유념해야 할 유용한 팁 두 가지를 살펴보자.

- 관련 정보를 제공하라: 직원들이 유연근무 환경을 머릿속에 그릴 수 있고 실제로 시행됐을 때 가장 중요한 점이 무엇인지 이해하는 데 도움이 되는 원칙이어야 한다.
- 간결하게 나타내라: 원칙을 너무 많이 만들면 안 된다. 대다수 기업의 경우 3~6가지면 충분하다. 무엇이 가장 중요한지는 각 기업이 결정할 일이지만 복잡할수록 직원들이 비전을 이해하기도 힘들어진다.

유연근무제의 목표와 원칙을 수립할 때 지침이 필요하다면 이 책 마지막에 실린 부록을 참고하라.

리더는 유연근무의 목적과 원칙을 어떻게 조정하는가

목적과 원칙을 규정하는 일은 간단해 보이지만 실제로 저마다 다른 의견을 가진 다양한 사람들과 이야기하다 보면 여간 까다로운 게 아니다. 해본 사람들은 알 것이다. 슬랙도 유연근무제를 도입했고 유연근무제를 시도한 수많은 기업과 협업한 경험이 있으니 얼마나 어려운 일인지 잘 안다. 우리는 그 경험에 비춰 토론을 얼마간 수월하게 해줄 몇 가지 모범 사례를 추려낼 수 있었다. 토론의 초점을 제공하고 체계를 잡아주는 이 관행들을 참고하면 이 근본적인 변화를 이해하고 추진해나가는 데 필요한 목적과 원칙을 정하고 공감대를 형성할 수 있다.

지금부터 리더들이 유연근무제에 대한 공감대를 형성하는 6가지 방법을 하나씩 살펴보자.

1. 정확한 오리엔테이션으로 시작한다.

2. 근거 없는 믿음을 점검한다.

3. 자원을 투입한다.

4. 초반에 직원을 참여시킨다.

5. 투명하게 소통한다.

6. '더 배우려는' 자세를 견지한다.

정확한 오리엔테이션으로 시작한다

유연근무제를 성공적으로 안착시킨 조직들은 이 제도의 목적과 원칙을 합의하기 전에 전 직원을 상대로 오리엔테이션을 진행했다. 그들은 더 이상 효력이 없는 과거의 업무 방식으로 돌아가지 않겠다는 결단을 내렸고, 시대가 변했으니 그 변화에 걸맞게 업무 방식도 바뀌어야 한다는 사실을 명확히 인식하고 앞으로 나아가겠다는 뜻을 분명히 밝혔다.

슬랙에서 유연근무 원칙을 정할 때도 다음과 같은 신념을 피력하는 데서 출발했다. "우리는 과거로 회귀하지 않는다. 배움을 통해 앞으로 나아갈 것이다." 코로나로 인한 락다운이 해제되면 사무실로 복귀해야 할지를 두고 리더 그룹 내에서 의견이 충돌한 일을 계기로 이 원칙이 생겨났다. 몇몇 리더들은 예전 방식으로 돌아가자는 의견을 내놨다. 당시 최고인사책임자였던 나디아 롤린슨이 던진 질문이 정곡을 찔렀다. 과거로 회귀하고 싶은가, 미래로 나아가고 싶은가.

이미 많은 직원들이 유연근무제를 경험하고 그 필요성을 절감하게 된 지금 어떻게 과거로 돌아갈 수 있겠느냐는 유의미한 질문들이 나왔고, 과거로 돌아간다면 중요한 기회를 놓치게 될 거라는 우려도 있었다. 전 최고경영자 버터필드는 당시 상황을 이렇게 표현했다. "업무 방식을 혁신할 수 있는 일생일대의 기회가 눈앞에 놓여 있었던 거죠." 우리는 그 기회를 놓치지 말자는 데 뜻을 모았다.

우리는 확고한 결의를 보여주기 위해 이를 첫 번째 유연근무 원칙으로 전 직원에게 제시했다. 수립한 원칙들을 공개할 무렵에는 여기에 더 상세한 설명을 추가했고 다음과 같이 그 배경을 설명했다.

우리는 과거로 회귀하지 않을 것입니다. 배움을 통해 앞으로 나아갈 것입니다. 우리는 유연근무제를 택했습니다. 우리는 근무지를 재배치했고, 줌 회의 때 자녀들이나 반려동물이 느닷없이 화면에 나타나도 즐겁게 반겼고, 동료들을 좀 더 인간적인 시선으로 보게 되었습니다. 이런 새로운 업무 방식은 긍정적인 효과를 발휘했고 직원들 역시 유연근무제가 지속되길 바랄 것입니다.

변화는 리더가 주도해야 한다

사업 분야를 막론하고 구성원 간 협력이 무엇보다 중요하므로 유연근무는 최고위급 지도자, 되도록 최고경영자가 주도해야 한다. 보스턴컨설팅그룹은 '일의 미래'라는 주제의 자체 설문조사를 통해 최고경영자의 참여가 얼마나 큰 영향을 미치는지를 측정한 적이 있다. 조사 결과 최고경영자가 주도하는 경우가 그렇지 않은 경우보다 훨씬 진전이 빨랐다(그림 1.1 참조).

슬랙에서는 유연근무제를 시행하기 전에 먼저 최고경영자와 임원진이 이를 주제로 매주 심도 있는 토론을 벌였다. 토론은 주로 다음과 같은 세 가지 질문을 중심으로 이뤄졌는데, 다른 조직들도 마찬가지로 이 질문을 출발점으로 삼을 수 있다.

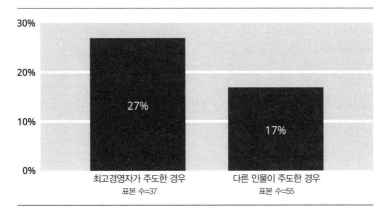

그림 1.1
유연근무 방식이 실험 단계(시작 전 → 초기 단계 → 순항 단계 → 실험 단계)에 이른 기업의 비율
출처: 보스턴컨설팅그룹 최고경영자 설문조사, 2021. 6.

- 우리는 어떤 문제를 해결하려고 하는가?
- 우리는 어떤 사업 성과를 달성하고 싶은가?
- 우리가 직면한 난관은 무엇인가?

슬랙의 최고경영자와 임원진들은 사실상 백지에서 시작한 셈이었다. 당시만 해도 이 책에 실린 연구와 사례들이 아직 존재하지 않았거나 널리 알려지지 않았기 때문이다. 직원들에게 제시할 유연근무 목적과 원칙을 합의하기까지 토론에만 두 달이 넘게 걸렸다. 준비 작업치고는 너무 긴 시간 아닌가 싶겠지만 결과적으로 이끌어낸 합의를 감안하면 그만한 가치가 충분했다.

근거 없는 믿음을 점검한다

슬랙과 협업한 기업들이 늘 하던 얘기가 앞서 언급한 토론 과정에서도 여지없이 나왔다. 고위 리더들은 한결같이 유연근무제가 정말 효과가 있는지 의구심을 표한다. 다음은 우리가 가장 흔히 듣는 우려다.

- 직원들이 실제로 일을 하고 있는지, 생산적으로 일하는지 어떻게 알 수 있는가?
- 사무실에 출근하지 않으면 조직 문화가 사라지지 않을까?
- 유연근무가 직원의 혁신 정신과 창의력을 저해하지 않을까?
- 젊은 신입직원들이 선임직원들에게 직접 배울 기회가 줄어들지 않을까?

이런 회의적인 말을 들으면, 또는 이런 회의가 든다면 유연근무가 왜 그런 부정적인 영향을 끼칠 것이라고 생각하는지 자문해보자. 이런 우려가 근거가 없다는 건 앞서 확인했다. 가령 퓨처포럼의 조사에 따르면 유연근무는 생산성을 저해하는 것이 아니라 오히려 높여주며 창의성에도 부정적인 영향을 미치지 않는 것으로 나타났다.

고츠슐링도 조직 내에서 이런 질문을 자주 받는다고 말하며 나름의 대응 방식을 전했다. 직원이 실제로 일하고 있는지 어떻게 확인하느냐고 물으면 그녀는 이렇게 반문한다고 한다. "직원들이 사무실에 출근하던 시절에는 일을 하는지 안 하는지 어떻게 알았나요?"명확한 목표를 설정하고 정기적인 체크인(check-in, 현 업무의 진행 상황, 요구사항, 피드백 등을 논의하는 팀 리더와 팀원 간 일대일 면담 – 옮긴이)을 시행하고 성과에 중점을 둔다면 직원들이 생산적으로 일하고 있는지 알게 될 것이다. 훌륭한 리더가 지녀야 할 마음가짐이 바로 이것이다. 고츠슐링은 이렇게 표현한다. "솔직히 말하면 차이점이 전혀 없습니다. 사무실에 출근한 직원을 매일 어깨 너머로 감시한다고 해서 생산적으로 일하고 있는지는 알 길이 없죠."

이와 관련된 우려를 불식하는 데는 그녀처럼 질문에 반문하는 대응법도 유용한 방법이다.

직원들이 실제로 일을 하고 있는지, 생산적으로 일하는지 어떻게 알 수 있나요?

- 그전에는 생산적으로 일하고 있는지 어떻게 알았나요?

사무실에 출근하지 않으면 조직 문화가 사라지지 않을까요?

- 조직 문화를 만드는 데 사무실이 왜 필요하죠?

유연근무가 직원의 혁신 정신과 창의력을 저해하지 않을까요?

- 왜 사무실에 출근해야 혁신 정신과 창의성이 발휘된다고 생각하는 거죠?

젊은 신입직원들이 선임직원들에게 직접 배울 기회가 줄어들지 않을까요?

- 지금껏 사무실에 출근해서 일을 배우는 게 누구한테 가장 득이 됐나요? 그렇게 배우는 게 왜 최선이라고 생각하는 거죠?

이 질문들을 회피하겠다는 건 아니다. 각 장에서 차차 자세히 다룰 예정이니 염려하지 말라. 이 문제를 언급한 건 당연시되는 기존 사고방식이 변화를 저해할 수 있으니 스스로의 고정관념부터 점검하는 것이 중요하다는 말을 하기 위해서다.

다르게 생각하라

캐나다왕립은행은 직원들이 유연근무에 적응할 수 있도록 '관리자를 위한 혼합형 근무 지침'을 발간했다. 이 지침에서는 흔히 제기되는 우려에 다음과 같이 대응할 것을 권한다.

직원들이 사무실을 벗어나면 생산성과 효율성이 떨어질지도 모른다고 생각한다면?

- 문제의 뿌리를 찾는다. 직원의 실적이 평균 이하라면 일하는 장소 때문만은 아닐 수도 있다. 어떤 지원을 통해 직원이 능력을 발휘할지 생각해본다.

대면 시간, 근무 시간, 연락 가능한 시간이 생산성과 직결된다고 생각한다면?

- 신뢰 문화를 조성한다. 유연근무의 영향과 성과가 사업 목표와 일치하는지, 모범적인 리더십을 보여주고 있는지에 중점을 둔다.

진행 상황을 감독하고 통제해야 한다고 생각한다면?

- 팀이 역량을 최대한 발휘할 수 있도록 자율권과 공간을 제공한다.

더 넓게 생각하자면, 애초에 왜 정해진 근무 시간이 필요한지, 왜 회의 때문에 8시간 동안 자리를 지키고 있어야 하는지부터 자문해야 한다. 여태 그래왔기 때문이라고 답한다면 당장 스스로의 사고방식부터 점검해야 한다. 과거에 통했다고 해서 미래에도 통한다는 보장은 없다. 더군다나 이제 우리에겐 과거의 방식보다 더 나은, 더 높은 성과를 안겨줄 대안이 있다.

자원을 투입한다

유연근무 같은 근본적인 변화는 목적과 원칙만 내세운다고 해서 효과가 나타나진 않는다. 이 변화를 성공적으로 안착시키려면 시간, 투자, 장기적인 책임감이 필요하다. 자원 분배에 대한 사고의 전환도 필요한데, 이는 리더 회의 때 논의해야 할 주제 중 하나다.

가령 유연근무를 큰돈을 투자해야 할 대상으로 생각할 게 아니라 자원 재분배 측면에서 생각해야 한다. 과거에는 누구한테 어떤 사무실을 주고 어떤 부서를 몇 층으로 옮겨야 협업에 적합할지 궁리하

투명하게 소통한다

이 지침은 방금 전에 다룬 지침과 밀접한 연관이 있다. 유연근무의 목적은 직원이 자신의 능력을 최대한 발휘하게 하는 것이다. 그러기 위해서는 직원이 유연근무를 제대로 이해해야 한다. 이러한 변화를 시행하는 이유, 즉 유연근무로 전환하는 목적과 구체적인 변동 사항, 그로 인한 영향을 알아야 한다. 하지만 대부분의 조직은 이를 투명하게 알리지 않는다. 가령 퓨처포럼 설문조사에 따르면 임원과 일반 직원에게 코로나 시기 이후 사무실 복귀 계획에 대해 묻자 또 한 번 커다란 격차가 나타났다. 임원 중 3분의 2는 해당 계획을 투명하게 공개했다고 생각한 반면, 직원들의 경우 그렇게 받아들인 비율이 절반에도 못 미쳤다. 그뿐 아니라 임원진이 투명하게 공개하지 않는다고 생각하는 직원들은 업무 만족도가 눈에 띄게 낮았고 이직 의향도 높았다.

이 첫 단계에서 유연근무의 목적과 원칙부터 규정해야 한다고 강조한 건 임원진 내 공감대 형성 때문만은 아니다. 전 직원에게도 명확히 제시해야 해서다. 그래야 더 광범위한 소통의 발판이 마련되고 공감대도 확산시킬 수 있다. 앞으로의 계획을 설명하는 대화의 물꼬를 틀 수도 있다. 투명성과 소통에 대해서는 이 책 전반에 걸쳐 누차 설명할 것이다. 어떤 변화를 시행하든 마찬가지지만 이처럼 조직 전체에 영향을 미치는 근본적인 변화에는 특히나 결정적이기 때문이다. 임원진과 직원 간 신뢰를 구축하는 데는 투명성이 필수다. 그리고 업무 방식을 재설계하는 과감한 변화를 일으키려면 이 신뢰가 바탕이 돼야 한다.

'더 배우려는 자세'를 견지한다

끝으로, 투명성을 통해 신뢰를 지속적으로 구축하려면 유연근무가 보완이 필요한 제도이며 회사가 모든 답을 쥐고 있는 건 아니라는 사실을 먼저 인정해야 한다. 목적과 원칙을 수립하기 위한 대화로 시작해 미흡한 전략을 점차 개선하며 시행해나가는 과정에서 가장 필요한 건 열린 마음으로 기꺼이 학습하려는 자세다. 대다수 기업에게 유연근무는 생소한 제도다. 따라서 다양한 실험을 거쳐 효과적인 방법을 찾아내고 기꺼이 조정하고 적응할 수 있어야 한다. 주지하듯 비즈니스란 상황에 따라 변하게 마련이므로 유연근무제도 변화하는 기업의 니즈에 따라 수정돼고 개선돼야 한다. 고츠슐링은 캐나다왕립은행의 계획을 이렇게 표현했다. "우리는 시행하는 과정에서 배워나갈 것이고 효과적인 방법과 그렇지 않은 방법은 무엇인지 꾸준히 대화해나갈 것이며 그러면서 점차 발전해나갈 것이다."

1단계
점검사항

비전을 공유한다

☐ 리더 그룹은 유연근무제를 통해 달성하려는 사업 목적에 공감하는가?

☐ 그 목적을 명확하고 간결한 원칙으로 정리하고 전 직원과 공유했는가?

☐ 유연근무 원칙에 대해 전 직원의 피드백을 받았는가?

☐ 업무 방식을 완전히 바꿔놓을 이 대담한 계획을 수립하고 실행해나가는 과정에서 열린 마음으로 수정할 용의가 있는가?

2
단계

공정함에 집착하라

—

임원부터 사무실에 나가지 않아야
직원도 유연근무제를 신뢰한다

헬렌이 컨설팅 업계에 막 입문한 초기에 함께 일했던 한 동료는 빼어난 리더이자 관리자였고 고객을 대할 때 자신감과 매력, 공감 능력까지 발휘할 줄 아는 인재였다. 이런 성향들이 한데 뒤섞이면서 탁월한 효과를 발했다. 그녀는 회의 자리에서도 자기주장 강한 임원들을 어떻게든 자기편으로 만들 정도였다.

한 가지 문제라면 다른 동료들과 달리 주4일만 근무한다는 점이었다. 그녀는 평일 하루는 자녀와 보내겠다는 결심을 굽히지 않았다. 고객이나 동료들의 압박에 시달리거나 업무량에 치일 때도 그런 결심은 좀체 흔들리는 법이 없었다. 그 대신 맡은 과업을 제때 끝마치기 위해 공들여 일정을 짰다. 동료들보다 일을 적게 하는 것도 아니었고, 성과가 더 높지는 않아도 평균을 유지했다. 그런데도 주5일이 아닌 주4일 근무가 경력에 타격이 됐다. 그녀 말마따나 계속 "승진에서 미끄러지고" 있었던 것이다. 헬렌은 불공평한 처사라는 생각을 지울 수 없었다. 그래도 동료는 주4일 근무를 포기하고 싶지 않다고 했다. 결국 헬렌과 동료는 얼마 못 가 더 나은 조건의 회사로 이직했다.

이는 특이 사례가 아니다. 근무 시간이나 근무 장소의 유연성이 허용된 직원들은 엄연히 회사에 기여하는 바가 있는데도 늘 협동 정신이나 조직에 헌신하는 태도가 부족하다는 비판을 감수해야 했다.[1] 특히 유연근무를 가장 선호하는 집단이 이런 선입견에 가장 많이 노출돼 있다. 우리가 미국 내 지식노동자들을 대상으로 조사한 바에 따르면 87퍼센트의 아시아계 미국인들, 81퍼센트의 흑인, 78퍼센트의 히스패닉이 유연근무를 선호한 반면, 백인들은 75퍼센트가 유연근무를 선호하는 것으로 나타났다(그림 2.1 참조).

성별에 따른 차이도 나타났다. 여성은 85퍼센트가, 남성은 79퍼센트가 유연근무제를 선호했다(그림 2.2 참조).

자녀가 있는 직장인 남성은 자녀가 있는 직장인 여성에 비해 일과 삶의 균형을 더 잘 유지하고(40퍼센트), 업무 스트레스 관리 능력

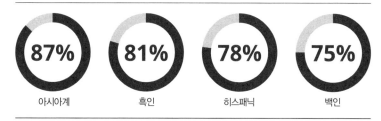

그림 2.1
유연근무제를 원하는 직원들의 인종 비율
출처: 퓨처포럼 펄스, 2021. 미국 내 조사

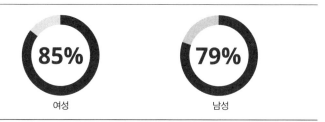

그림 2.2
유연근무제를 원하는 직원들의 남녀 비율
출처: 퓨처포럼 펄스, 2021. 미국 내 조사

도 더 높은 것(61퍼센트)으로 나타났다.

차별에 취약한 집단만 유연근무를 선호하는 건 아니다. 기존 사무실 위주 문화에 잘 맞지 않는 이들, 가령 내성적인 직원이나 위성 사무실 근무자도 유연근무를 선호하는 경향이 높았다. 슬랙 개발 팀장인 마이크 브레보트(Mike Brevoort)는 2019년 한 해 동안 거주지인 콜로라도 덴버에서 슬랙 본사가 있는 샌프란시스코까지 비행기로 23차례나 왕복했다. 그러라고 한 사람은 아무도 없었지만 중요한 회의나 임원 발표 때 자신만 화상 회의로 접속한다면 남들과 공평하게 참여하기가 어려우리라고 생각했던 것이다. 회의 참석자들 대다수가 임원층에 사무실을 두고 있었으니 회의 시작 전후로 그들끼리 사담을 나누리라는 것도 알고 있었다.

다른 사람들은 모두 회의실에 앉아 있는데 자신의 얼굴만 화면에 떠 있는 상황도 원활한 참여에 방해가 됐다. 회의가 시작될 무렵에는 모두들 화면에 뜬 그의 얼굴을 보고 있었지만 누군가 문서를 공유하면 그의 얼굴은 사라지고 대뜸 문서가 화면에 나타났다. 그렇다 보니 참석자들의 주목을 받기도, 대화 도중에 끼어들기도 어려웠다. 브레보트는 이런 상황을 "눈에서 멀어지면 마음에서도 멀어진다"라는 속담에 비유했다. 게다가 다른 참석자들의 표정도 읽을 수 없었고 그들이 속삭이듯 말하는 의견도 들을 수 없었다. 동료들과 농담을 주고받을 수도 없었다. 비행기로 장거리 통근을 시작한 것도 그래서였다. 그는 직접 그 자리에 있어야 회의에 온전히 참여할 수 있다고 생각했고 회의실에 있는 임원들에게 얼굴이나 말소리로 존재감을 드러내지 못하면 경력에 타격이 되리라는 위기의 식을 느꼈다.

답답한 상황이었다. 5명의 아이와 아내를 두고 따로 떨어져 그 많은 시간을 허비하는 게 답답했다. 따분하고 번잡한 출장에 그 많은 시간을 낭비하는 것도 답답했다. 출장 후 여독이 가시기도 전에 또 다시 비행기에 몸을 실어야 하는 현실도 답답했다. 고단하고 혼란스러웠다. 지금 생각하면 꼭 그럴 필요도 없었다. 회사가 유연근무를 좀 더 세심하게 계획하고 시행했다면 그러지 않아도 됐을 것이다.

애초에 브레보트가 슬랙에 입사한 건 슬랙이 그의 스타트업을 인수했기 때문이었다. 이미 실력이 검증됐으니 더 버티기가 힘들어지면 나가서 다시 제 회사를 차리거나 이직하면 그만이었다. 회사 입장에서는 인재를 잃는 셈이었다. 그러던 차에 공교롭게도 코로나가 전 세계를 덮쳤고 전 직원이 일제히 재택근무에 들어갔다.

브레보트는 문득 덴버에서 모든 업무를 수행할 수 있겠다는 생각이 들었다. 임원 회의나 임원 발표도 모두 똑같이 화상으로 참여했다. 가령 신제품 아이디어나 진척 상황을 점검하는 간단한 체크인 등 회의 이외의 소통도 대부분 슬랙 커뮤니케이션 채널에서 이루어졌다. 모두 똑같은 툴을 이용해 똑같은 방식으로 회의를 하고 조정하고 소통하고 공유했기 때문에 근무 장소는 어디라도 상관없었다. 빽빽한 출장 스케줄이 없어지니 일과 삶의 균형도 되찾았을 뿐 아니라 '업무 품질을 향상'시킬 수 있었다. 그의 표현을 빌리면

"온라인 슬랙이 본사" 역할을 한 덕분에 '진정한' 유연성을 확보하면서 가능해진 일이었다.

헬렌의 동료나 브레보트는 리더였으니 일반 직원들보다 선택지가 더 많았을 텐데도 이 같은 난관들을 피할 수 없었다. 기업이 진심으로 조직 구성원이 재능을 발휘하길 원한다면 그보다 더 나은 방식을 제시할 수 있어야 한다. 앞선 1단계에서 임원들의 의사결정에 지침이 될 원칙의 중요성을 피력했지만 사실 임원들이 정하는 원칙들로는 부족하다. 이 원칙들이 효과적인 방식으로 전 직원에게 두루 전달되고 각자 잠재력을 최대한 발휘할 수 있는 공평한 기회를 제공하도록 가드레일도 마련해야 한다.

가드레일은 무엇인가

가드레일은 말 그대로 코스에서 벗어나지 않게 보호해주는 난간이다. 많은 이들이 경험하는 '이중 잣대'를 예방해 유연근무 원칙을 준수하도록 해주는 틀이라 할 수 있다. '가짜 유연근무제', 즉 언뜻 보면 유연근무제 같지만 실제론 직원들의 자유와 권한을 제한하는 정책들을 예방하는 역할도 한다. 가령 재택근무는 허용되지만 일주일에 하루만 가능하다거나 오전 8시부터 오후 5시까지 내내 자리를 지키고 있어야 한다면 가짜 유연근무제다. 가짜 유연근무제는 유연성에 반하는 행동을 의미하기도 한다. 가령 임원들이 여전히

주5일 출근해 하루 8시간 근무하면 이는 '성공하고 싶다면 유연근무제를 포기하라'는 암시다.

이렇게 생각하자. 인재가 잠재력을 발휘하는 것이 목적이라면 가드레일은 이를 실현시켜줄 장치다. 유연근무제를 세심하게 실행하지 않으면 정반대의 결과가 나타날 수 있다. 더 유연하게 근무하는 직원과 그렇지 않은 직원 간 기회와 성장의 격차가 더욱더 벌어지고 헬렌의 동료처럼 승진에서 누락되는 직원이 생긴다. 스탠퍼드 대학교의 니콜라스 블룸(Nicholas Bloom)이 2014년에 실시한 조사에 따르면 재택근무 직원들은 성과가 더 높거나 평균을 유지해도 사무실에 출근하는 동료보다 승진률이 무려 50퍼센트 더 낮았다.[2] 회사가 이 같은 불공정을 인식하고 있었는지 이를 시정하기 위해 조치를 취했는지 여부는 연구에 명시적으로 드러나지 않지만, 그럼에도 잠재적인 위험 요소임은 분명하기에 적극 예방하는 것이 좋다. 남들처럼 사무실에 출근해 종일 일하지 않는다고 불이익을 받는 일은 슬랙에서도 있었다. 다른 기업도 크게 다르지 않을 것이다. 유연근무제가 존중받고 제대로 정착하려면 임원진이 유연근무제의 의의(앞서 설명한 목적과 원칙)를 진지하게 고민해야 하며 그 방식도 세심하게 실행해야 한다. 그래야 인재의 재능을 억누르지 않고 기업의 의도에 걸맞은 잠재력을 발휘시킬 수 있다. 그러지 않으면 원격근무 직원들이 기회와 지식을 얻지 못하고 유대감도 다지지 못하는 불공평한 상황이 벌어진다.

지금부터 효과적인 가드레일을 가장 필요로 하는, 그리고 이 가드레일이 직원 경험에 끼치는 영향이 가장 크게 나타나는 세 가지 영역을 하나씩 살펴보자. 다음과 같다.

1. 리더십 가드레일
2. 일터 가드레일
3. 문화 가드레일

가드레일

가드레일은 원칙을 지키기 위해 협의한 지침 또는 기준을 말하며, 원칙을 일상적인 습관과 관행에 적용시킬 수 있게 도와 유연근무제가 효과를 발휘하게 해준다.

리더십 가드레일

기업의 성공에 필수적인 다른 요소들과 마찬가지로 유연근무제도 상부조직부터 모범을 보여야 효과가 나타난다. 리더들이 바람직한 행동을 보여주지 않으면 원칙은 무너지고 말 것이다. 다음은 조직이 유연근무 원칙에 따라 운영되도록 리더들이 할 수 있는 일들이다.

솔선수범하라

부동산 회사의 한 임원이 들려준 경험이다. 하루는 중요한 화상 회의에 대다수 직원이 참여했다. 그런데 고위임원들만 화면 배경이 똑같았다. 모두 이사회실에 모여 있다는 뜻이었다. 임원들은 그 사실을 아무도 모를 거라고 생각했지만 모두가 알아챘다. 임원들은 의도하지 않았겠지만 그 장면은 직원이 있어야 할 곳이 사무실임을 암시하고 있었다. 회사는 유연근무를 더 활성화할 계획이었으니 리더들의 행동은 회사의 의도를 해치는 셈이었다. 직원들에게 모범을 보이지 못해 '실패한' 사례다.

솔선수범하는 자세로 조직을 이끄는 전략은 누구나 접해봤을 것이다. 어느 분야에서나 통하는, 간단하고 바람직한 관행이기 때문이다. 회사가 유연근무를 독려하고 나섰는데 리더들은 변함없이 매일 9시에 사무실에 출근하고 5시에 퇴근한다면 제도의 시행을 방해할 뿐 아니라 (그럴 의도가 아니었다 하더라도) 원칙까지 무너뜨리는 격이다. 공식적인 방침이나 구실을 떠나서 임원이 사무실에 자주 출근하는 모습을 직원이 본다면 어떨까. 그래야 기회를 얻고 성장할 수 있다는 잘못된 인식을 심어줄 것이다.

호주에서 설립된 소프트웨어 회사 아틀라시안에서는 솔선수범해야 한다는 규칙을 임원진에게 '더 엄격하게' 적용하고 있다. 최고운영책임자 아누 바라드와즈(Anu Bharadwaj)는 이렇게 설명한다. "사무실에 복귀해도 안전하다는 분위기가 생겨날 당시에도 임원진은 일주일에 하루만 출근하고 대면 회의는 하지 않기로 했습니다.

친목 도모 행사를 제외하고 협력 팀과의 대면 회의만 분기당 한 번으로 허용했죠." 슬랙도 이와 비슷하게 '임원진 출근일수 제한'을 도입하기로 했다. 버터필드는 직속 부하 직원들에게 솔선수범의 일환으로 원하는 출근일수를 직접 제안하게 했다. 리더의 출근일수는 일주일에 사흘 이하로 정해두자는 안이 나왔다. 출근일에는 팀 행사나 고객과의 만남에만 집중하자는 추가 지침도 곁들였다. 한마디로 사무실은 직원들이 꼭 모여야 할 때만 쓰자는 것이다. 버터필드가 원한 건 리더가 행동으로 직접 보여주는 것이었다.

상징적인 행동을 취하라

모범을 보이는 좋은 방법은 상징적인 행동을 취하는 것이다. 조직 전반에 걸쳐 유연근무를 두드러지게 하는 방법을 찾아보라. 간단한 방법도 좋다. 가령 호주의 유명 통신사인 텔스트라(Telstra)의 모든 임원들은 공개 프로필 사진을 재택근무하는 모습의 사진으로 바꿨다.[3] 그보다 광범위한 대중을 상대로 알리는 방법도 있다. IBM의 최고경영자 아르빈드 크리슈나(Arvind Krishna)는 코로나 시국 초기에 자사의 '재택근무 서약'을 직원들하고만 공유하지 않고 전 세계인이 볼 수 있도록 소셜 미디어에 올렸다. 이 서약은 IBM 컨설턴트의 경험이 결정적인 계기가 됐다. 그녀는 어린이집에 보낼 수 없는 생후 10개월 된 아기를 키우며 육아와 재택근무를 병행하고 있었다. 하루는 화상 회의에 들어가기 직전에 아기가 높은 데서 떨어지는 일이 일어났다. 아이는 괜찮았지만 팀원들은 그녀가 육아와 일을 병행하느라 허둥지둥하는 모습을 지켜볼 수밖에 없었다. 이를 계기로 팀원들은 생소한 유연근무 환경과 그에 따라 새롭게 대두된 니즈에 대해 논의했다. 일반적인 업무 규정을 하나하나 따져본 이들은 다음과 같은 문제를 제기했다. "재택근무 직원이 굳이 회의 때마다 카메라를 켜둬야 하는가?"

이 토론은 락다운 시기에 적용될 재택근무 규정으로 결실을 맺었다. 다른 팀 직원들도 이를 공유했고 금세 전 조직으로 퍼져나갔다. 일주일도 채 지나지 않아 이 규정이 고위임원들의 이목을 끌었고 크리슈나는 소셜 미디어에 이를 공개하기에 이르렀다. 최고경영자가 이들의 서약을 지지한다는 신호였다. 코로나가 창궐하던 초기, IBM이 25만 명 이상의 직원을 하루아침에 원격근무로 전환하던 때였다. 그 후로 IBM은 재택근무를 넘어 근무 시간 유연성과 하이브리드 근무 형태로까지 유연근무제의 의미를 확대했다. 그리고 팀원들은 이 제도를 뒷받침해줄 새로운 서약을 작성하는 중이다.

IBM 재택근무 서약

1. 가족을 등한시하지 않을 것을 서약한다.
2. 개인 용무를 처리할 유연성을 지지할 것을 서약한다.
3. 카메라를 꺼도 되는 시간을 지지할 것을 서약한다.
4. 동료들을 친절하게 대할 것을 서약한다.
5. 업무 범위를 설정하고 화상 회의 피로감을 예방할 것을 서

약한다.

6. 스스로를 보살필 것을 서약한다.

7. 동료의 근황을 자주 확인할 것을 서약한다.

8. 연락 가능한 상태를 유지할 것을 서약한다.

인간적인 모습을 보여라

앞선 사례는 리더가 유연근무 원칙을 강화할 수 있는 또 다른 방법을 보여준다. 바로 자신의 취약점을 드러내는 것이다. 변화는 불편을 초래하고 직원들도 불안한 상황에 놓여 있다는 생각에 빠질 수 있다. IBM의 최고인사책임자 니클 라모로(Nickle LaMoreaux)는 코로나가 막 창궐하던 때, 크리슈나가 리더 그룹에게 자주 하던 말을 떠올렸다. "잊지 마세요. 여러분은 매일 누군가의 가정에 초대되고 있는 겁니다. 실제로 남의 집에 방문했을 때처럼 예의를 지켜야 합니다." 리더들이 유연근무를 일상적인 일로 받아들여야 한다는 당부이면서 매일 맞닥뜨리는 상황에 어떤 자세로 임해야 하는지를 알려주는 현명한 조언이었다. 동료의 아이가 화상 회의에 멋모르고 끼어들면 '안녕?' 하고 인사를 건네도 좋고 가족을 데려와 잠깐 인사를 나누게 하면 더 좋다. 근무 시간을 유연하게 운용하는 경우라면 운동을 하러 가거나 자녀의 학교 연극을 보러 갈 때 자리를 비우는 시간만 알려줄 게 아니라 자리를 비우는 사유도 알려주는 것이 바람직하다. 가령 어머니 생신을 맞아 가족모임에 간다고 상태 메시지로 확실하게 명시하거나 각 팀에서 하던 방식대로 알리면 된다.

코로나 시기에 슬랙의 최고마케팅책임자였던 줄리 리글(Julie Liegl)은 이제 막 8살과 5살이 된 아이들을 첫 회의 때 동반했다. 이는 화상으로 회의에 참석하고 있던 2천 명 이상의 직원들에게 그녀가 가정생활과 직장 생활을 힘들게 병행하는 보통 사람이라는 점을 생생히 보여줬다. 즉시 긍정적인 피드백이 쏟아졌다. 선임고객성공매니저(Senior Customer Success Manager) 크리스틴 맥혼(Christine McHone)은 이렇게 말했다. "줄리 리글의 딸들이 회사 총회 때 그녀의 무릎에 앉은 순간 우리 회사가 재택근무를 적극 지원하리라는 것을 모두가 예상했을 겁니다."

일터 가드레일

유연근무제가 성공하려면 리더들이 일터의 역할을 재설계해야 한다. 구체적인 역할은 조직의 니즈에 따라 달라지겠지만 효율적인 재설계를 위해서는 직원들이 낡은 습관으로 회귀하지 않도록 막아줄 가드레일을 세심하게 설정해야 한다. 분야를 막론하고 기업이 변화의 분위기를 조성하는 데 효과를 발휘할 가드레일의 예는 다음과 같다. 이를 참고해 자신의 회사에 적합한 가드레일의 실마리를 찾아보자.

공유공간은 무엇보다 팀워크를 위한 것이다

슬랙의 디지털우선 문화에서 사무실 출근은 기본 요구사항이 아니라 오히려 예외다. 전 최고경영자인 버터필드가 설명했듯 "팀원들이 직접 대면하려면 목적이 있어야 한다. 조직 강화 활동, 프로젝트 착수, 사전에 계획된 행사 등등 목적이 뚜렷하면 유연성과 예측가능성을 절충해 모임을 기획할 수 있다."[4] 이렇게 사무실 용도를 세심하게 정해두면 유연근무제를 체계적으로 시행할 수 있다.

슬랙은 임원층도 없앴다. 디지털우선 제도를 도입하기 전, 슬랙 본사 10층에는 널따란 회의실과 임원 브리핑 센터가 있었고 9층에는 최고경영자를 비롯한 최고위 임원들의 집무실이 있었다. 중요 회의는 자연스레 9층이나 10층에서 진행됐다. 이곳에서 시간을 보내면 자신이 출근했다는 사실을 알릴 수 있었다. 우리는 사무실에 대한 직원들의 인식을 바꾸기 위해 그곳을 없앴다. 임원들만을 위한 공간은 앞으로도 필요 없을 것이다. 슬랙에서 새로 마련한 가드레일에 따르면 리더는 팀과 회의가 있을 때만 사무실에 나와야 한다. 그 외에 교류가 필요하면 브레보트의 말대로 "온라인 슬랙 본사"에서 해결해야 한다.

유연근무제를 도입하는 회사는 사무실의 용도를 변경해야 할 수도 있다(이에 대해서는 5단계에서 자세히 살펴보자). 밀러놀(MillerKnoll)은 일반 직원의 작업 공간과 팀장이 쓰는 사무실로 공간을 나누지 않고 협업과 연락이 용이한 사회적 교류의 장으로 공들여 설계했다. 업무 성격에 따라 공간을 나누는 방법도 있다. 가령 팀 모임을 위한 교류층(social floor)과 집중해서 일할 수 있는 집무층(quiet floor)을 따로 두는 것이다. 일터를 물리적 건물에 한정하지 않으면 공간을 활용할 수 있는 다양한 기회도 더 많아진다.

공평하고 공정한 일터를 만든다

모두에게 공정한 일터를 조성하려면 리더는 '대면 편애'를 삼가고 직원들이 일관된 경험을 할 수 있도록 해야 한다. 반드시 직접 대면으로 모여야 하는 경우뿐 아니라 화상 회의 때도 원격근무 직원들이 논의에 공평하게 참여할 수 있게 해야 한다. 슬랙에서는 이를 보장하기 위해 '한 명이 접속하면 모두가 접속한다(one dials in, all dial in)'라는 가드레일을 도입했다. 회의를 할 때는 전원이 직접 대면하거나 사무실 책상에 있는 컴퓨터로 로그인하는 한이 있더라도 전원이 화상으로 접속해 참석하자는 것이다.

가드레일을 정해뒀다고 해서 저절로 효과가 나타나는 건 아니다. 특히 오랜 습관을 바로잡으려면 수많은 실험과 훈련이 필요하고(이에 대해서는 4단계에서 설명할 것이다) 임원들이 솔선수범해야 한다. 가령 화상으로 제품 리뷰 회의를 하면(이 경우 회의실을 예약할 필요도 없다) '회의실'에 들어가야 한다는 부담감을 덜 수 있고 임원 동석 회의에 연중 몇 차례밖에 참석하지 못했던 원격근무 직원들에게 공평한 환경을 마련해줄 수 있다.

직원들의 참여를 독려하기 위한 여러 방법을 고민하는 것도 중요하다. 화상 회의만 고집할 필요는 없다. 그러면 시간대가 다른 지역에 살거나 어린 자녀를 돌봐야 하거나 여러 사람이 모여 얘기하는 화상 회의 때 잘 나서지 못하는 내성적인 직원 등 특정 집단에게 불리하게 작용할 수 있다. 오해하진 말자. 화상 회의는 대다수에게 생명줄이나 다름없는 훌륭한 툴이다. 다만 이 외에도 다른 수단은 더 있다는 말이다. 커뮤니케이션 플랫폼(communication platform, 디지털 네트워크로 여러 사람이 대화하고 정보를 공유하고 협업할 수 있게 해주는 소프트웨어나 앱 - 옮긴이)이나 채팅, 음성 메시지를 이용할 수도 있고 팀원들이 각자 편한 시간에 볼 수 있도록 사전에 녹화해둔 비동기 (asynchronous) 영상이 더 효과적일 때도 있다. 가상 화이트보드 회의를 하거나 비동기 브레인스토밍을 하거나 온라인으로 서면 자료를 미리 공유한 후 협업할 때 활용할 수 있는 툴은 매우 많다. 어떤 툴을 활용할지 세심하게 판단해 정하고 직원들의 일정만 잡아먹는 회의를 무조건 잡고 보는 우를 범하지 말라(이에 대해서는 이 장 후반부에서 더 자세히 살펴볼 것이다).

연구에 따르면 많은 임원들이 이 시대가 노동력의 변곡점임을 인식하지 못한 채 과거의 유물에 집착하고 있다. 고용주들이 원격근무와 하이브리드 업무 환경에서 얻은 교훈을 최대한 활용해 시대의 변화에 대처하지 않으면 기회 불평등은 급격히 증가할 것이다.

엘라 워싱턴(Ella Washington), 엘라베이트 솔루션스(Ellavate Solutions) 설립자, 조지타운대학교 맥도너 경영대학원 조직심리학 교수[5]

사외 모임의 역할을 재고하라

대다수가 그렇듯 기업은 출근 요일을 언제로 정해야 할지를 고민할 것이 아니라 조직 강화와 생산성을 위해 해당 팀의 니즈에 부합하는 정기 모임을 기획할 수 있도록 지원해야 한다. 이를 위해서는 팀 리더에게 새로운 통찰력과 툴을 제공해야 한다.

가령 직원들이 여러 지역에 흩어져 살고 각자 편한 시간에 일하는 유연근무 환경에서는 넉넉한 시간을 두고 모임 날짜를 사전 공지해야 한다. 팀 리더는 모임 운영 방식도 세심하게 계획해야 한다. 프리야 파커(Priya Parker)는 《모임을 예술로 만드는 법(The Art of Gathering: How We Meet and Why It Matters)》에서 다음과 같이 설득력 있는 주장을 펼친다. "활기 넘치고 생산적인 모임을 기획하고 싶다면 짜임새 있게 빈틈없는 계획을 세워야 하며, 주관자는 호기심과 의욕, 뭐든 시도하려는 대범함을 갖춰야 한다."[6] 리더가 효과적인 모임을 세심하게 기획하고자 하는 경우 다음과 같은 4가지 핵심 질문을 자문해야 한다.

1. 참석자들이 편안함과 의욕을 느끼게 하려면 어떻게 해야 하는가?
2. 논의 주제는 무엇인가? 성과를 내려면 무엇을 해야 하는가?
3. 모임은 누가 어떻게 진행할 것인가?
4. 어떤 툴이 필요할 것인가?

임원도 팀 리더를 지원할 방법을 모색해야 한다. 모임은 생산적이면서도 소속감을 고취시켜야 한다. 과거에는 기업들이 주로 식사 제공, 커피숍, 마사지 등 사내 복지 혜택에 집중했지만 유연한 원격 근무 시대에는 전부 별 소용이 없다. 그보다는 리더가 대면 모임과 비대면 모임 모두에 알맞은 수단을 제공해야 한다. 팀별 모임 예산 지원, 다양한 옵션(선택 가능한 음식 또는 기념품 목록, 이를 제공할 공급업체)이 몇 가지 예다. 리더들은 팀 리더가 필요한 모임을 기획하고 계획을 세울 때 도움을 줄 진행촉진자(facilitator, 팀원들이 창의적인 의견을 제시하도록 편한 분위기를 조성하고 효율적인 의사결정을 내려 조직의 목적을 달성할 수 있도록 지원하는 사람 – 옮긴이) 같은 지원 인력을 충원해줘야 한다.

문화 가드레일

유연근무 문화는 당연히 기존 사무실 문화와 다르다. 게다가 전통적인 사무실 문화에 뿌리내렸던 고질적 난제를 뿌리 뽑을 좋은 기회이기도 하다. 여기서는 크게 세 가지만 다루지만 저마다의 사업적 니즈에 따라 제도를 조정해가다 보면 더 많은 문제가 표면에 드러나게 될 것이다.

회의 중심 문화에서 벗어나라

조직 문화에서 늘 나오는 불만이다. 실상 모든 직원이 숱한 회의에서 헤어나지 못하고 있다. 회의가 일을 완수하기 위해 꼭 필요한지 일을 방해하는 건 아닌지 진지하게 생각해봐야 한다. 이 분야를 연구하는 레슬리 펄로(Leslie Perlow), 콘스턴스 해들리(Constance Hadley), 유니스 은(Eunice Eun)이 다양한 산업에 종사하는 관리자들을 대상으로 한 설문조사에 따르면 응답자 중 70퍼센트 이상이 회의가 비생산적이고 비효율적이라고 답했고, 65퍼센트는 회의 때문에 업무를 끝마치지 못한다고 답했다.[7]

이제 회의의 역할을 재고해야 할 때다. 슬랙 임원진은 '일정 리셋(calendar bankruptcy)'을 선언하고 앞장서서 반복되는 회의와 일대일 면담을 일체 없앤 다음 일일이 검토한 후 반드시 필요한 회의만 다시 일정에 집어넣었다. 전 직원에게 전하는 공지에 따르면 그 목적은 다음과 같다.

- "지금은 원격근무 시대이니 일하는 방식도 바뀌어야 합니다."
- "주최자와 목표와 범위가 바뀌었는데도 예전 방식으로 계속되는 회의가 많습니다. 이제 다시 백지에서 시작해 '반드시' 중요한 회의만 남깁시다!"

회의를 전부 없앴다는 말이 아니다. 직원의 시간을 빼앗지 않도록 리더들이 좀 더 세심한 접근법을 취했다는 뜻이다. 알고 보니 없애도 될 회의가 너무 많았고 시간을 줄이는 것도 가능했다. 가령 월간 영업 회의는 현황 업데이트로 시작하는데, 이를 회의 전에 보내

두는 것도 방법이다. 프레젠테이션도 슬라이드 자료나 비동기 영상으로 공유하면 직원들이 각자 편한 시간에 볼 수 있다. 그러면 회의 시간이 상당히 단축되고 그렇게 절감된 시간은 더 내실 있는 토론과 조직 강화 활동에 쓸 수 있다. 그러자면 리더들이 분명한 의도를 갖고 회의를 기획해야 하며 사전에 심사숙고하고 계획을 세워야 한다. 프리야 파커가 《모임을 예술로 만드는 법》에도 썼듯 "모임 성공 요인의 90퍼센트는 사전 준비에 있다."

드롭박스는 회의를 계획할 때 논쟁, 의논, 결정(debate, discuss, decide)의 앞 글자를 딴 '3D' 모델을 적용한다. 우리는 여기에 개발(develop)을 추가한 4D를 제안한다. 이는 개인 역량을 갈고닦거나 기타 직업적인 발전 기회에 집중하는 시간을 말한다. 이 4가지 목표 중 하나 이상을 달성하지 못한다면 불필요한 회의다(부록에 제시된 "회의가 꼭 필요한가?" 툴을 참조하라). 다른 툴을 사용해 정보를 공유하거나 현황을 확인해도 된다. 그러면 자신도 팀원도 일을 진척시킬 시간을 더 많이 확보할 수 있다.

가드레일은 회의 소집 때문에 직원이 주5일 하루 8시간 동안 자리를 지키며 대기해야 한다는 고정관념을 버리는 데도 유용하다. 가령 리바이스에는 '회의 없는 금요일(No Meetings Fridays)' 정책이 있다. 내부 회의 부담을 줄여 업무에 집중하는 시간을 벌어주자는 취지다. 구글은 몇 년 전 일부 팀이 '회의 없는 주간'을 도입했고 세일즈포스도 이와 비슷한 '자율업무 주간(Async Weeks)'을 도입했다. 이 정책들은 직원들이 숨을 돌릴 틈을 줄 뿐 아니라 회의 주최자가 횟수 또는 참석 인원을 줄이거나 회의의 필요성을 생각할 기회도 준다. 슬랙의 제품디자인개발 팀은 '메이커 주간(Maker Weeks)'과 '메이커 시간(Maker Hours)'을 정해 한 번에 2시간, 주3일은 알림 기능을 끄고 집중모드로 일한다.

브레인스토밍에 도전장을 내밀어라

유연근무제를 둘러싸고 흔히 제기되는 우려는 이 제도가 창의성과 혁신 정신을 억누르리라는 것이다. 회의실에 다 함께 모여 브레인스토밍으로 내놓은 아이디어를 화이트보드에 적어가며 끝장 토론을 벌이지 않고서 어떻게 참신한 발상을 내놓고 까다로운 문제를 해결할 수 있느냐는 말이다. 우리는 시도해본 적이 없다는 이유로 브레인스토밍 말고는 방법이 없다고 쉽게 넘겨짚는다. 하지만 그렇지 않다는 확실한 증거가 있다. 여러 연구 결과에 따르면 각광받고 있는 브레인스토밍 회의는 좋게 말하면 시간 낭비고 나쁘게 말하면 위험한 집단 순응 사고를 유도하고 생산성까지 떨어뜨리는 원흉으로 지목되고 있다.

아이디어를 도출하는 데는 브레인스토밍보다 '브레인라이팅 (brainwriting)'이 더 효과적인 것으로 나타났다. 이를 위해서는 일종의 하이브리드 접근법이 필요한데, 바로 여기서 유연근무가 특효를 발휘한다. 사실 집단 구성원들이 새로운 아이디어를 도출하는 가장 좋은 방법은 각자 고민하고 나서 함께 논의하는 것이다.

브레인라이팅의 첫 단계는 선임 또는 목소리가 큰 사람에게 휘

둘러거나 비판을 감수할 필요 없이 각자 편한 공간에서 자유롭게 생각에 몰두할 수 있는 개인 시간을 갖는 것이다. 각 팀원이 아이디어를 종이에 쓰고 나서 이를 공유하고 의견을 나누는 브레인라이팅은 더 나은 성과를 이끌어내는 것으로 입증됐다. 〈하버드비즈니스리뷰〉에는 "800개가 넘는 팀을 대상으로 한 메타분석에 따르면 타인과의 상호작용이 없을 때 독창적인 아이디어가 더 많이 도출된다"는 연구 결과가 인용되기도 했다. 반면, 낡은 브레인스토밍 방식은 "특히 대규모 팀의 구성원들이 일일이 간섭받거나 서면이 아닌 구두로 아이디어를 내는 경우" 생산성에 부정적인 영향을 끼치기 쉽다."[8,9]

브레인라이팅 접근법이 효과가 뛰어난 이유 중 하나는 더 많은 사람들의 참여를 유도하기 때문이다. 논의에 앞서 각자 아이디어를 도출하는 방식은 다양한 배경을 지닌 팀원들에게 심리적 안전감(psychological safety)을 주고 선임이나 외향적인 직원들의 목소리에 묻혀 흔히 간과됐던 의견들을 포용하게 해준다. 그 과정에서 원격근무 직원들이 소외되지 않도록 해주는 효과도 있다. 브레포트가 연간 스무 차례 이상 덴버의 집에서 캘리포니아의 본사까지 비행기로 오고간 가장 큰 이유는 화상 회의로는 회의에 온전히 참여할 수 없다는 판단 때문이었다. 그는 결국 비행기로 오가는 미봉책에 기대야 했다. 대다수 직원들은 그런 선택지조차 없으며 여럿이 참여하는 회의나 브레인스토밍 형식에 불편함을 느끼기도 한다. 이런 식으로 전 직원의 참여를 가로막아 얼마나 많은 통찰력과 창의력,

전문성을 놓치고 있는지는 생각해볼 필요가 있다.

자신의 사고방식에 문제를 제기하라

우리는 거의 대부분 사실상 9시 출근 5시 퇴근 문화 속에서 성장했다. 이 문화에는 우리가 한 번도 깊이 생각해보지 못한 사고방식이 내재돼 있다. 쉴라는 직장 생활 초기에 자정을 넘겨가며 일했고 그 때문에 '자신을 희생하고 억척스레 일하는 자세'를 높이 평가받았다. 경영대학원 시절 들은 조언 중 '40세까지는 아침 일찍부터 밤늦게까지 쉼 없이 일하고 그 이후에 친구와 가족과의 관계를 재정비해야 한다'라는 말이 뇌리에 박혀 지금도 잊히지 않는다.

"고생 없이 얻는 것도 없다"는 집안의 오랜 가훈도 한몫했다. 결국 20대에 번아웃이 찾아왔다. 주 100시간의 노동, 잦은 출장, 긴 통근 시간 때문이었다. 한번은 회사 파트너와 일과 삶의 균형에 대해 이야기를 나눈 적이 있는데, 그녀는 하루 두 번이 아니라 일주일에 두 번만이라도 아이들을 보는 게 소원이라고 지나가듯 말했다.

브라이언은 '판단 오류는 있을 수 없으며 늘 확신에 차 있는' 태도가 성공의 핵심이라고 일찌감치 배웠다. 지식이 부족하거나 모든 해답을 쥐고 있지 않아도 선뜻 인정하는 사람이 그의 주변에는 드물었다는 얘기다. 이런 태도가 첫 스타트업 설립 때 치명적인 단점이 됐다. 모르는 게 너무 많은 분야였기 때문이다. 사실 잘 아는 사람도 없었다. 그는 뼛속까지 밴 사고방식을 버려야 했다. 복잡한 문제들의 답을 찾으려면 다른 사람들의 도움이 필요했기 때문이다.

그러지 않았다면 그의 벤처 사업은 실패하고 말았을 것이다.

　우리도 업계의 여느 사람들과 다를 게 없다. 우리 대다수는 지금까지 이런 교훈들을 내면화해왔다. 이제 자신의 성공을 위해, 회사의 성공을 위해 이를 잊어야 한다. 유능한 전문가가 되기 위한 자질이라 믿어온 낡은 통념들을 버려야 할 때다. 가령 더 오래 일하는 사람이 일을 더 잘하는 사람이라거나 직원들이 자유롭게 업무를 수행하게 놔두면 안 된다는 생각은 대다수 조직 문화의 기본적인 사고방식이다. 하지만 이런 생각이 정녕 옳은 걸까? 실제로 증명한 적이 있던가?

　오히려 틀린 것으로 밝혀낸 증거가 많다. 스트레스와 번아웃은 업무 수행 능력을 높이는 게 아니라 더 떨어뜨리고 신뢰의 결여는 직원의 의욕을 고취하기는커녕 도리어 의욕을 꺾는다. 진정 누군가의 잠재력을 이끌어내려면 실제로 성과를 내게 하는 요인을 알아보는 안목을 기르고 성과를 저해하는 행동은 부추기지 말아야 한다. 다음부터 밤늦은 시간에 이메일 답장을 보내거나 사무실에 제일 먼저 출근하는 직원을 보면 칭찬하기 전에 생각해보라. 가장 중요한 건 언제 어디서 일을 하느냐가 아니라 일의 품질과 결과다.

가드레일이 중요한 이유

리바이스가 유연근무제를 도입한 후로 최고인사책임자 레이니는 일주일에 평균 2~3일 꼴로 출근했다. 우리가 인터뷰를 했던 주도 다르지 않았다. 그 주 화요일에는 집에서 묵고 갈 손님이 있어 업무에 집중하려면 출근하는 편이 나았다. 그래서 출근 시간대에 집을 나서 온종일 사무실에서 일했다. 사무실 근무만 하던 옛 시절로 돌아간 기분이었다. 사무실에 홀로 나와 여기저기 흩어져 원격근무 중인 동료들과 연락을 주고받으며 일한다는 점만 달랐다. 다음 날엔 집에서 업무 전화 몇 통을 받았고 휴식 시간에는 운동을 했다. 그러고 나서 자가용으로 출근해 오전 11시에 업무를 재개했다. 저녁에는 동료의 입사 기념 파티가 있을 예정이라 그때까지 사무실에 남아 일했다. 고된 하루였지만 번잡한 출퇴근 시간을 피해 사무실과 집을 오갈 수 있어서 좋았다. 그다음 날에는 재택근무를 하다 오후 3시쯤 일을 마무리하고 아들이 참가하는 크로스컨트리(cross-country) 대회를 참관했다.

사흘간 근무 시간과 장소는 제각각이었지만 이 유연성 덕에 베이 에어리어의 교통 체증에 갇혀 시간을 허비하는 일 없이 운동이나 가족행사 같은 개인 생활과 직장 생활의 균형을 유지할 수 있었다. 그녀는 여전히 많은 일을 하지만 성격이 다른 일들을 쳐내느라 하루를 쪼개 써야 했던 예전보다 더 효율적으로 일하고 스트레스도 덜 받는다. 사실 우리네 삶이 원래 그렇게 돌아간다. 그 누구도 매일 매일이 똑같지 않다. 그러니 개인 생활과 직장 생활의 저마다 다른 요구를 적당히 절충하며 살아야 한다. 유연근무제 덕에 레이니는 이런 현실에 더 적절하게 대응할 수 있었다.

유연근무제가 수많은 사람들에게 혜택을 주긴 하지만 개인마다 니즈가 다르다. 연로한 부모를 돌봐야 하는 사람도 있고 질병 치료나 정신 건강에 신경 써야 하는 사람도 있다. 종교행사 때문에, 뿔뿔이 흩어져 살고 있어서, 아침형 인간이 아니라 밤에 더 생산성이 높아진다는 단순한 이유 등등 각자 다른 니즈로 인해 유연근무를 원한다. 일에 대한 고정관념을 버리면 이 같은 요구들을 들어주지 못할 이유가 없다. 주5일(또는 그 이상), 9시 출근 5시 퇴근(또는 6시 퇴근이나 8시 퇴근)이라는 한 가지 근무 형태만 고집한다면 잃는 게 너무나 많다. 아니, 전부를 잃을 수도 있다.

유연근무는 특히 승진에서 가장 많이 누락되는, 차별에 취약한 집단과 가족을 주로 돌보는 이들에게 득이 된다. 유연근무를 도입하지 않는 건 손실이다. 이들에게만이 아니라 회사와 이해관계가 얽힌 많은 이들에게도, 수익 측면에서도 손실이다. 다양한 배경의 구성원으로 이루어진 팀은 그렇지 않은 팀보다 실적이 더 높다는 연구 결과도 수두룩하다. 이 팀들이 더 빨리 성장하고 더 혁신적이고 내외부 환경 변화에 더 쉽게 적응한다. 유연근무제는 이 다양성을 보장한다. "가장 큰 기회는 당연히 파이프라인(pipelines, 여기서는 '인재 파이프라인', 즉 원하는 인재를 얻을 수 있는 시스템 혹은 인재풀을 뜻한다-옮긴이)입니다." 《리모트워크 레볼루션(Remote Work Revolution)》의 저자 세달 닐리(Tsedal Neeley) 교수가 말한다. "파이프라인이 놀랍도록 확장되고 있습니다. (중략) 이사를 요구하지 않고도 다른 지역에 사는 사람을 채용할 수 있게 됐죠." 이는 왜 중요한 걸까? 선택지가 많은 다양한 인재풀에 접근할 수 있고 특히 채용 시장에서 불리한 소수집단이 더 많은 혜택을 누릴 수 있기 때문이다. 닐리 교수는 이렇게 설명한다. "다른 공동체에서 빼 오지 않고도 채용이 가능해진 겁니다. (중략) 살던 지역에 계속 살면서 회사에서 일할 수 있다는 건 인재 보유와 직업 만족도 측면에서 보면 매우 중요한 요소예요."[10] 유연근무라는 시각으로 보면 지난 몇 년 동안 핵심 인재를 붙들어두기 위해 비즈니스 리더들이 기울여온 피눈물 나는 노력이 다 헛수고로 느껴질지도 모른다.

해롤드 잭슨을 예로 들어보자. 우리가 아는 거의 모든 임원들은 유연한 근무 환경을 원하는 뛰어난 인재를 붙들어두려고 어떻게든 조건을 맞춰준 경험이 있었다. 쉴라에게는 잭슨이 그런 인재였다. 쉴라가 슬랙의 업계분석 팀장 자리에 지원한 수십 명을 면접했지만 잭슨만 한 사람이 없었다. 하지만 가족과 켄터키에 살고 있던 잭슨은 채용과 함께 캘리포니아로 이사해야 했다.

잭슨은 홀로 이사해 주말에만 가족을 만나러 갔다. 그러다 결국 가족들도 이사를 왔다. 하지만 오래지 않아 베이 에어리어가 마음에 들지 않는다며 켄터키로 되돌아갔다. 잭슨도 돌아가고 싶어 했지만 쉴라는 만류했다. 설립한 지 얼마 안 된 슬랙은 당시 급속히 성장 중이었고 쉴라도 일은 사무실에서 해야 된다는 고정관념에 붙들려 있었다. 그녀는 잭슨을 위해 대책을 강구해보기로 했다. 하지만 회사는 그런 인프라를 갖추고 있지 않았다. 그녀가 계속 해결책을 모색하는 동안 잭슨은 주말마다 고향을 오갔고 결국 뉴욕으로 이사했다. 슬랙 지사가 있던 뉴욕은 적어도 시간대가 켄터키와 같았기 때문이다. 2년 후에야 그는 바라는 바를 이뤘다. 코로나가 닥치면서 전 직원 유연근무제가 시행되자 켄터키로 귀향한 것이다.

그 이후로 잭슨은 승진을 거듭했고 회사에서의 업적도 빛을 발했다. 코로나가 휩쓸자 신속히 전 직원을 유연근무로 전환시킨 것에 비하면 잭슨의 유연근무를 성사시킨 과정은 시간과 에너지가 다소 낭비된 감은 있다. 중요한 건 이 장에서 얘기한 가드레일은 언젠가는 기업들이 정비했어야 할 규칙이라는 점이다. 레이니는 유연근무제를 이렇게 평한다. "소수집단에 대한 편견은 없는지 제대로 인정받지 못하는 직원은 없는지 회의가 너무 잦은 건 아닌지 너무 많은 일에 시달리다가 번아웃에 빠지는 직원은 없는지 등 경계해야 할 문제들이 있죠. 이런 문제들은 사실 그전부터 있었습니다. 그러니 예방 조치를 마련하는 게 중요하죠." 유연근무제는 이처럼 해묵은 장애물들과 생산성 저해 요인들에 더 철저히 대처하게 해주는 좋은 기회를 제공한다.

이에 대해서는 공정한 관행을 위해 유연근무 원칙과 가드레일을 팀 규범에 반영하는 법을 제시한 3단계에서 이어서 설명할 것이다. 1, 2단계는 팀 리더들이 업무 범위와 요구사항을 정할 수 있도록 상부조직이 솔선수범해야 한다는 게 요지였다면, 3단계에서는 각 팀의 유연근무 니즈에 부합하는 업무 관행을 자율적으로 수립하는 방법을 다룬다.

공평한 기회를 제공하는
일터를 만들자

☐ 가드레일의 개념을 이해했는가? 유연근무제를 뒷받침하고 조직 내 '모든' 구성원들의 잠재력을 이끌어내기 위해 가드레일이 필요하다는 점을 이해했는가?

☐ 다른 직원들의 모범이 되도록 임원진이 솔선수범하고 잠재력을 저해하지 않으면서 성과를 거두려면 임원진에게 어떤 가드레일이 필요한지 생각해봤는가?

☐ 직원들이 사무실의 역할을 재고하고 유연근무 환경에서 공평한 기회를 누릴 수 있게 하려면 일터에 어떤 가드레일이 필요한지 생각해봤는가?

☐ 회의 중심의 낡은 관행과 규정을 더 효율적으로 바꾸려면 조직 문화에 어떤 가드레일이 필요한지 생각해봤는가?

HOW THE FUTURE WORKS

3
단계

철저히 구성원 중심으로 하라

각자의 능력을 최대한 끌어내려면
팀 단위로 결정해야 한다

"우리는 지난해에 서로 떨어져 일하면서도 많은 성취를 이뤘지만 대신 중요한 걸 잃어버렸습니다. 바로 동료들입니다. 화상 회의가 우리의 거리를 좁힌 건 분명하지만 결코 대체할 수 없는 것도 있습니다."[1]

2021년 6월, 애플 최고경영자 팀 쿡(Tim Cook)이 직원들에게 새로운 정책을 알리기 위해 보낸 이메일의 일부다. 특별한 경우가 아니면 직원들은 월요일부터 수요일까지 사무실에 출근하고 나머지 이틀은 각자 선택하라는 게 골자였다. 같은 해 5월, 구글의 최고경영자 순다르 피차이(Sundar Pichai)도 비슷한 계획을 발표했다. 대다수 직원들에게 일주일에 3일 이상 출근하라는 것이었다. 수많은 다른 기업들도 이와 비슷한 규정을 도입했다.

곧바로 반발이 나온 곳은 애플이었다. 쿡의 공지가 배포되고 불과 이틀 후에 직원들도 나름의 의견을 담아 쿡에게 직접 메일을 보낸 것이다. 메일에서 그들은 출근에 관한 임원진과 직원 간 깊은 인식 차이를 지적했다. "애플의 원격근무 또는 근무지 유연성 정책, 그와 관련된 소통 문제로 인해 이미 몇 명의 동료가 퇴사하면서 직원 사이에 우려가 커지고 있습니다. 유연근무제에 담긴 포용성이 사라지면 대다수는 둘 중 하나를 택해야 한다는 압박을 받습니다. 하나는 가족, 행복, 일에 최선을 다하는 삶을 다 누리는 것이고 다른 하나는 애플의 부속품으로 전락하는 것입니다."[2] '원격근무를 지지하는 직원들'이라는 이름으로 표명한 의견이었다.

구글을 비롯한 다른 기업들에서도 경영진의 일방적인 정책에 대해 비슷한 반발이 일었다. 그러고 보니 궁금해진다. 이런 정책들이 이루려는 목표는 무엇일까? 유연근무의 목적이 일에 집중하고 이직을 막고 재능을 발휘하게 하는 거라면, 이 기업들이 맞닥뜨린 직원들의 반발만 봤을 때는 기업의 접근법이 잘못됐음을 알 수 있다. 이처럼 일괄적인 정책에는 중요한 고민이 빠져 있었다. 바로 어떤 지침을 마련해야 유연근무제가 직원들에게 효과를 발휘할 것인가다.

이들 기업의 접근법은 두 가지 면에서 잘못됐다. 첫째, 이들이 시도한 것은 직원들이 진정 필요로 하고 원한 것이 아닌 가짜 유연근무제다. 자율권과 선택권이 없는 '무늬만 유연근무제'다. 기업이 허용한 근무지 유연성은 직원들을 지원하고 최선의 성과를 낼 수 있도록 설계된 것이 아니라 자의적인 이유를 내세워 선택을 제한했다. 왜 월요일, 화요일, 수요일이란 말인가? 왜 화요일, 수요일, 격주 금요일은 안 된단 말인가? 특정 요일을 정했다는 것 자체가 모든 사람들이 최대한의 능력을 발휘하는 데 똑같은 조건이 필요하다는 뜻이다. 그럴 리가 없는데도 말이다.

둘째, 의도했든 안 했든 이런 접근법은 직원들에 대한 신뢰의 결여를 드러낸다. 상부에서 임의대로 규칙을 정해서 발표한다는 건 직원들이 개인의 삶과 직업인으로서의 삶의 균형을 유지할 능력이 없다고 생각한다는 말이다. 이 같은 신뢰의 결여는 직원들에게 의욕을 불러일으키기는커녕 오히려 떨어뜨릴 가능성이 높다.

일부 기업들이 이미 이전의 정책으로 돌아간 것도 이런 이유에서일 것이다. 주3일 출근을 발표했던 아마존(Amazon)은 몇 달 후 이 정책을 번복했다. 최고경영자 앤디 재시(Andy Jassy)는 직원들에게 보내는 이메일에서 이렇게 말했다.

우리는 주3일 출근을 기본 정책으로 못 박지 않고 각 팀에게 일임하기로 했습니다. 이 문제는 팀별로 결정하게 될 것입니다. 대다수가 원격으로 일하는 팀이 있을 것이고 원격근무와 사무실 근무를 병행하는 팀도 있을 것이고 고객 요구에 부응해 주로 사무실에 출근하기로 결정하는 팀도 있을 것입니다. 일주일에 며칠 동안 무슨 요일에 출근하면 되는지 지시할 계획은 없습니다. 이 문제는 팀장이 선임리더들과 팀원들의 의견을 듣고 나서 결정할 것입니다."[3]

이런 정책 변경에서도 다음과 같은 중요한 의문이 제기된다. '그게 가능할까?', '팀장과 팀원들이 어떻게 그런 결정을 내릴 수 있을까?' 근무 시간 유연제라는 업무 형태는 까다로운 문제다. 팀원들의 번아웃을 초래할 수도 있고 과도한 회의처럼 기존 문제를 악화시킬 위험도 있다. 그렇다면 이에 어떻게 대처해야 할까? 이것이 바로 이 장에서 다룰 내용이다.

여러 기업들이 이 제도를 도입한 후 악전고투하는 것도 이해할 만한 일이다. 그들에게는 유연근무제가 대처 불가능한 무법천지처럼 느껴질 것이다. 특히 유연근무제에 대한 거부감이 강한 문화에서는 더더욱 그렇다. 오히려 출근할 요일을 특정해 지시하는 일괄적인 정책은 구체적이어서 이해하기라도 쉽다. 그래도 유연근무제의 적절한 틀을 마련해준다면 서부 개척 시대에 버금가는 혼란은 없을 것이다. 이상적인 방법은 회사의 중요한 가치를 담은 상부의 지침과 그 지침 안에서 팀별 방식을 자유롭게 결정할 권한의 균형을 유지하는 것이다. 이 균형이 유지되려면 신뢰와 투명성, 새로운 툴이 필요하다.

3단계에서는 이 툴에 대해 설명하려 한다. 임원진과 직원 간 골을 메우고 원칙과 가드레일을 구체적인 행동 변화와 실천으로 옮길 수 있도록 해주는 이 툴의 이름은 팀별 운영 규정(Team-Level Agreement)이다. 이 규정이 무엇인지, 왜 필요한지, 큰 조직에 두루 미치는 규정을 만들어내고 실행하려면 어떻게 해야 하는지가 이번 3단계에서 다룰 내용이다.

직원들이 주어진 과업을 완수해낼 것을 리더와 회사가 믿어 의심치 않는다는 확신을 주려면 유연근무제와 회사의 신뢰가 필요하다.

켈리 앤 도허티(Kelly Ann Doherty), 미스터쿠퍼(Mr.Cooper, 미국 최대 비은행권모기지 서비스 기업 - 옮긴이) 최고인사책임자[4]

팀별 운영 규정이란 무엇인가

지금까지 유연근무 목적과 원칙, 유연근무 환경에서 형평성을 보장하기 위해 필요한 가드레일을 수립하는 법에 대해 설명했는데, 이는 주로 (모든 구성원들의 의견을 수렴한) 고위층의 의사결정이 필요한 일이다.

이제 그 원칙과 가드레일을 실천에 옮길 때다. 팀과 팀원들은 조직 전체의 원칙과 가드레일을 일상 업무에 어떤 식으로 적용시킬 수 있을까? 일상 업무에서 유연근무제는 어떤 식으로 시행돼야 할까?

쉽지 않은 질문이다. 모든 팀원들에게 공평한 기회를 제공해야 한다는 건 알지만 모두가 다른 장소에서 다른 일정으로 일하고 있다면 어떻게 해야 한단 말인가? 강한 결속감과 소속감은 조직에 중요한 요소라는 건 알지만 신입직원이나 아직 대면한 적이 없는 직원의 경우 어떻게 이를 키워줄 수 있단 말인가? 또는 팀원들이 모두 다른 일정에 따라 일한다면?

이 모든 문제를 해결해줄 수단이 팀별 운영 규정이다. 팀 작업 규정 또는 팀 운영 매뉴얼이라고도 불리는 이것은 조직 구성원들 간 협업 방식을 안내하는 지침 내지 일련의 규범이다. 잊지 말아야 할 건 대다수 직원들은 유연근무를, 특히 근무 시간 유연성을 원하는 동시에 일정한 틀을 원한다는 사실이다. 퓨처포럼이 실시한 조사에 따르면 지식노동자 중 약 3분의 2(65.6퍼센트)는 엄격한 틀에 맞춰 일하거나 아무런 틀도 없이 일하는 것보다는 완전한 유연근무와 일정한 틀을 적절히 절충한 균형을 원한다고 답했다. 우리가 '일정한 틀 내에서의 유연성'이라는 방침을 정한 것도 이 때문이다. 팀별 운영 규정은 각 팀이 운영 방식을 자유롭게 결정해 명료하게 제시하고 신뢰를 키우고 소통을 원활하게 하며 성과를 높여준다는 목적을 달성하고 기본 틀(framework)을 지속적으로 개선해가기 위한 수단이다.

그렇다면 이런 의문도 들 것이다. 왜 전사적인 규정이 아닌 팀별 규정인가? 왜 1단계의 원칙들처럼 공통 가이드라인을 만들면 안 되는 것인가? 각 팀은 목표와 제약이 저마다 다르고 다음과 같은 경우처럼 팀별로 맞는 방식이 다를 수 있기 때문이다.

- 제품개발 팀은 모두 모여서 집중적으로 의논하는 시간이 필요할 것이다. 가령 매달 초에는 며칠 동안 한자리에 모여서 일하고, 그 후로는 각자 몰입하는 시간을 자유롭게 갖되 매일 몇 시간 동안만 온라인에서 모이는 방법이 있다.
- 영업 팀이나 고객지원 팀은 낮에 생기는 문제들에 대처하기 위해 계속 연락 가능한 상태를 유지해야 할 것이다.
- 성격상 여러 기능을 동시에 수행하는 전략 팀이나 프로젝트 관리 팀은 정해둔 규범과 여러 팀의 일정을 적절히 절충해야 할 것이다.

물론 조직마다 팀의 범위가 어디까지인지를 설정해야 한다. 여러 부서나 그룹의 역할이 비슷해 요구사항이 다르지 않다면 해당 부서나 그룹을 하나의 팀으로 묶으면 된다. 여기서 중요한 점은 일정한 틀 내에서 자율성을 부여하는 것이다. 그래야 집단이나 개인의 역량을 이끌어낼 가장 효율적인 방식을 찾을 수 있다.

어디에서 시작할 것인가

각 팀은 구성원들의 필요와 팀의 기능에 따라 적절한 규정을 만들어내야 한다. 하지만 이는 대다수에게는 생소한 일일 테니 최고위 리더들이 출발점을 제시해야 한다. 즉, 전체 조직을 관통하는 핵심 지침이 담겨 있으면서도 각 팀이 이를 변용할 수 있도록 기본 틀이 되는 규정(template agreement)을 문서화하는 것이다.

그렇다고 월요일, 화요일, 목요일에는 출근해야 한다는 식의 구체적인 규칙을 만들라는 건 아니다. 팀의 사정에 맞춰야 하므로 어떤 지침이 적절할지 세심하게 고려해야 한다는 뜻이다. 말하자면 이 문서는 회사의 목표와 구성원의 요구를 절충하고 일상적인 업무 방식의 명확한 윤곽을 제시해주는 도구다.

바람직한 팀별 운영 규정 vs 바람직하지 않은 팀별 운영 규정

팀별 운영 규정이란

■ 회사의 유연근무 원칙을 일상적인 규범과 행동으로 옮길 수 있게 해주는 지침이다.

■ 조직에 특화된 사례가 다수 수록돼야 하며 선택지를 제시해야 한다.

바람직한 팀별 운영 규정

[**사례**] 캐나다왕립은행의 원칙 중 하나인 '근접성은 여전히 중요하다'는 팀별 운영 규정 틀에서 다음처럼 제시될 수 있다.
"각 팀은 대면 만남 횟수를 정할 때 최대한 효율적인 업무 수행에 중점을 두어야 한다."

　[예] 로드맵 계획을 위해 매 분기에 한 주 출근

　[예] 유대감을 다지고 더 깊은 관계를 구축할 수 있도록 매주 1～2일 출근(특히 신생 팀의 경우)

[**사례**] 제넨테크(다음 장에서 자세히 다룰 예정이다)의 근무 시간 유연성 지침은 다음처럼 제시될 수 있다.
"팀원은 개인적인 요구사항과 팀의 요구사항을 절충하는 방향으로 관리자와 함께 근무 시간을 논의해야 한다. 이때는 근무

지뿐 아니라 근무 시간, 업무 형태를 두루 논의해야 한다.

[예] 근무 시간 선택: 평일 근무, 집약근무(compressed work, 하루의 근무 시간을 늘려서 주4일을 근무하는 방식 – 옮긴이), 탄력근무(flexible start-stop times, 일정 범위 내에서 각자 일을 시작하고 끝내는 시간을 정하는 방식 – 옮긴이)(자녀 등교 전 2시간, 낮 시간에 팀원들과 2시간 이상 동시 근무, 업무 완수를 위해 필요시 그 외 시간 근무).

[예] 업무 형태 선택: 상근제, 시간제, 일자리 나누기(job sharing, 한 가지 직무를 두 사람 이상이 시간별로 나누어 담당하는 형태 – 옮긴이), 유연퇴직(flexible retirement, 근무 시간을 점차 줄여서 비교적 긴 기간을 거치며 퇴직에 이르는 형태 – 옮긴이)

바람직하지 않은 팀별 운영 규정

상부에서 하달하는 의무적인 규칙

[예] "월요일, 화요일, 목요일은 모든 직원이 사무실에 출근한다."

[예] "임원은 주1일 출근하고, 그 외 직원들은 주5일 출근한다."

팀별 운영 규정 작성이 만만찮은 일처럼 들리겠지만 지금부터 그 과정을 하나씩 자세히 설명할 테니 염려할 필요는 없다. 이 책의 부록을 참고하면 첫 단계의 감을 잡을 수 있다. 이는 기본 틀 중의 기본 틀이므로 기본 규정(starter template)이라 할 수 있으며, 슬랙의 디지털우선 원칙을 바탕으로 만든 것이다. 이를 이용해 각 조직에 특화된 업무 규정(working template)을 만들고 이렇게 만든 업무 규정을 활용 지침과 함께 팀에 배포하면 된다.

지금부터 다양한 기업들이 공통적으로 포함시킨 범주들을 살펴보며 팀별 운영 규정의 기본 요소를 알아보자. 이와 함께 우리가 제시한 구체적인 예시들을 보고 이를 그대로 활용하거나 고유의 규정을 만드는 데 참고해도 좋다. 이 기본 규정은 반드시 각 기업의 상황에 맞게 조정해야 한다. 수정하거나 범주를 빼거나 추가하는 등 각 기업의 요구에 맞게 변형하라. 그런 다음 각 팀의 상황에 맞게 또 다시 변형한다. 비즈니스는 변동성이 큰 영역이므로 업무 방식을 정해둔 규정도 그때그때 바뀌어야 한다.

우리가 제안하는 기본 규정은 다음과 같은 5가지의 기본 범주로 이루어진다.

1. 가치
2. 일정과 회의
3. 책임
4. 관계
5. 체크인

이 범주를 하나씩 알아본 후 이를 바탕으로 한 모범적인 활용 방안과 작성 사례를 살펴볼 것이다.

시작하기 전에 명심할 사항들

공평한 근무 환경을 만들어내려면 팀 규정도 다음과 같은 팀 구성
원들을 비롯한 다양한 상황을 고려해야 한다.

- 신입직원과 장기근속 직원
- 대학을 갓 졸업한 직원과 숙련된 직원(그리고 그 사이에 있는 다양한
  연차의 직원)
- 내향적인 직원과 외향적인 직원, 상황에 따라 이 두 성향을 오가
  는 직원
- 인종, 성별, 종교, 성장 배경이 다양한 직원
- 독신인 1인 가구 직원과 여러 세대가 함께 사는 대가족의 일원
  인 직원(그리고 그 사이에 해당되는 직원)
- 조직 내 모든 직급과 모든 직무를 포괄한 전 직원

목적은 어떤 인재도 낙오시키지 않는 것이다!

가치: 우리 팀은 작업 환경에서 무엇을 중요시하는가?

한번은 모 고객사가 유연근무제를 도입하고 싶은데 실제로 어떻게
'현실화'시켜야 할지 도무지 모르겠다고 말한 적이 있었다. 이들은

제도 구상 단계에서 한 발자국도 나아가지 못하고 있었고, 우리는 고객사에서 직접 팀별 운영 규정 작성 워크숍을 열기로 했다.

임원진은 전사적으로 배포될 기본 틀을 어떻게 세워야 할지 고심하고 있었다. 직원들이 유연근무를 원한다는 건 알고 있었지만 기한이 분명한 일정을 정해두는 데 익숙해져 있었다. 그들은 바로 그 지점에서 논의를 시작했던 것이다.

- "주 2~3일 출근을 의무화해야 할까?"
- "'의무'라는 말이 유연성과는 거리가 멀어 보니 '지침'이라는 말로 바꿀까?"
- "'지침'이라는 말이 약해 보이는데, '회사가 바라는 요구사항'은 어떨까?"
- "그보다 '적극 권유'가 나을 듯한데."

출발이 잘못됐다. 명칭을 뭐라고 하건 특히 많은 직원들이 요구하는 근무 시간 유연성을 '제한'하는 방향으로 가고 있었다. 재차 말하지만 지침이나 규범을 만들기 전에 목적을 먼저 생각하고 이 목적을 뒷받침하는지를 따져봐야 한다. 유연근무 목적이 직원들의 잠재력을 이끌어내는 것이라면 직원들이 중시하는 것을 찾아 거기서부터 출발해야 한다. '직원들'이 중시하는 것은 무엇인가?

이에 대한 논의에 박차를 가하는 데는 유연근무 원칙이 유용한 가이드 역할을 할 수 있다. 이 원칙들을 감안해 팀원들에게 다음 문장을 완성하라고 해보라. "팀으로서 우리가 중시하는 근무 환경은 _____이다." 다음은 가장 흔한 예시다.

- 대면이든 비대면이든 모든 팀원이 온전히 참여하는 환경
- 지속적인 피드백을 장려하는 환경
- 개인별 집중근무시간을 최우선으로 여기고 보장하는 환경

이 빈칸에 들어갈 내용을 팀별 운영 규정에 반영해 명확하고 간결한 문장으로 나타내라. 여기에서뿐만 아니라 규정 전반에서도 '명확하고 간결하게' 표현하는 것이 관건이다. 1단계에서 유연근무 원칙을 규정할 때 전한 조언도 '간결함'이었다. 수십 개의 원칙보다 소수의 원칙이 훨씬 낫다. 원칙이나 가치는 대개 난해하고 추상적으로 느껴지므로 복잡하게 쓸수록 직원들이 이해하기도 어려워진다.

일정과 회의: 어떻게 협업할 것인가?

일정과 관련해 몸에 밴 습관과 관행 탓에 대다수의 팀들은 이 범주의 규정이 가장 많고 또 복잡할 것이다. 그래서 일정과 회의로 나눴다. 조사 결과 직원들이 가장 원하는 건 근무 시간 유연성으로 나타났는데, 그럼에도 전통적인 근무 환경에서는 일정과 회의의 유연성에 제약이 많았다. 근무 시간 유연성은 많은 이들에게 아직 생소한

영역이다. 따라서 각 팀에 적합한 방식을 알아내기까지 시간이 걸린다. 새로운 습관을 들이는 일이니 상당한 시간이 소요될 것이다. 우리와 협업했던 한 팀은 새로운 회의 규범을 채택하려던 당시 이렇게 말하기도 했다. "우리 직원들은 회의 참석 요청을 받으면 참석해야 한다고 생각하고 요청이 없어도 참석해야 한다고 생각합니다. 다들 고립공포감(FOMO, Fear of Missing Out의 앞 글자를 딴 말로 삶에 도움이 되는 정보나 사건, 경험 등을 자신만 놓치고 있다는 불안감 – 옮긴이)이 있는 거죠." 오래된 습관은 깨기 힘들지만 바람직한 습관을 분명히 밝히고 이를 규정에 반영하면 서로 책임감을 갖고 변화하는 데 도움을 줄 수 있다.

일정

일정이 유연하다고 해서 일정이 전혀 없는 것은 아니다. 팀원들은 여전히 다 함께 모여 협업하고 토론하고 정보를 교환해야 한다. 그렇다고 근무일에는 항상 연락에 대비해 자리를 지키고 있어야 한다는 뜻은 아니다.

대부분의 경우 '근무 시간'을 정해놓기보다는 '집중협업시간'을 정해놓는 것이 효율적이다. 이는 팀원들이 합의로 정한 일일 3~4시간의 업무 시간을 말하며, 이때는 회의나 피드백을 위해 서로 연락 가능하도록 자리를 지키고 있어야 한다.

9시 출근 5시 퇴근 근무 형태와 달리 집중협업시간을 정해두면 팀의 생산성을 높일 수 있다. 사실 소통은 보통 '간헐적'이다. 소통할 일이 많을 때도 있고 적을 때도 있고 전혀 없을 때도 있다. 〈하버드비즈니스리뷰〉의 칼럼니스트 아니타 울리(Anita Woolley)와 크리스토프 리들(Chiristoph Riedl)은 이렇게 설명한다. "우리 연구에 따르면 성공하는 팀의 특징은 단숨에 몰아쳐서 신속하게 소통하고 그 사이사이에 말없이 각자 업무를 보는 시간이 더 길다는 것이다."[5]

이 방식은 이른 아침에 업무를 시작하는 직원이나 오후에 돌봐야 될 가족이 있어서 저녁에 집중적으로 일하고 싶은 직원에게 더 많은 자유를 준다. 직원들은 온종일 응답 가능한 '대기' 상태로 있어야 한다는 생각(그랬다가는 번아웃에 시달리게 된다)을 버리고 홀로 집중할 시간을 확보할 수 있다. 드롭박스가 유연근무 정책의 일환으로 집중협업시간을 도입할 당시 최고인사책임자 멜라니 콜린스는 이렇게 말했다. "이 제도는 비선형적인 근무를 장려해 직원들이 시간을 더 자유롭게 쓸 수 있고 몰두할 시간도 더 확보할 수 있다."

협업을 위한 적정 시간을 정할 때는 다음과 같은 변수를 고려해야 한다.

- 팀원들의 다양한 시간대
  동부 시간 기준으로 이른 아침에 일정을 잡아두면 서부에 살거나 시간대가 다른 국가에 사는 직원들은 시간을 맞추기 힘들 것이다.
- 오전 회의와 오후 회의에 대한 개인적인 선호도
  어떤 팀원들은 자녀가 오후 늦게 하교하기 때문에 오후에 협업하기가 어려울 수 있고, 어떤 팀원은 아침형이 아니라서 한낮에 협업하는 것이 더 효율적일 수 있다.

- 개인별 집중근무시간 vs. 팀원들이 참여하는 협업시간
  개인 업무가 많은 팀은 협업시간을 짧게 잡는 것이 좋다. 주중에 회의 없는 날을 하루 이상 정해두는 것도 한 가지 방법이다.
- 집중협업시간은 팀원들의 선호와 필요에 따라 주 초반에 배정될 수도 있고, 주 후반에 배정될 수도 있다.

집중협업시간 관련 규정의 예시는 다음과 같다.

우리 팀은 팀 일정에 관해 다음의 규정을 따른다.
- 집중협업시간: 팀원들은 월요일부터 목요일까지 태평양표준시 (협정 세계시보다 8시간 늦은 시간대로, 구글 등의 IT 기업들이 사용한다 – 옮긴이)로 오전 10시부터 오후 2시까지는 동시적 협업을 위해 대기한다(미국에 본사가 있는 팀이라 상정하고 동부 시간과 서부 시간을 고려해서 집중협업시간을 정한 사례다).

팀원들이 여러 나라에 흩어져 있는 경우
- 집중협업시간: 팀원들은 각 시간대를 감안한 4시간을 정해두고 동시적 협업을 위해 대기한다(드롭박스가 직원들에게 이 규정을 설명할 때 이용하는 자료인 그림 1을 참조).

일정 관련 규범을 정할 때는 다음 사항들을 반드시 고려해야 한다.

- 협업시간뿐만 아니라 집중근무시간에 관한 별도의 규범을 상세히 정해야 하는가? 협업시간만으로 충분하지만 오해 방지를 위해 관련 규범을 최대한 분명히 제시하는 게 좋을 수도 있다. 예를 들어 '평일 근무일에는 오전 10시부터 오후 3시에 집중근무시간 2시간을 우선 배정하고 그 시간에 집중해서 일한다'는 규정을 마련할 수 있다.

- 알림처럼 집중근무시간을 방해하는 요인에 대해서도 규정을 마련해야 하는가? 예를 들어 '우리는 협업하지 않는 시간, 또는 집중근무시간에는 알림을 무조건 꺼둔다'는 규정을 마련할 수 있다.

- 팀원들이 온종일 '대기'하지 않도록 응답 시간의 기준을 정해두어야 하는가? 예를 들어 '우리는 응대할 담당자와 시간을 분명히 정해두고 그 시간 외에 매우 긴급한 사안이 발생하면 전화나 문자로 상부에 보고한다'라는 규정을 마련할 수 있다.

회의

2단계에서 언급했듯 바람직한 회의 환경(meeting hygiene)은 유연근무제만이 아니라 성공적인 업무 수행을 위해 반드시 필요한 요소다. 대면이든 비대면이든 회의를 연속으로 참여하는 건 유연근무제의 정신과 어긋남에도 수많은 직장인이 마주한 현실이다. 여기서는 '집중협업시간 4시간 지정' 같은 규정을 넘어 팀으로서 협력하는 시간을 더 효율적이고 효과적으로 쓰면서도 특정 직원 집단에 불이익을 주지 않는 공평한 환경을 조성하게 해주는 규정 수립을 목표로 한다(연구에 따르면 선임관리자의 70퍼센트는 회의가 비생산적이고 비효율적이라고 생각한다).[6]

우선 기존 회의 문화를 점검해보자. 팀 내에서 흔히 볼 수 있는 회의 관행은 무엇인가? 이 관행은 어떻게 작동하는가? 팀원들은 이를 어떻게 생각하는가? 앞서 드롭박스가 회의 기획 시 활용하는 '3D(논쟁, 의논, 결정)' 모델을 언급했다(우리는 여기에 '개발[development]'을 추가했다). 회의가 이 중 어디에도 해당되지 않는다면 팀원들의 시간을 낭비하지 않도록 다른 소통 방법을 쓰는 게 좋다. 이를 팀별 운영 규정에서는 다음과 같이 나타낼 수 있다.

- 회의는 팀원들이 4D(논쟁, 의논, 결정, 개발)를 원할 때 열어야 한다. 이 경우가 아니면 회의를 취소한다.

팀원의 상황에 따라 화상 회의를 할 것인지, 한다면 어떻게 해야 할지도 고민해봐야 한다. 연구에 따르면 화상 회의는 참석자들에게 피로감을 주며, 특히 바로 전에 대면 회의를 했거나 전화 회의를 한 경우에는 그 피로감이 배가된다.[7] 화상 회의 횟수를 줄이면 이 문제를 완화시킬 수 있을 뿐 아니라 형평성을 보장하는 데도 도움이 된다. 일부 직원은 집에서 화상 회의를 하기에 부적합할 수 있기 때문이다. 가령 어린 자녀가 있거나 작업실이 따로 없는 집에 사는 직원도 있다. 이를 위한 지침은 다음과 같이 정할 수 있다.

- 일대일 면담이나 오후 회의는 화상 회의로 하지 않는다.

이런 규정은 많은 이들에게 생소하다. 직장 생활 초기부터 몸에 밴 기존 방식과 전혀 다르기 때문이다. 하지만 생산적인 회의와 효율적인 의사소통을 위해서는 꾸준한 훈련과 가지치기가 필요하다. 조금만 방심하면 회의가 감당하기 힘들 정도로 슬금슬금 늘어나기 때문에 매월 또는 분기별로 회의를 점검하면서 횟수를 줄이고 집중근무시간을 확보하는 한편, 화상 회의와 비디오 회의의 피로감을 줄일 방도를 적극적으로 찾아야 한다.

다음 예는 회의와 관련한 몇 가지 규정이다.

우리 팀은 회의와 의사소통 기준을 다음과 같이 정한다.
- 실시간 회의의 경우 적어도 24시간 전에 논의 주제를 정한다.
- 회의록은 항상 문서로 남기고 팀원들과 공유한다.
- 팀원 중 2명 이상이 다른 팀 회의에 참석 요청을 받았다면 다른 사람들은 굳이 참석하지 않아도 된다.
- 어떤 업무든 책임자와 결정권자를 지정한다. 그러면 회의에 같은 팀의 구성원이 10명씩 참석할 필요가 없다.
- 정기적으로 회의를 요약해서 알려주고 결정사항은 문서화한다. 그래야 고립공포감을 예방하고 팀원들이 각자 일하는 동안 팀에

서 어떤 일이 진행됐는지를 파악할 수 있다.

책임: 어떻게 각자의 일을 책임지게 할 수 있을까?

유연근무가 성공하려면 팀원들이 하루에 몇 시간 일했는지, 회의에 몇 차례나 참석했는지가 아니라 업무 성과를 통해 실적을 평가해야 한다. 이를 위해 팀별로 목표와 역할, 책임을 분명히 정하고 변동사항이나 다른 요구가 생기면 팀원들에게 알려야 한다.

이것은 중요한 문제인 만큼 한 장(6단계)에 걸쳐 자세히 다룰 것이다. 우선은 이 문제가 팀별 운영 규정에 포함돼야 한다는 것만 알아두자. 다음 예시를 보고 유연근무 환경에서 책임감을 이끌어내는 방법을 생각해보자.

우리 팀은 기준을 설정해 각자 다음과 같은 방식으로 업무에 책임을 진다.

- 초반부터 1차 책임자(최종의사결정권자)를 포함해 업무의 범위와 목표를 정한다.
- 피드백을 제공하는 사람과 피드백 마감기한을 분명히 정한다.
- 중요 프로젝트가 마무리되면 평가 회의(retrospective meeting)를 통해 해당 프로젝트에서 잘한 점, 개선시켜야 할 점, 교훈을 되짚어본다.

관계: 한 팀으로 단결하기

임원들이 유연근무제에 대해 흔히 제기하는 우려는 조직 문화에 부정적인 영향을 끼치리라는 점이다. 많은 조직들이 동료애와 소속감을 고취하기 위해 막대한 자원을 쏟아가며 각종 제도를 만들고 사무실을 재설계했다. 그러니 이런 의문이 드는 것이다. "사무실 근무가 사라지면 조직 문화가 와해되는 건 아닐까?"

이는 매우 중요한 문제인 만큼 5단계에서 자세히 다룰 것이다. 회사 차원에서 조직 구성원들이 유연근무 환경에서 유대감을 다질 방법을 고민해야 하지만, 개별 팀에서도 팀원 간 관계를 구축하는 데 도움이 될 방안을 명확히 제시할 수 있어야 한다. 다음 예를 참고하자.

우리 팀은 관계를 구축하기 위해 다음과 같이 노력한다.
- 일에 임할 때는 각자의 취약점을 수용하되 적정선을 지킨다. 우리는 서로에 대한 신뢰를 바탕으로 일하며 업무 외 개인 생활에 대해서도 터놓고 이야기할 수 있다.
- 팀원의 성과를 서로 축하해주고 팀 외부에도 널리 알린다.
- 개인적, 업무적으로 업무량이 과도하거나 지원이 필요할 때는 솔직히 터놓는다.

참고로 팀원들이 새로운 규정에 적용하는 초기 단계에서는 직속 팀원들 간 유대감 구축에 중점을 두는 것이 좋다. 얼마간 시간이 흐른 뒤에는 전사적으로 적용한다. 가령 팀 회의에 정기적으로 객원 강연자를 초대하거나 여러 팀이 동시에 참여하는 선임리더 멘토링을 제공하는 것도 하나의 방법이다.

체크인: 팀별 운영 규정 업그레이드하기

끝으로 기본적인 업무 규정을 바탕으로 각 팀원들의 유연성을 보장하면서도 협업에 최적화된 방식을 자유롭게 실험할 필요가 있다. 초안을 최종안으로 확정해서는 안 되며 팀원들이 동의했다 하더라도 업무를 방해하지 않고 실제로 도움이 되는지를 주기적으로 검토해야 한다. 초반에는 몇 가지 규정을 간단히 정해놓고 제도를 시행해나가면서 효과적인 방침을 찾으면 이를 추가하면 된다. 규정이 너무 많아 효율성이 오히려 떨어진다면 반대로 간소화할 수도 있다. 수정할 필요가 없다 하더라도 팀이 방향을 잃지 않기 위해서는 정기적인 점검이 필요하다. 특히 목표가 바뀌거나 인적 구성에 변화가 생기면 반드시 재검토해야 한다. 팀별 운영 규정 자체가 원래 사업 환경의 변화에 따라 유연하게 바뀌고 개정돼야 하는 것이다. 다음은 몇 가지 예다.

　우리 팀은 진행 상황을 다음과 같이 확인한다.

- 팀 월간 회의 때 팀별 운영 규정에 대해 별도로 논의하고 효과적인 방안과 그렇지 않은 방안에 대한 의견을 주고받는다.
- 부서 내에서 분기별 조사를 실시해 우리 팀의 운영 규정에 대한 무기명 피드백을 받고 개선 방안도 요청한다.

'기본 규정 샘플'로 합의를 이끌어내는 법

우리가 제공하는 기본 규정을 각 팀에 배포하고 알아서 하라고 지시해서는 아무 소용이 없다. 이런 양식을 접해본 사람이 거의 없을 테니 배경 설명이 선행돼야 한다.

또한 각 팀이 고유의 규정을 정하게 하기 전에 먼저 회사의 우선순위와 기준에 대해 숙고해야 한다. 조직이 중시하는 것을 고민해보지 않고 기본 규정 샘플을 배포하는 것으로 끝이라면 팀은 회사가 의도하지 않은 방향으로 규정을 정할 수도 있다. 가령 한 팀이 협업시간으로 주당 몇 시간만 정해두고 팀원 전원이 원격근무를 하기로 했다고 치자. 그런데 회사가 팀원들이 사무실에 출근하던 때만큼 강한 결속력을 다지고 협업하는 것을 중요시한다면 이 팀의 결정은 회사의 뜻을 역행하는 것이다. 회사는 직접 대면은 아니더라도 디지털 환경에서나마 교류하는 시간을 늘리길 원할 것이다. 기껏 팀별 규정을 합의해 만들어놨더니 상부에서 뒤늦게 이를 번복하고 결정을 뒤집는다면 직원들은 자신의 노고와 의견이 가볍게 치부된다고 느낄 수밖에 없다. 이런 문제가 생기지 않게 만전을 기해야 한다.

기본 규정 샘플을 하나의 틀로 보고 팀원들이 나름의 결정을 내릴 수 있도록 관련 사례와 선택지를 제공하는 데 활용해야 한다. 그래야 목표를 분명히 제시하고 자사에 특화된 유연한 규정을 만들 수 있다. 팀 대신 모든 결정을 내리라는 게 아니라 새로운 사고방식으로 유도하고 실천 가능한 방안을 찾도록 길잡이가 돼주고 일정한 틀을 넘어서지 않도록 제동을 거는 것을 목표로 삼아야 한다.

조직이 자체적으로 기본 틀을 잡는 경우라면 다음 지침을 참고한다.

1. 기본 규정 샘플을 각 조직에 맞춰 수정한다.
2. 몇 팀을 선정해서 시범 적용해보고 지지층을 형성한다.
3. 다른 팀들에게 관련 정보와 지침을 배포한다.
4. 여러 팀이 피드백을 주고받고 모범 사례를 공유할 수단을 마련한다.

기본 규정 샘플을 각 조직에 맞춰 수정한다

조직 내에 이미 유연근무제를 통해 효과적으로 일하는 팀이 있는가? 대부분 있을 것이다. 그렇다면 거기서부터 시작하는 게 유리하다. 해당 팀에서 무엇이 효과가 있었고, 무엇이 그렇지 않았는지를 알아내 전사적으로 적용할 수 있는 사례를 뽑아라. 유연근무 원칙을 다시 살펴보고 조직이 중요시하는 것이 무엇인지 상기한다. "집 중협업시간 단위는 3시간 이상으로 한다", "유대감과 소속감 고취를 위해 한 달에 한 번 이상 직접 대면 모임을 갖는다" 등 구체적으로 정해두고 싶은 지침이 있는가?

몇 팀을 선정해 시범 적용해보고 지지층을 형성한다

일정한 기준으로 혁신적인 고성과팀들 중 하나를 선정해 시범 적용하는 방법도 생각해봤을 것이다. 우리와 협업한 기업 중 일부는 임원진이 자기 팀에 시범 적용한 후 피드백을 받기도 했는데, 이는 본보기를 제시하는 좋은 방식이다. 어떤 방식이 됐든 기본 틀을 실험해보는 것이 이 단계의 핵심이다. 어떤 범주가 가장 중요한지, 누락된 범주나 불필요한 범주는 없는지, 샘플을 채워가는 과정에서 생기는 의문점은 없는지 점검해보자. 알아낸 것을 바탕으로 자사 고유의 기본 규정을 수정하고 자사에 해당하는 사례를 포함시킨다.

다른 팀들에 관련 정보와 지침을 배포한다

팀에 팀별 운영 규정 틀을 배포할 때는 관련 정보를 함께 제공하고 직원들이 제기할 만한 질문에 답할 준비를 해야 한다. 가장 흔한 질문은 다음과 같다. '이게 뭔가요?' '왜 해야 되는 거죠?' '우리 팀에 어떻게 도움이 된다는 건가요?' '의무사항인가요?' '문의사항이 생기거나 도움이 필요하면 누구한테 말해야 되나요?' '끝내고 나면 뭘 해야 되나요?' 팀별 운영 규정에 관한 이해를 돕기 위해서는 '소통 계획(communications plan)'을 마련해둬야 한다. 이 규정이 왜 필요한지 배경을 설명할 때는 분명한 의도를 전달해야 한다. 가령 우리와 협업한 한 회사는 '효과적이지 않은 회의 문화를 재고할 기회'라고 표현했다. 직장인이라면 누구나 공감할 만한 근거다. 팀 리더의 경우 팀원들과 머리를 맞대고 고유의 규정을 마련해야 하는데, 이에 대해서는 바로 뒤에서 다룰 것이다.

여러 팀이 피드백을 주고받고 모범 사례를 공유할 수단을 마련한다

팀별 운영 규정은 직원들과 회사의 요구에 따라 개선시켜야 한다. 이를 위해서는 각 팀이 피드백을 제공할 시스템을 마련해 필요시 기본 틀과 지침을 업데이트해야 한다. 이 시스템은 각 팀이 정보를 공유하는 통로도 돼야 한다. 효과적인 방법과 그렇지 않은 방법을 알려주고 각자 알게 된 정보를 공유하고 저마다 다른 결과들에 대해 논의할 공간이 있어야 효율적인 규정이 '신속하게 널리 확산'될 수 있기 때문이다. 각 팀은 이 정보를 활용해 고유의 상황에 알맞은 규정으로 수정할 수도 있다. 실제로 슬랙과 제넨테크 같은 일부 회사들은 회사 직원 누구나 열람하고 비교할 수 있도록 팀별 운영 규정을 공개하고 있다. 이는 적용을 촉진하는 효과도 있고 바람직한 조직 문화 형성에도 유용하다. 제넨테크의 인사전략부장 레이첼 앨리슨(Rachael Allison)은 이렇게 설명한다. "자사의 인사전략은 철저한 투명성입니다. 그러니 팀별 운영 규정을 원하는 건 말할 것도 없고 전 직원이 그 내용을 숙지하도록 권장하고 있죠. 팀을 옮기고 싶다면 그 팀의 규정부터 알아야 그곳에서의 업무 생활을 더 잘 파악할 수 있을 테니까요."

팀 리더를 위한 지침

팀 리더는 팀별 운영 규정을 저마다 다른 방식으로 수립할 수 있다. 따라서 회사가 팀별 운영 규정의 기본 틀을 배포할 때는 반드시 지침을 덧붙여야 한다.

먼저 팀별 운영 규정은 팀원이 다 함께 작성하는 것임을 분명히 주지시킨다. 팀 리더 혼자 규칙을 만들고 규정집으로 엮어 팀원들에게 배포하는 것이 아니다. 팀원들의 공감을 얻고 그 규정을 통해 유연근무제라는 틀 안에서 최대한의 능력을 발휘하게 한다는 목적을 달성하려면 팀 전원이 동참해야 한다.

참여를 유도하는 방법은 다양하다. 팀 리더는 자신의 팀에 가장 적합한 방법을 찾아야 한다. 다음에 제시된 효과적인 단계별 방법을 참고하자.

첫째, 기본 틀을 큰 범주 위주로 팀에 소개하고 이 제도를 시행하는 이유를 설명한다. 이런 식으로 말해보라. "유연근무제를 시행하면 사무실에 다 같이 모여 일할 필요가 없습니다. 따라서 협업 방식을 명확히 정해두는 게 그 어느 때보다 중요합니다."

둘째, 팀 전원이 이 과정에 참여할 수 있도록 한 가지씩 범주를 택해 각자의 생각을 적어보게 한다. 다음 질문을 던져 기존 규정과 바라는 규정을 생각하게 한다.

- 마음에 드는 기존 규범은 무엇인가?
- 더 효율적으로 협업하는 데 도움이 될 규정은 없을까?

셋째, 팀 내 각 소집단이 내놓은 아이디어에 대해 팀원들이 논의한다. 아이디어는 미리 공유해 파악한 다음 논의하는 것이 효율적이다. 토론하고 의문을 제기하고 개선하라. 다음 내용을 유념하면 규정을 더 세심하게 다듬을 수 있다.

- 10쪽에 달하는 규정집을 만들어서는 안 된다. 한 번에 너무 많은 변화를 시도하면 추후 규정이 수정될 경우 직원들이 이를 따라 잡기가 어려워진다.
- 가장 중요한 것부터 정하고 거기서부터 시작하라. 초반에는 각 범주마다 2~3개의 규정으로 제한하라.

넷째, 명확성을 위해 동의한 내용들을 분명하게 적어둔다. 한 관리자는 팀원들에게 외근 때문에 조기 퇴근하거나 중간에 잠깐 외출할 일이 있을 때마다 허락을 받을 필요는 없다고 누누이 말했다고 한다. 그런데도 여전히 허락을 구하자 결국 팀원들을 모아놓고 자신들이 직접 합의한 유연근무 규정을 써보게 했다. "그 뒤론 허락을 구하는 사람이 없었죠." 그녀는 이렇게 말했다. "종이에 직접 써 보는 행위가 전원이 합의한 내용을 상기시키고 자율성과 유연성을 이끌어내는 묘한 힘이 있는 것 같아요."

- 대화로 충분하다고 생각하지 말라. 합의한 내용은 기록한다.
- 명료하고 간결하게 표현하라. 합의한 내용을 전원이 이해했는지 확인하고 넘어가라. 리더는 자신의 뜻이 전달됐는지 재차 확인 하라.

다섯째, 다음 내용을 참고해 이 규정들을 정착시킨다.

- 합의한 규정을 팀원들이 책임지고 지키게 할 방법을 찾는다. 개 별 업무를 처리하는 시간에는 방해금지 모드임을 알린다.
- 규정을 점검하고 조정하고 업데이트할 방법과 빈도를 정한다. 또한 업무에 차질이 생겼을 때 상부에 보고하는 방법도 결정 한다.
- 긴밀하게 협업하는 다른 팀들과도 이 규정을 공유한다. 그러면 알게 된 정보를 여러 팀으로 전파시킬 수 있다. 또한 리더와 언 제 어떻게 회의하면 될지, 다양한 팀들이 참여하는 작업 도중 발 생한 문제는 어떻게 보고할지 등 각 팀의 규정을 절충하는 방법 을 찾아낼 수 있어 협업도 수월해진다.
- 신입직원을 교육에 포함시킨다. 제넨테크의 앨리슨은 이렇게 말

한다. "우리는 신입직원용 지침서에서 자기가 속한 팀의 규정을 읽고 검토한 다음 동료와 관리자와 함께 내용을 정확히 이해했는지 확인하라고 합니다."

- 이제 일단 실행해보자! 효과적인 방법과 그렇지 않은 방법을 알아내라. 그때그때 수정하라. 유연근무제에 적응 중인 직원들에게 힘을 실어줘야 한다는 것도 잊지 말자.

마지막 항목은 다음 장에서 자세히 다룰 것이다. 대다수 직원들에게 유연근무는 생소한 제도이므로 원칙과 가드레일, 이를 뒷받침하는 규정이 필요하다. 개인과 팀, 조직 전체에 효과적인 방법을 찾아가는 과정에서 직원들이 질문하고 모범 사례를 공유하고 다양한 실험을 하면서 배우고 개선해나가는 데 적합한 구조와 단계를 마련해야 한다. 이것이 다음 단계에서 다룰 내용이다.

새로운 업무 방식 도입에
최선을 다한다

☐ 우리가 제공한 팀별 운영 규정 기본 틀을 살펴보고 포함시켜야 할 규정과 새로 만들어야 할 규정을 파악했는가?

☐ 고유의 팀별 운영 규정 작성을 위한 토론에 참여하고 팀원 모두 그 과정에 참여시켰는가?

☐ 자사의 사례가 포함된 기본 틀을 새로 만들어 전 직원에게 배포했는가? 팀 리더가 팀원들과 팀별 기본 틀을 마련하는 데 필요한 지침을 배포했는가?

☐ 팀 내에서나 회사 차원에서나 팀별 운영 규정을 정기적으로 검토하고 업데이트해 유연근무제를 꾸준히 뒷받침할 수 있는 시스템을 마련했는가?

4
단계

과거의 관습으로부터 도망쳐라

아마 어려울 것이다,
계속 실험하고 실험하고 실험해야 한다

지금까지 살펴봤듯 유연근무제는 대다수 직원들과 기업 입장에서는 분명 대대적인 변화다. 이 변화는 단순히 직원들에게 주당 하루 이틀의 재택근무를 허용하는 것으로 끝나지 않는다. 팬데믹 이후 우리는 원격근무로 도리어 성과가 높아졌다는 증거가 차고 넘치는데도 왜 수많은 기업들이 직원들을 빨리 사무실로 복귀시키려 하는지를 알아내기 위해 장기간에 걸쳐 토론을 벌였다.

우리가 들은 이유는 대체로 두 가지로 수렴된다. 바로 두려움과 습관이다. 한 임원은 이렇게 설명했다. "자신이 잘 모르는 것에 대해서는 두려움이 있기 때문입니다. 자신들이 잘 아는 문화가 그 위상을 '잃을' 거라는 두려움이죠." 다른 데서 들었던 의견도 이와 다르지 않았다. "옛날이 좋았다는 사고방식도 기저에 깔려 있습니다. 팀들이 분산돼 있지 않던 시절이 좋았다고 생각하는 거예요." 대다수 임원들이야 옛 시절이 좋았을지 몰라도 앞서 살펴봤듯 과거의 업무 수행 방식이 모든 사람에게 적합했던 건 아니다. 문제는 의사결정자들이 이처럼 종래의 관행에 만족한다면 유연근무제를 어떻게 시행할 것인가다.

유연근무제라는 변화를 제대로 정착시키려면 실험하고 학습하고 행동과 사고방식을 조정하는 과정을 거쳐야 한다. 하지만 초반부터 모든 게 순탄하게 진행될 리는 없다. 정식 유연근무 프로그램을 2018년에 처음으로 시행한 이래로 유연한 근무 환경을 선도하고 있는 바이오테크 기업 제넨테크가 한 가지 예다. 제넨테크는 회사 부지를 보다 효율적으로 사용할 수 있는 기회라는 이유로 유연근무를 시행했고, 초기만 해도 최고위 임원들의 전폭적인 지원을 받았다. 하지만 부지 이용의 효율성을 위해 시작했기 때문에 근무시간의 유연성이 아니라 근무 장소의 유연성에 중점을 두었고, 그래서 제넨테크의 유연근무제는 자녀 양육에 쩔쩔매던 직원들에게 별 호응을 얻지 못했다. 이들은 자유로운 근무 시간이 더 절실했던 것이다. 제넨테크의 인사전략부서장 레이첼 앨리슨은 이렇게 설명한다. "유연근무가 '재택근무'로 인식되던 때였으니 직원들에게 실질적인 도움이 됐을 다른 선택지들은 미처 살피지 못했던 거예요."

제넨테크는 코로나 시기 전에 유연근무제를 도입한 선도 기업이었다. 수많은 여타 기업들보다 앞서서 실험하고 학습할 기회를 선점할 수 있었다는 말이다. 연구원이 많이 다니는 제넨테크가 새로운 근무 환경을 수없이 테스트하고 데이터를 수집하고 성과를 측정할 수 있었던 것도 어찌 보면 당연하다. 실험 결과 제넨테크는 대다수 직원들이 유연근무제를 원한다는 사실을 알게 됐다. 하지만 재택근무만 원한 건 아니었다. 직원들이 원한 건 더 다양한 선택권이었다. 물론 동료들과의 협업 때문에라도 적절한 기준은 필요했다. 실험 데이터에 따르면 구조적으로 유연한 팀은 높은 성과를 거두고 있었고 이런 팀들을 주축으로 유연근무제 지지층도 생겨났다. 하지만 이처럼 직원들의 선호와 몇몇 성공 사례를 입증하는 데이

터를 확보했음에도 코로나 시기 이전에 유연근무제에 성공적으로
적응한 인원은 300명에 불과했다. 1만 명에 달하는 직원 규모에 비
하면 보잘것없는 숫자였으니 유연근무제도 결국 정체기를 맞고 말
았다.

　한 리더는 그 원인으로 '얼어붙은 중간관리자(frozen middle, 조직
의 변화를 꺼리는 중간관리자 - 옮긴이)'를 지목했다. 바꿀 이유가 없다고
생각하는 이 대규모 집단의 절대다수는 학계에 뿌리를 두고 있으
며, 기존 체계에서 차근차근 승진해 현재의 직급과 전망 좋은 사무
실을 차지한 이들이다. 이들은 직접 대면해야 업무 효율이 최대치
가 된다고 믿는다. 늘 그래왔다는 게 그 이유다. 유연근무제 경험이
없다 보니 그 효과도 체감하지 못한다.

　그러던 중 코로나가 전 세계를 강타하면서 흥미로운 일이 벌어
졌다. 사무실이 잠정폐쇄되면서 수많은 직원들이 엉겁결에 유연한
근무 환경에 돌입했고 제넨테크는, 아니 전 세계는 단시간에 유연
근무제의 효과를 보여주는 데이터를 대량 수집하게 됐다.

　앨리슨은 이것이야말로 얼어붙은 중간관리자를 녹인 비결이었
다고 회고한다. 한 최고위 임원이 근무 방식을 대대적으로 바꾸는
것에 우려를 표하자 앨리슨 팀은 이를 불식시킬 방안으로 선임직
원 두 명과 면담을 진행했다. 한 명은 장기근속 중인 연구원으로 유
연근무제를 극구 반대하던 이였다. 하지만 코로나 시기에 유연근무
제가 생산성과 몰입도에 긍정적인 영향을 끼쳤다는 증거를 보여주
자 입장을 바꿨다. 앨리슨에 따르면 '신봉자'가 됐다. 단순한 신봉

자가 아니었다. 그 증거를 내세워 다른 직원들까지 설득시킬 만큼 열혈 신봉자가 됐다. 그뿐만이 아니었다. 그의 상관인 고위 임원도 입장을 선회했다. 이후 앨리스 팀은 팀별 운영 규정을 신속히 마련했고 유연근무제를 무리 없이 시행해나갔다. 불을 지피고 나니 금세 변화의 바람이 일었다. 하지만 유연근무제가 2018년도에 도입됐으니 수년간 답보 상태에 놓여 있었던 셈이다.

이 사례가 전하는 교훈은 유연근무제의 효과를 모두에게 납득시킬 수 있는 외적인 척도나 완벽한 기준은 없다는 것이다. 급격한 변화는 불안을 초래하므로 단계적인 시행을 통해 효과를 얻을 수 있다는 증거를 확보하는 것이 중요하다. 이는 모험심과 새로운 제도의 시범적 추진을 지원하는 임원진, 효율적인 관습과 관행을 만들려는 적극적인 자세가 결집할 때라야 가능하다. 제넨테크의 경우 이전에 유연근무제를 실험했던 경험 덕분에 코로나가 휩쓸 무렵에는 변화에 속도를 낼 수 있었다.

원칙과 가드레일, 팀별 운영 규정이라는 핵심 요소들이 전부 갖춰졌다 하더라도 직원들의 신념과 행동을 뒤바꿔놓을 제도를 시행하는 건 벅찬 일이다. 청사진이 없는 상황이라면 더더욱 그렇다. 제넨테크도 유연근무제 시행 초기에는 향후 어떤 결과가 빚어질지, 어떤 성과로 나타날지 한 치 앞도 내다보지 못했다.

제넨테크가 그랬듯 직원들을 이끌어 변화를 꾀할 때는 실험하고 학습하고 민첩하게 대응하고 조정하고(첫술에 배부를 수는 없지 않은가) 매 단계에서 소통하는 과정을 거쳐야 한다. 이는 동시다발적으로 일어나는 일이 아니다. 그런 의미에서 이번 장은 추진력을 얻는 방법과 유연근무제를 지속시키고 효과를 거둘 수 있는 방안을 찾는데 도움이 될 것이다.

변화의 추진력을 얻어라

2단계에 살펴봤듯 IBM의 '재택근무 서약'은 개인적 의무와 직업적 의무 사이에서 갈피를 못 잡던 직원들이 대화 도중 즉석에서 떠올린 아이디어였다. 전 지구적 팬데믹이 닥치고 나서야 대화의 물꼬가 터진 셈이지만, 이 대화는 기대 이상의 결과를 가져왔다. 사람들이 현재의 근무 방식에 의문을 갖기 시작한 것이다. 사규가 따로 있긴 하지만 정작 그 규범을 왜 지켜야 하는지, 그것이 합리적인 규범인지 생각해본 적이 있던가? 왜 기를 쓰고 회의를 하는가? 왜 사무실이 아닌 곳에서, 정규 근무 시간과 다르게 일하는 직원들은 꾀를 부리고 있다고 의심하는가? 고작 30분 화상 회의를 위해 굳이 불편한 셔츠를 차려 입어야 하는가? 이 모든 규정에 정말 이점이 있는가, 아니면 관습과 추측에 지나지 않는가?

앨리슨은 면밀히 살펴봤더라면 바로잡았을 한 가지 상황을 예로 들었다. 한 팀이 금요일 오후 4시에 대면 회의를 열었다. 이는 두 가지를 뜻했다. 하나는 참석자들이 퇴근 셔틀버스를 놓치리라는 점, 다른 하나는 교통체증이 극에 달할 시간에 퇴근하면 꽉 막힌 도로에 꼼짝없이 갇혀 있어야 한다는 점이었다. 왜 그래야 하는 걸까? 그리고 누구에게 득이 되는 일일까?

이는 상명 하달이 실패하는 이유를 잘 보여준다. 유연근무제가 효과를 거두려면 윗사람부터 솔선수범해야 한다. 막대한 투자를 했으니 반드시 성공시켜야 할 책임은 상부조직에 있다. 그런데 상명 하달 식으로 "월요일, 화요일, 목요일에는 전원이 사무실에 출근해야 한다"라거나 "금요일 오후 4시 회의에는 전원이 참석해야 한다"라는 식의, 지나치게 엄격하면서도 목적은 불분명한 지시를 내리게 된다. 그보다는 직원들이 효과적인 방안을 모색하고 이를 직접 실험할 수 있도록 지원하고, 성공 및 실패 사례를 공유할 시스템을 구축함으로써 모범 사례를 발굴해 추진력을 만들어내야 한다. IBM 서약도 전적으로 직원들이 주도한 것이었다. IBM 최고경영자 아르빈드 크리슈나는 직원들이 일찌감치 실험을 거쳐 널리 공유한 결과를 자사의 모범적 사례이자 IBM과 직원들의 정체성을 보여주는 증표로 인정한 선견지명을 발휘했을 뿐이다.

조직 변화에는 변화를 실현시킬 구성원들이 필요하다. 이를 위해서는 리더들의 사고방식부터 바뀌어야 하고, 직원들의 사고방식도 바뀌어야 한다. 그리고 직원들을 그 과정에 적극 참여시키고 함께 소통하면서 변화의 취지를 이해시켜야 한다.

초반에 지지기반을 구축하라

앞선 단계들에서는 유연근무제를 설계할 때 부서와 직급을 막론하고 전 직원을 참여시키는 것이 중요하다고 역설했다. 이는 원칙을 정하는 1단계부터 적용된다. 직원 참여가 상시적으로 이루어지려면 이를 위한 구조를 마련해야 한다. 그러자면 다양한 관점을 제공하고 새로운 업무 방식을 시험하고 모범 사례를 공유하고 방향을 제시하는 데 도움을 줄 전담반의 상시 운영을 출발점으로 삼아야 한다.

슬랙의 디지털우선 전담반은 각 부서의 리더를 차출하여 결성됐다. 이들은 각자 근무 시간의 20퍼센트 이상을 주간 회의를 비롯한 전담반 업무에 할애하기로 했다. 상부에서 하부까지 두루 변화를 일으킬 수 있도록 (대내외에 메시지를 일관성 있게 전달하는) 대내외 소통 담당, (고용·법률·학습·개발 관련 문제에 간여하는) 인사 담당, (기존 설비의 용도를 재고하는) 근무 환경 담당, (필요시 새로운 툴 및 기술 관련 업무를 지원하는) IT 담당, (운영지원을 위한) 프로그램 관리 담당 등 여타 핵심 기능을 수행할 직원들도 발탁했다. 끝으로 전담반의 업무와 질의를 임원진에 직접 보고해줄 상급 직원을 배치했다. 고위 임원인 브라이언이 전담반을 이끌면서 최고경영자와 임원진에 보고하는 일을 맡았다. 전담반에 지휘 공백이 생기지 않도록 단속하고 전담반과 최고경영자를 비롯한 지도부의 소통이 단절되지 않도록 중재하는 것이 그의 일이었다.

임원진만이 아니라 '모든 직원'을 위해 더 나은 근무 환경을 만드는 것이 목적이니만큼 핵심 전담반과는 별도로 공평한 경쟁의 장을 만들자는 취지에서 성별, 인종, 민족을 대표하는 다양한 직원들과 성소수자, 장애인(Abilities), 퇴역군인 등 직원자원그룹의 리더들도 골고루 선발했다. 이들은 정책 초안, 문제점, 아이디어에 대한 의견과 피드백을 제공하고 실패 가능성이 있는 지점을 찾아줬다.

다음은 슬랙의 디지털우선 전담반이 만든 사명문이다.

> 슬랙이 디지털우선의 미래상을 보여주는 세계적인 선구자가 되게 하자. 비전과 실행 방안, 제품이 어우러져 직원과 고객, 협력사가 슬랙을 거점으로 디지털우선의 미래를 꿈꾸게 하자.

어떤 조직이든 유연근무제를 추진하려면 다양한 인재들로 구성된 특별 전담반을 꾸리는 것이 바람직하다. 다음은 이를 위한 지침이다.

- 전담반은 존경받는 리더들과 변화주도자, 어려운 질문도 거침없이 제기하는 직원들로 구성돼야 한다.
- 리더들과 전담반 구성원 모두 이를 실질적인 투자로 인식해야한다. 상당한 시간과 자원이 투입되는 일로, 다른 업무를 처리하는 와중에 틈틈이 수행할 수 있는 일이 아니다.
- 전담반 구성원은 유연근무제를 시행 중이거나 이를 실험할 의향

이 있는 팀에서 발탁해야 한다. 가령 슬랙의 특별 전담반은 파일럿 프로젝트와 실험, 피드백 수렴 과정에 퓨처포럼 팀과 제품디자인개발 팀원들, 고객경험 전문가들을 참여시켰다.

- 유연근무제를 추진하는 이들은 (소식을 전하는 일을 담당하는) 내부 소통 팀과 (효과적인 방식을 찾아내 이를 교육시키는 일을 담당하는) 학습 · 개발 전문가를 비롯한 핵심 그룹의 지원을 받아야 제대로 성과를 낼 수 있다. 더불어 최상부조직의 결재가 필요한 인력 · 정책 · 툴을 둘러싼 문제점 및 자원 할당과 관련해 임원진의 지원도 필요하다.

시범안을 만들어라

청사진이 전무하고 기업이 처한 상황이 저마다 다른 만큼 한 기업 환경에 효과적인 방안이 다른 기업에도 효과가 있으리라고 장담할 수는 없다. 때문에 실험과 공유를 장려하는 문화를 만들어내는 일이 중요하다. 그래야 모두의 성과를 높여줄 유연한 근무 환경으로 변화시킬 수 있으며 기업이 지속적으로 성장할 수 있다.

물론 문화적 변화를 일으키기란 쉬운 일이 아니다. 직원들에게 실험하고 공유하고 학습하길 바란다고 말하는 것만으로는 부족하다. 직원, 팀, 조직에게 득이 될 유연근무 환경을 조성하는 복잡한 문제를 다룰 때는 관계자들의 욕구를 이해해야 하며, 아이디어를 도출하고 직접 시범안을 만들어 해당 아이디어를 시험해보는, 흔히 디자인 씽킹(Design Thinking)이라고 부르는 과정에 관계자들을 참여시켜야 한다.[1] 이번 장의 도입부에서 살펴본 제넨테크의 사례에서 알 수 있 듯 원칙과 가드레일은 직원들에게 근무 방식을 바꿔야 한다는 명분 을 설명할 때만 통할 뿐이다. 유연근무제의 효과를 증명하는 최선의 방법은 새로운 아이디어를 무작정 시험해보는 것이다.

다음과 같은 디자인 씽킹 5단계는 유연한 근무 환경을 조성하는 데도 적용할 수 있다.

- 공감하기: 해결하려는 문제를 이해하려면 공감하라. 유연한 업 무 환경을 조성하는 과정에서 직원과 팀이 겪게 될 어려움을 생각해본다. 이를 위해 직원 심리 조사(employment sentiment survey), 포커스 그룹, 직장 생활 일지 연구(diary study, 일상적으로 하는 일과 생각, 행동을 일기로 기록하게 하고 자료를 수집하는 방법-옮긴 이)를 활용하거나 조직 전반에 걸쳐 다양한 팀의 고충을 청취하 는 시간을 마련한다.

- 문제 정의하기: 1단계에서 조사한 자료들을 토대로 직원의 관점 에서 가장 큰 영향을 미치는 문제를 명확히 정의한다("다수의 직 원들이 회의실에 모여 있고 소수의 직원이 원격으로 회의에 참여할 경우 공 평하게 각자의 의견을 말하기가 쉽지 않아요"). 도움이 필요한 당사자 들과 함께 문제를 정의하는 것이 중요하다.

- 아이디어 도출하기: 잠정적인 해결책을 도출한다. 먼저 "우리가

……를 어떻게 해결할 수 있을까요?"라고 질문을 던진다. 이 단계에서는 브레인스토밍이 아닌 (2단계에서 설명한) 브레인라이팅을 권한다. 특별 전담반에 의존해서도 안 된다. 고성과팀은 어떻게 대응하고 있는지를 살펴보며 사내 모범 사례를 참고하는 것도 방법이다.

- 시범안 만들기: 제시된 해결책을 저비용으로 신속하게 구현시킬 방법을 찾는다. 새로운 방법과 툴, 프로세스를 시험하는 데 선뜻 나서줄 '실험 팀'을 구하고 IT 팀, 설비 팀, 인사 팀의 지원을 요청한다. 실험 팀으로는 대개 특별 전담반 구성원들과 이들이 속한 팀이 가장 적합하다.

- 시험하기: 성과를 측정하고 한층 더 개선시킬 수 있도록 변화를 소규모로 실행한다. 실험 팀이 반복해서 시험하거나 팀 간 비교 평가를 진행하는 것도 방법이다. 각국에 지부를 둔 다국적 기업이라면 다양한 국가에서 시험을 진행한다. 아이디어와 결과를 공유할 공개 포럼을 마련해 다른 직원들도 학습하고 기여할 수 있게 한다.

이 다섯 단계는 순차적으로 진행되지 않으며, 앞뒤 단계를 넘나들며 반복 학습하는 순환 구조를 띤다(그림 4.1 참조).

'한 명이 접속하면 모두가 접속한다'는 슬랙의 가드레일에 이 다섯 단계를 적용해보자. 이 지침은 공감하기 단계를 바탕으로 고안된 것으로, 전통적으로 차별받아온 집단의 구성원들이 자신들만 원

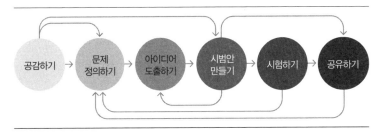

그림 4.1

격근무를 하면 불공평한 일터가 되리라며 우려를 표한 게 발단이 됐다. 프레젠티즘 때문에 사무실에 출근한 직원들은 자신들보다 불공평하게 좋은 점수를 받을 거라는 게 그 이유였다. 거의 모든 직원들이 유연근무의 취지를 환영했지만 어떻게 시행해야 모두에게 득이 될 수 있을까?

우리는 이 같은 '하이브리드 회의'의 순탄한 진행을 방해하는 문제점을 파악하기 위해 전 직원들을 면담해 이 문제를 정의했다. 그결과 대다수가 회의실에 출석하고 소수는 원격으로 회의에 참여하는 경우 직원들이 공평하게 참여하고 의견을 내는 데 어려움이 있다는 사실을 알게 됐다.

이어서 특별 전담반이 이 문제를 해결하기 위해 다양한 방식으로 아이디어를 도출하기 시작했고 기존에 있는 장비를 활용하면 아이디어를 도출하는 속도만큼이나 신속하게 시범안을 만들고 시험할 수 있다는 것도 알게 됐다.

우리는 몇몇 팀의 협력을 구해 다양한 옵션들을 실험했다. 말 그대로 다양한 방식으로 화상 회의를 진행해본 것이다. 모든 사람이 빠짐없이 화면에 보이면서도 공평하게 의견을 말할 수 있게 하자는 것이 목적이었다. 이 팀들이 초반에 알아낸 사실 중 하나는 대다수가 원격으로 회의에 접속하고 회의실에 소수만 출석했을 경우 회의실에 있는 직원들이 불리하다는 것이었다. 회의실에 있던 기존 장비를 사용한 이 직원들은 채팅방을 이용할 수도, 발언하는 동안 자신의 얼굴을 화면에 크게 띄울 수도 없었다. 회의실에 출석한 직원들이 각자의 노트북으로 접속하게 한 결과 참가자들의 얼굴이 전부 화면에 비춰졌고 모두가 만족했다. 하지만 회의실에서 여러 개의 마이크를 동시에 사용하면 귀에 거슬리는 울림 현상이 나타났다. 이번에는 중앙 노트북 한 대만 오디오를 활성화시키고 나머지는 전부 음소거한 후 참석자들 얼굴만 화면에 보이게 했다. 그러자 회의 환경이 한층 더 개선됐다. 이어서 회의실 내부 오디오 장비를 연결했더니 한결 나아졌다. 실험 팀은 참석자 전원이 온라인으로 접속하는 것(참석자 얼굴이 이름과 함께 화면에 보이고 채팅에 참여할 수 있는 것)을 핵심으로 하고 회의실에 있는 직원들은 하나의 마이크를 함께 사용해 오디오를 공유하자는 결론을 내렸다.

실험 팀은 슬랙 채널에 이러한 진행 상황을 공유했다. 그러자 또 다른 개선사항이 추가됐다. 한 직원이 목 통증을 완화시켜주는 노트북 거치대를 회의실에 가져가겠다는 게시물을 올린 것이다. 다른 직원도 이에 힘입어 아이디어를 보탰고, 회의실에 개별 노트북 거치대가 설치됐다. 이제 회의 참석자들은 노트북만 올려두면 회의에

곧바로 참여할 수 있게 됐다.

이쯤 되자 아이디어를 도출하고 시범안을 만들고 시험하는 단계를 반복하는 횟수도 줄어들었다. 실험을 진행한 팀들이 전 직원 모두에게 효과가 있는 해결책을 찾아냈기 때문이다. 이 팀들이 '#디지털우선 토론(#discuss-digital-first)'이라고 해시태그를 붙인 슬랙 채널에 진행 상황을 공개하면서 모범 사례와 실험 결과를 광범위하게 공유하기도 훨씬 수월해졌다. 회의실 탁자에 놓인 노트북 거치대가 물리적인 알림 역할을 해 '한 명이 접속하면 모두가 접속한다'는 새 지침이 쉽게 자리를 잡았다.

이는 업무 환경을 한 단계 발전시키는 데 디자인 씽킹 단계들을 적용한 한 가지 예에 불과하다. 이 책의 부록에서 이론과 예시를 참고해 보다 유연한 업무 환경으로의 전환 과정에서 발생하는 문제를 해결해보라.

실험을 장려하라

'한 명이 접속하면 모두가 접속한다' 실험을 통해 알게 된 사실들은 다음과 같이 소셜 미디어에 공개됐다. 변화의 지지기반을 확보할 수 있다는 이유도 있지만, 이 같은 실험을 진행 중인 여타 기업과 팀들에서도 효과적인 아이디어를 추가할 수 있기 때문이다.

"몇몇 직원들이 실험을 해봤더니 다음 방안들이 효과가 있었습니다. 비용도 거의 안 들었고요. 회의실에 2~5명이 재석하고 나머지 직원들은 원격으로 회의에 참여한다면 이렇게 해보세요.

- 회의 참석자 모두 노트북을 거치대에 올려둡니다. 노트북 화면을 내려다볼 필요가 없어 목 통증을 예방할 수 있습니다. 채팅과 투표도 가능합니다.
- 한 사람만 마이크와 스피커를 켜고 나머지는 모두 꺼둡니다.
- 4~5명 이상일 경우 회의실 마이크만 사용합니다.

회의실에 25달러짜리 노트북 거치대를 두어 개 설치해놓으면 쉽게 위 방식을 실행할 수 있습니다.

여러 형태의 유연근무 모델을 혼합하려면 실험이 필요합니다. 단순하게 시작해 기존 장비를 이용하고 실험하고 피드백을 공유하세요(공개 채널이면 더더욱 좋습니다). 회의실에 거치대를 설치하는 방법처럼 쉽고 효과적인 방안을 알려주세요.

여러분에게는 어떤 방법이 효과가 있었나요?"

관리자를 적극 동참시켜라

이 같은 소규모 실험을 수행하든 고위 임원진의 결정을 따르든 간에 유연근무제의 원칙을 정할 때 리더들이 늘 명심해야 할 유용한 경험칙은 '공개적으로 업무를 처리하라'는 것이다. 물론 시시콜콜한 업무까지 공개할 필요는 없다. 정보 과부화를 야기하기 때문이다. 직원들에게 혼란을 불러일으키지 않도록 미리미리 해결해야 하는 문제들도 있다. 그렇더라도 임원진과 전담반이 은밀하게 의사결정을 내린다거나 아이디어와 의견을 수개월씩 숨겨서는 안 된다. 방향성과 진척 상황을 알리고 되도록 투명하게 모든 걸 공개하면 신뢰가 구축되고 추진력도 얻을 수 있다.《체인지 몬스터(Change Monster)》의 저자인 지니 다니엘 덕(Jeanie Daniel Duck)은 〈하버드비즈니스리뷰〉에 이렇게 쓴 바 있다. "전담반이 자신들의 업무를 공개하지 않는 건 이런 말이나 다름없다. '우리는 여러분의 앞날을 예측하느라 정신없이 바쁘니 준비가 되면 알려주겠다.'"[2] 이런 식의 정보 공백은 당연히 불신을 낳고 정작 새로운 근무 환경에 적응해달라고 협조를 구해야 할 때 직원들을 설득하기가 더 어려워진다.

이는 조직 전반에 걸쳐 중요한 사항이지만(이에 대해서는 바로 뒤에서 설명하겠다) 우선 관리자에 초점을 맞춰 살펴보자. 관리자는 일선에서 팀을 지휘하는 사람이며, 따라서 변화관리(change management)를 성공적으로 추진하는 데 핵심적인 인력이다. 이들이야말로 매일같이 변화관리를 지휘해야 하는 책임자들이며, 그런 만큼 그 과정에 동참시켜 처음부터 끝까지 지원을 아끼지 말아야 한다.

관리자들의 마음이 한결같지는 않을 것이다. 주저하거나 반감을 보이거나 예전 방식을 선호하는 사람도 있을 것이다. 이 경우 임원진의 목표와 직원의 목표를 일치시키는 1단계에서 출발해야 한다. 변화의 '이유'를 밝혀야 한다는 얘기다. 변화의 필요성에 동감하고 변화를 실현시키는 데 시간과 에너지를 투입하게 하려면 관리자 자신이 맡은 업무의 이득이 무엇인지부터 이해할 필요가 있다.

관리자들에게 이유를 설명할 때는 사업적인 이유와 개인적인 이유를 제시해야 한다. 우선 1단계에서 정의한 사업 목표로 돌아가 인재 확보 전쟁에서 승리하기 위한 것임을 관리자들에게 이해시켜야 한다. 유연근무제를 통해 유능한 인재를 유치하고 보유하고 참여시킬 수 있다는 것을 관리자가 납득해야 한다는 말이다. 상황에 따라 다른 이유를 들 수도 있다. 이를테면 유연근무제로 팀이 보다 민첩한 조직으로 거듭날 수 있다거나 다국적 기업이라면 전 세계에 원격근무 중인 동료들과 협업하기가 더 수월하다는 등의 근거를 제시해 관리자를 이해시켜야 한다(다음 절에 제시된 슬랙의 사례를 참조하라).

개인적인 이유도 설명해야 한다. 이는 결국 직원을 위한 일이다. 직원을 위해 더 나은 환경을 만들겠다는 취지로 시행하는 제도인 만큼 직원들은 실제로 성과를 높일 수 있(고 높이고 싶어 한)다. 따라서 유연근무제 덕분에 직원들의 생활이 얼마나 개선됐는지를 설명하라. 이 책에 언급한 것처럼 개인적인 사례를 제시하라. 가족을 때

놓고 연중 스물세 차례나 출장을 다니다 유연근무제 덕에 출장을
갈 필요가 없어지면서 사생활과 회사 생활의 질이 높아진 마이크
브레보트 사례가 여기에 해당한다. 제넨테크의 앨리슨은 딸이 고
등학교에 입학하면서 평일 하교 시간이 들쭉날쭉 바뀌었던 경험을
예로 들었다. 앨리슨의 퇴근 시간도 덩달아 조정해야 했으니 부모
입장에서는 난감한 일이었지만 유연한 근무 시간 덕에 그녀는 제
시간에 딸을 데리러 갈 수 있었다.

관리자 역시 근무 시간은 정해져 있는 반면 예기치 않게 비집고
들어오는 일상의 용무 때문에 나름의 고충을 겪는다. 기업들은 지
금껏 모든 직원을 예외 없이 9시 출근 5시 퇴근이라는 획일적인 틀
안에 가둬두려 했다. 앨리슨의 표현을 빌리면 이는 "누구에게도 적
합하지 않은 것"이었다. 누구나 겪는 이 같은 고충을 면담 때 이야
기하면 관리자뿐 아니라 다른 직원들도 선택지가 많아지면 사생활
과 직장 생활의 질이 모두 높아지리라는 것을 납득할 것이다.

지시하지 말고 질문하라

지금까지 관찰한 결과, 리더들이 관리자들에게 유연근무제 시
행에 동참해달라고 요청할 때 쓰는 효과적인 접근법은 '지시하
기'가 아니라 '질문하기'였다. 다음의 두 가지 질문은 관리자와
유연근무제에 대한 논의를 진행할 때 유용하다.

1. 유연근무제가 제공하는 기회는 무엇이라고 생각하는가?

2. 어려움은 무엇이라고 보는가?

이 두 질문은 관리자가 자신이 직접 목격한 유연근무제의 장점을 되돌아보며 우려와 의견을 표명하는 기회가 된다. 이들이 표하는 우려는 유연근무제에 수반되는 난제와 불만을 이해하기 위한 '공감하기' 단계에 중요한 실마리를 제공한다.

논거를 구축하라

설득해야 할 이들은 관리자만이 아니다. 모든 직원이 설득 대상이다. 변화관리를 위해서는 설득에 심혈을 기울여야 하며, 임원진의 지속적인 자원 투입과 투자가 이뤄져야 변화의 분위기가 조성된다.

유연근무제라는 새로운 업무 환경을 전사적으로 정착시키려면 다음 세 가지를 명심해야 한다.

- 항상 변화의 이유를 먼저 말하라
- 설명에 그치지 말고 동참하게 하라
- 투명성과 겸손함을 유지하라

항상 변화의 이유를 먼저 말하라

임원진도 이유를 이해해야 한다. 관리자도 이유를 이해해야 한다. 직원 하나하나가 이유를 이해해야 한다. 유연근무제라는 새로운 전략을 도입하려면 최고경영자를 비롯한 최고위 임원들의 주도 아래 유연근무제의 목적과 이점을 설명하고 목표와 원칙, 가드레일을 공유하는 소통의 장이 마련돼야 한다. 그런 다음에는 팀 차원에서 관리자와 팀원들이 이 소통을 이어가야 한다. 업무 환경의 변화는 끊임없이 진행되는 과정이므로 상시적인 대화가 필요하다. 슬랙은 다음과 같은 내용으로 직원을 설득했다.

스토리텔링으로 이유 설명하기:
디지털우선 전략에 관해 슬랙이 전 직원에게 보낸 공지

디지털우선이 미래인 이유

디지털우선 원칙을 공유한 이후 좋은 질문들을 많이 받았습니다. 이에 대한 답변을 드리기 전에 우리가 디지털우선을 미래라고 생각하는 이유를 역설하고자 합니다.
'슬랙이 경쟁 우위를 확보하려면 전 세계의 다양한 인재들로 구성된 원격근무 팀을 지속적으로 키워나가야 합니다. 자사의 디지털우선 접근법은 그 중심에 놓여 있습니다.' 자사 고유의 경험과 연구조사는 크게 세 가지 측면에서 이를 뒷받침합니다.

- 디지털우선 전략을 통해 더욱 폭넓고 다양한 인재를 발굴할 수 있습니다: 출퇴근이 가까운 곳을 기준으로 직원을 채용할 경우 방대한 인재풀에 접근할 수 없습니다. 디지털우선 전략을 통해 본사가 아닌 곳에서 근무하는 직원들도 여타 기업에서라면 불가능한 경력 개발을 꾀할 수 있습니다.

- 유연근무제는 인재 고용 및 유지의 핵심이 될 것입니다: 직원들에게 유연근무제는 보수에 버금가는 중요한 요소입니다. 다양한 인재를 보유한 팀은 경쟁사보다 더 높은 성과를 거두며, 특히 흑인 직원/자녀를 둔 직원/가족 돌봄을 제공하는 직원 등은 유연근무제를 더 중시하는 것으로 알려져 있습니다.

- 디지털우선 전략은 민첩한 대응과 유대감을 보장합니다: 원격근무로 전환한 뒤 뒤처지기는커녕 오히려 더 높은 성과를 달성했습니다. 프로세스와 툴을 혁신하는 기업들은 소속감뿐 아니라 생산성 등의 영역에서도 후발주자보다 훨씬 앞서나가고 있습니다.

디지털우선의 미래로 나아가는 과정에는 난관이 따를 것입니다. 실험과 인내도 요구됩니다. 하지만 기업, 고객, 사업에는 큰 보상을 가져다줍니다. 그러니 다 함께 디지털우선 미래를 만들어나갑시다!

설명에 그치지 말고 동참하게 하라

취지를 이해시키고 진정한 변화를 추진하려면 상부조직의 하달에만 기대서는 안 된다. 임원과의 질의응답 시간, (공지를 전달하는 채널 외에 질문과 피드백을 올릴 수 있는) 공개 채널, 팀 면담 등의 참여 기회를 제공해야 한다. 덕의 표현처럼 "변화관리는 변화를 일으키려는 선도자들과 새로운 전략을 실행할 책임자들 간의 대화를 관리하는 것이다."[3] 슬랙의 경험에 비춰보면 가장 성공적인 방법은 대화를 나눌 수 있는 여러 포럼을 제공하는 것이다. 가령 전사적인 회의, 공개 채널을 통한 대화, 팀별 면담 등을 장기간 진행해야 한다.

직원의 참여가 필요한 부분을 특정해도 좋다. 가령 조직 전반에 공통적으로 나타나는 문제점에서 출발하는 것도 좋은 방법이다. 한 가지 예가 회의다. 앞서 말했듯 회의로 인한 피로감은 너 나 할 것 없이 토로하는 불만사항이다. 유연근무제가 성공을 거두려면 이를 해결해야 한다. 그러니 공개 토론을 통해 함께 머리를 맞대고 해결책을 찾아보라.

우리는 회의의 필요성을 재고해보자는 뜻에서 "대면 회의가 꼭 필요한가?"라는 기본적인 질문으로 시작하는 사내 지침을 작성해 배포했다. 회의 번아웃을 줄이기 위해 새로운 툴과 관행을 앞서 도입한 팀들이 제공한 상당량의 정보를 참고해 작성한 것이다. 학습개발 팀이 이를 수렴해 최선의 방안만 추려 회의 지침서(playbook)로 엮었다. 다음은 디지털우선 자원(Digital-First Resource) 지침에 실린 관련 내용이다.

바람직한 회의: 대면 회의가 꼭 필요한가?

대면이든 비대면이든 회의에 찌든 미래를 꿈꿨던 직장인은 없습니다. 유연근무는 업무 몰입도와 생산성을 높여줍니다. 개인별 집중근무시간과 실시간 협업시간을 적절히 넘나드는 요령이 필요합니다. 개인별 집중근무시간을 확보하는 첫 단계는 여러 사람이 참석하는 회의를 줄이는 것입니다. 항상 이렇게 자문하세요. 대면 회의가 꼭 필요한가?

대면 회의가 꼭 필요한가?

- 진행 상황은 수시로 채널에 올리지 말고 알림 기능을 이용하거나 워크플로(Workflow)를 사용해 시간을 정해두고 팀원들에게 프롬프트(운영 체제에서 사용자에게 보내는 메시지 - 옮긴이)를 보냅니다.

- 채널에 정보(발표 자료, 문서 등)를 공유하세요. 여러 명을 상대로 말하는 경우라면 스토리(Stories) 또는 줌 녹화 영상에 음성 해설을 담아 배포하세요.

- 정기 회의는 되도록 취소하거나 적어도 안건이 있는지 사전에 확인하고 없다면 취소하세요.

- 회의 시간을 더 생산적으로 쓰고 싶다면 회의 내용 중 독자적으로 실행 가능한 부분이 있는지 미리 생각해보세요(회의

전에 자료 미리 읽기, 미리 의견 전달하기, 회의 시 제안할 아이디어 미리 생각해두기 등).

이걸로 끝이 아니었다. 우리는 임원들에게 불필요한 정기 회의를 취소해 솔선수범하는 모습을 보여달라고 협조를 구했다. 임원진은 분기별로 '회의 없는 주간'을 지정했고 직원들에게 불필요한 회의를 점검하는 시간으로 써달라고 요청했다.

그뿐만이 아니었다. 회의와 관련해 수렴한 내외부 의견들을 제품 로드맵(product roadmap, 일정 기간에 출시될 예정인 기능과 제품의 방향, 진행 상황, 장기적인 비전을 한눈에 파악할 수 있도록 제시한 문서 - 옮긴이)에도 반영했다. 우리는 30분을 내달라고 요청해놓고 고작 5분 얘기하고 회의가 끝나면 번아웃을 경험한다는 피드백에 주목했고, 이를 제품에 반영해 오디오 전용 채널인 '허들(huddle)'을 출시했다. 간단한 질문이 있거나 체크인 목적으로 사무실에 잠깐 들르는 상황에 착안한 이 채널은 직원이 자리에 있는지를 확인한 후 클릭 한 번으로 초대할 수 있는 기능이 특징이다. 다른 직원의 시간을 낭비하거나 화상 회의의 피로를 감수하지 않고도 필요한 정보를 몇 분이면 얻을 수 있게 된 것이다.

우리는 이 과정을 거치며 공개 채널을 통해 지속적인 피드백을 요청했고 누구든 아이디어를 제안할 수 있도록 스레드(thread, 한 편의 게시글에 달린 연속된 댓글 - 옮긴이) 기능을 추가했다.

> 혁신적인 회의 아이디어가 있나요? 우리는 모든 해답을 갖고
> 있지 않습니다. 이를 개선하는 데 여러분의 역할이 중요한 이
> 유입니다. 댓글로 아이디어를 달아주시거나 '#디지털_우선_논
> 의(#discuss_digital_first)'로 해시태그를 달아 효과적인 방법과
> 그렇지 않은 방법, 아이디어를 제안해주시면 수시로 살펴보고
> 업데이트하겠습니다.

이는 공개적으로 소통하고 전직원을 참여시켜 다 함께 학습하면서
유연근무제의 효과를 이끌어낸 한 가지 예에 지나지 않는다.

투명성과 겸손함을 유지하라

이 아이디어 응모 요청에 담긴 소통 전략의 핵심적 메시지는 바로
이것이다. "우리는 모든 해답을 갖고 있지 않습니다. 이를 개선하는
데 여러분의 역할이 중요한 이유입니다." 리바이스의 접근법도 다
르지 않았다. 리바이스는 '칩앤비어(최고경영자인 칩 버그[Chip Bergh]의
이름에서 따온 말장난)'라고 이름 붙인, 전 직원 대상 비대면 정기 회의
를 열고 있다. 역사가 긴 이 회의는 직원들이 임원진에게 허심탄회
하게 의견을 개진하는 토론장이다. 버그가 코로나 시기 이후 유연
근무제 지속가능성을 내비친 것도 이 칩앤비어 회의에서였다. 수석
인사부장 트레이시 레이니는 이렇게 전했다. "한마디로 이렇게 말
한 셈이었죠. '우리에겐 유연근무제가 효과가 있었으니 방안을 마
련할 것이다. 운영 방식이나 구체적인 사항은 아직 정해진 게 없다.

하지만 현재 논의 중이니 곧 알려주겠다.'"

직원들은 향후 계획에 대한 실마리를 얻었고 이 제도를 시행하기 전에 의견을 보낼 기회가 주어졌다는 점을 환영했다. 대개 리더는 진행 중인 사안에 대해서는 함구하는 경향이 있고 자신들이 모든 해답을 쥐고 있지 않다는 사실을 시인하지 않는다. 이렇게 직원들에게 투명하게 알리지 않는 행위는 불신을 낳고 변화를 꾀하려는 노력을 가로막는다.

리더는 계획에 차질이 생겨 방침을 수정해야 할 때도 숨김없이 인정해야 한다. 델 테크놀로지스는 10년도 더 넘게 유연근무제를 시행해왔다. 직원들의 호응을 얻은, 여름이면 금요일 2시에 퇴근하는 '서머 아워(summer hours)' 정책도 그중 일부였다. 하지만 수석인사부장 제니퍼 사베드라(Jennifer Saavedra)는 서머 아워 정책이 기대만큼 유연한 근무 환경을 조성하지 못했다는 사실을 깨닫고 이 제도를 폐지했다. 먼저 이 정책은 평일 근무 시간을 9시~5시/8시~5시로 전제한다는 게 문제였다. 다국적 기업인데도 다분히 미국 중심적인 정책이라는 것도 문제였다(일례로 호주 지사는 같은 기간이 겨울이다). 끝으로 유연근무제의 범위가 한정되어 있었다. 가족을 돌보기 위해, 운동을 하기 위해 목요일 오전 퇴근을 선호하는 직원이 있을 수도 있는데 말이다. 유연근무제가 폐지되자 일부 직원들은 큰 타격을 입었다. 큰 호응을 얻고 있던 제도였으니 박탈당하는 기분이 들었던 것이다. 하지만 임원진은 이를 유연근무제의 의미를 보다 깊이 논의하고 소통하는 대화의 기회로 삼았다. 선택지가 넓어지자 어떤 직원은 개인 용무를 처리하거나 가족과 함께하는 시간을 갖기 위해 금요일에 일찍 퇴근했고, 어떤 직원들은 자신의 사정에 따라 다른 요일을 택해 일찍 퇴근했다.

무한 반복하라

근무 방식을 개선시키는 과정은 끝이 없다. 실험은 계속돼야 한다. 학습도 계속돼야 한다. 목표와 진척 사항을 직원들과 공유하는 일도 계속돼야 한다. 이는 변화관리를 추진하는 데 필요한 본질적인 사업 감각이다. 하지만 시간이 흐르면서 에너지도 초점도 잃기 십상이니 이쯤에서 한 번 더 정리해보자. 기업과 팀이 함께 성장하고 끊임없이 발전을 거듭하려면 다음과 같은 체계를 제대로 갖추는 것이 중요하다.

- 특별 전담반: 유연근무제 추진을 전담하는 조직은 상시 운영해야 하며 결코 없애서는 안 된다. 구성원들을 다양한 팀에서 번갈아 발탁하면 새로운 관점과 에너지를 얻을 수 있다. 이 전담반을 거친 유연근무 추진 리더들을 중심으로 '동문' 체제를 구축하라. 특별 전담반 구성원들과 실험 팀 참여자들을 유연근무제 추진의 지지 기반으로 활용하라.
- 팀별 운영: 앞서 3단계에서 설명했듯 팀별로 규범, 관습, 관행을

점검하는 시간을 마련하라. 신입직원이 합류하거나, 새로운 툴과 기술이 도입되거나, 새로운 목표가 하달되면 팀의 요구사항도 달라질 것이다. 관습이 고착되면 생산성이 떨어질 수 있으므로 주기적인 점검 역시 못지않게 중요하다.

- 직원 몰입: 질문과 아이디어를 공유할 수 있는 공개 포럼을 상시 운영하라. 직원들이 모범 사례를 공유하도록 지속적으로 독려하라.

- 보상 실험: 변화를 추진하고 있는 전담반 직원들과 변화 옹호자들을 독려하자. 이들의 공로를 승진과 보수에 반영해야 한다. 위험을 감수한 팀의 공로는 널리 알리고 해당 팀은 협업에 능하다는 인식을 심어주는 것이 중요하다.

이렇게 하면 변화를 위한 추진력을 얻을 수 있다. 이어지는 5단계에서는 유연근무제를 전사적으로 정착시킬 수 있도록 관리자가 익혀야 할 새로운 기술과 행동을 집중적으로 살펴볼 것이다.

4단계 점검사항

끊임없이 실험하라

☐ 특별 전담반을 편성하고 조직의 변화를 추진할 수 있는 지원자들을 발탁했는가?

☐ 새로운 근무 환경을 실험하고 실험 결과(효과적인 것과 그렇지 않은 것)를 공유할 시스템을 마련했는가?

☐ 유연근무 계획과 취지를 전 직원에게 투명하고 공개적으로 전달했는가? 직원들에게 먼저 다가가 질문하고 의견을 보탤 수 있는 기회를 상시적으로 제공했는가?

☐ 변화를 추진하는 과정은 끝이 없는 만큼 근무 방식을 개선하는 데 지속적인 투자를 할 준비가 돼 있는가?

5
단계

디지털 본사를 세우라

직원이 어디서든 유대감을
느낄 수 있어야 한다

뮤럴(Mural)은 1억 1,800만 달러 규모의 시리즈 B(Series B, 일정 규모를 갖춘 스타트업이 본격적인 사업 확장을 위해 필요한 자금을 유치하는 투자 – 옮긴이) 펀딩을 성공적으로 유치했다. 축하할 만한 경사였다. 다만 한 가지 문제가 있었다. 때는 2020년 8월, 전 세계 대다수 국가들이 코로나로 봉쇄된 시기였다.

대부분의 직원들은 아직 이 소식을 접하기 전이었다. 리더들은 공식 발표에 앞서 직원들을 위한 축하 행사를 마련하고 싶었다. 뮤럴은 부에노스아이레스와 샌프란시스코에 사무실을 두고 있지만 유럽, 호주 등지에서 여러 팀이 원격으로 근무하는 글로벌 기업으로, 연결된 문화(connected culture)를 정착시키려 노력해왔다. 그 전해에는 아르헨티나로 전 직원 야유회를 떠나기도 했지만, 당시는 코로나 때문에 여행은 꿈도 못 꿀 시기였다. 이 역사적 순간을 기념하면서 직원들의 노고를 치하할 방법은 없을까? 문화협업부장인 라일라 본 알벤슬레벤(Laïla von Alvensleben)은 이렇게 말한다. "그 눈부신 성과를 기념하면서도, 급성장 중인 이 회사의 신입들이 유대감을 다지며 즐거운 시간을 보낼 수 있는 전무후무한 온라인 행사를 2주 만에 기획해야 하는 과업을 맡게 된 거죠."

이를 실현시키려면 창의력과 더불어 철저한 계획이 필요할 터였다. 뮤럴이 개발한 시각적 협업 소프트웨어는 비대면 브레인스토밍

(virtual brainstorming)이나 '비대면 화이트보드 회의(whiteboarding, 화이트보드에 아이디어를 기록하며 논의하는 회의－옮긴이)'에 주로 쓰인다. 본 알벤슬레벤이 기획 팀에 협조를 구했고 기획 팀이 뮤럴(mural, 화면에 나타나는 하나의 판－옮긴이)을 생성시키자 기획 프로세스가 자연스레 시작됐다. 이들이 맨 처음 한 일은 '2020 뮤럴 월드 투어'라는 테마를 정한 것이었다. 코로나 때문에 발이 묶인 처지였지만 전 직원과 함께 전 세계, 아니 지구 너머로까지 가상 세계여행을 떠나기로 한 것이다.

이들은 다음과 같은 몇 가지 기본적인 질문을 던지며 행사 기획 프로세스를 이어나갔다. 직원들에게 어떤 경험과 어떤 느낌을 선사해야 할까? 직원들이 유대감과 소속감을 느끼려면 어떤 여정을 짜야 할까? 더 '현실'처럼 느껴지게 할 방법은 없을까? 이런 식의 행사 기획은 워낙 생소했기에 분명한 해답이 떠오르지 않았다.

"직원들이 유대감을 다지고 여행지에 완전히 몰입하게 하는 것"을 주목표로 정하자 기획 팀이 몇 가지 참신한 방안을 내놨다. 우선 온라인에서 줌 배경으로 쓸 행사 관련 이미지들을 찾아 하나의 폴더에 넣어두고 직원들이 다운로드 받을 수 있게 했다. 그래야 '여정'의 각 단계에서 전 직원이 한 장소에 있는 것처럼 보일 테고 그곳에 함께 있다는 느낌을 줄 터였다. 그런 다음 당일에 쓸 소품을 전 직원들에게 우편으로 발송했다. 그중에는 축하 파티 분위기를 한껏 고조시켜줄 디스코 조명과 야광봉도 포함돼 있었다.

직원들에게는 월드 투어에 함께해달라는 내용의 실물 초대장도 미리 발송해두었다. 가상의 '공항 라운지'에서 모인 후 설산 휴양지로 옮겨갔다가 우주로 떠나는 여행 일정을 짜두었고, 각 장소마다 그에 걸맞은 줌 배경을 쓸 계획이었다. 각 여행지에서는 독특한 행사가 열릴 예정이었고 그에 어울리는 소품도 준비돼 있었다. 열대섬에서는 선크림과 선풍기를, 우주에서는 우주비행사가 먹는 간식을 준비해뒀다.

행사 당일에는 조종사와 승무원 복장까지 갖춰 입은 기획 팀이 호스트로 나서 행사를 진행했다. 전 직원이 줌 탑승구를 배경으로 모습을 드러내자 최고경영자이자 공동창립자인 마리아노 수아레스 바탄(Mariano Suarez-Battan)이 새로운 투자를 유치했다고 발표했다(야광봉과 디스코 조명 등장!). 효과가 있었다. 직원들은 한곳에서 다함께 축하하는 기분이라고 소감을 전했다. 겨우 첫 번째 목적지였는데도 효과가 금세 나타난 것이다.

기획 팀은 이 행사가 수동적인 관람으로 끝나지 않기를 바랐다. 특히 신입직원들과 유대감을 다질 기회가 되길 원했다. 코로나 시기에 회사가 급성장하면서 대다수 직원들이 동료를 직접 대면할 기회가 없었던 만큼 행사 진행자들은 사회적 교류와 팀 빌딩(team building, 조직의 효율을 높이려는 조직 개발 기법 – 옮긴이)을 위한 시간을 마련하는 데 중점을 뒀다. 가령 눈 덮인 산장에서는 줌 소모임(breakout session, 일부 참가자만 참여하는 회의 – 옮긴이)을 열었다. 직원들은 회사의 요청에 따라 행사 전에 미리 디지털 여권을 발급받았다. 이곳에서의 목표는 최대한 많은 직원들과 대화를 나누고 이 디지털 여권에 도장을 받는 것이었다. "눈 덮인 산에서 서먹함을 깰 (break the ice, '얼음을 깨다'와 '서먹서먹한 분위기를 깨다'라는 중의적인 의미로 쓰임 – 옮긴이)" 기회를 제공한 것이다.

이 행사가 성공할 수 있었던 건 디테일 덕분이었다. 소품과 배경도 제공을 했고 휴식 시간에는 다 함께 뮤럴 밴드가 연주하는 음악을 감상했다. 도중에 기술적인 문제가 생길지도 모른다고 염려한 기획 팀이 '#lost(#길을 잃음)'라는 해시태그를 붙인 슬랙 채널을 만들었고 지원 팀이 이를 모니터했다. 우주여행을 떠나기 위해 전원이 다시 모이는 것으로 이 행사는 끝이 났다. "우주여행을 하면서 뮤럴 디지털 캠퍼스를 구축하면 어떨지 진지하게 생각해봤죠. 전 세계에 분산돼 있는 팀들이 코로나 때문에 앞으로도 한동안은 원격근무를 할 예정이었거든요." 본 알벤슬레벤이 말했다. "네, 아직 사무실을 두고 있긴 하지만 조만간 복귀할 가능성은 낮아요. 거대 기술기업들이 실제 캠퍼스를 성공적으로 구축해 전 세계의 인재들을 끌어 모은 것처럼 우리도 직원들이 전 세계 어디서든 근무 가능한 디지털 공간을 만들면 어떨지 한번 상상해본 거죠."

색다른 행사였던 건 분명했다. 뮤럴의 최고경영자 수아레스 바탄은 실험을 통한 학습의 힘을 진심으로 믿고 있다. 그의 말마따나 여러 번 시도하고 결과를 확인하고 한층 더 개선시켜 나가는 '스마트 실험' 말이다. 그는 온라인 야유회를 이렇게 평했다. "효과가 있었던 부분도 있고 그렇지 않은 부분도 있었지만 즐거운 경험이었습니다." 성과를 축하하고 다 함께 축하의 순간을 만끽하는 것, 그

것이 가장 중요한 목적이었다.

이후로도 뮤럴은 대다수 기업들처럼 이 같은 행사를 꾸준히 개최하며 실험을 이어가고 있다. 이 사례를 든 건 디지털상에서 유대감을 다져야 한다고 주장하기 위해서가 아니다. 이 장에서 살펴보겠지만 우리는 오히려 대면 모임의 역할이 중요하다는 사실을 굳게 믿고 있다는 얘기를 하고 싶어서다. 뮤럴의 행사가 성공할 수 있었던 건 '장소' 때문이 아니라 '행사를 마련한 이유'와 '행사를 개최하는 방법'에 뚜렷한 목적의식이 담겨 있었기 때문이다. 뮤럴은 디지털 툴만 이용해 이를 실현시켰으니 유대감과 소속감을 다질 수 있는 공간에 다 함께 모인다면 어떤 일이 가능할지 한번 생각해보라.

우리가 오프라인 행사로 기획한 '퓨처포럼 2021'이 그 예다. 우리는 다 함께 나아갈 방향을 정하고 관계를 구축한다는 두 가지 목적에 중점을 뒀고, 대면 참여와 원격 참여 둘 다 가능한 행사를 기획해 두 가지 목적을 전부 달성했다. 어디든 원하는 곳에서 원하는 방식으로 참여할 수 있게 하자는 취지였다. 이 행사에서는 만찬 회동이나 해피아워(happy hour, 소통 행사)와 같은 전형적인 방식으로 관계를 구축하기보다 '팀 역학(team dynamics)' 시간을 마련해 각자의 성향을 자세히 알아가는 자리를 가졌다. 이 시간을 통해 업무 스타일, 스트레스 대응, 팀에 대한 요구사항 등 각자의 원동력에 대해 깊이 있는 이야기를 나누면서 새로운 구성원들과 새로운 차원의 연결을 경험할 수 있었다. 모두가 한 곳에 모여 있어서가 아니라(진행자부터 원격으로 참여했다!) 서로를 이해하는 의미 있는 시간으로 활용했기 때문이다.

위 사례들은 전통적인 의미의 본사 사무실로 매일 출근하는 것보다 더 많은 선택지가 있다는 사실을 보여준다. 실제로 유연근무가 제대로 정착하면 그 어느 때보다 깊은 유대를 다지면서도 포용적인 문화가 조성될 수 있다. 이것이 바로 이번 단계에서 살펴볼 내용이다.

유대감과 소속감의 중요성

어떤 일을 하든 어디에서 일하든 소속감과 유대감은 인간의 기본적인 욕구다. 진화론적 관점에서 보면 집단에 대한 소속감은 안전감을 증진시키며 인간의 뇌도 이에 반응하도록 설계돼 있다. 연구에 따르면 소속감은 신체적, 정서적인 건강과 웰빙[1]은 물론 인지 과정[2]에도 영향을 끼친다. 인간은 자기보다 더 큰 무언가에 연결돼 있다고 느낄 때 만족감이 커지고 업무 성과도 높아지므로 조직이 목표를 달성하는 데도 도움이 된다.[3]

유연근무제가 조직 문화뿐 아니라 유대감 역시 약화시키리라는 우려가 흔히 제기되는 것도 어찌 보면 당연한 일이다. 대다수의 경영진은 유대감과 소속감이 없으면 창의력과 혁신, 협업이 저하된다고 생각한다. 앞서 언급한 진화론적 관점에서 볼 때 일리가 있는 지적이다. 하지만 우리는 기존의 통념에도 이의를 제기할 수 있어야 한다. 사무실에 출근하면 유대감이 절로 생기는가?

실제 연구 결과는 정반대로 나타났다. 유연근무제가 소속감과 유대감을 증진시키는 중요한 수단이라는 사실이 밝혀진 것이다.

퓨처포럼 설문조사에 따르면 대다수 직원들이 사무실에 출근하지 않고 물리적으로 서로 분리된 환경에서 근무했던 코로나 시기에 동료애가 도리어 '높아진' 것으로 나타났다. 근무 시간이 유연한 경우 소속감을 더 크게 느꼈고(36퍼센트 증가), 업무에 대한 만족감도 전반적으로 더 높아졌다(50퍼센트 증가). 차별에 취약한 소수집단은 그 결과가 더 두드러졌다. 특히 미국의 흑인 직원들은 유연근무제와 원격근무제가 본격적으로 시행되면서 분기를 거듭할수록 소속감이 꾸준히 증가했다. 그림 5.1은 직원 그룹별로 조직에 대한 소속감이 변화하는 양상을 보여준다.

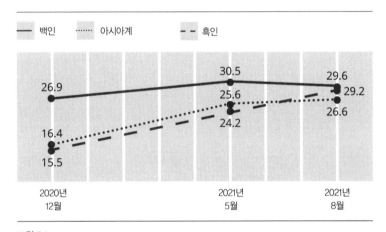

그림 5.1
조직에 대한 소속감을 느끼는 비율
출처: 퓨처포럼 펄스, 2021

사무실에 출근하지 않으면 창의성과 혁신이 저하될 것이라는 염려도 대체로 사실과 거리가 먼 고정관념이다. 실제로 일하는 장소는 창의성 발휘 정도와 거의 관련이 없다(그림 5.2 참조).

사실 창의력에 영향을 주는 건 심리적 안전감이다. 즉, 자기가 속한 팀이 위험을 기꺼이 감수하려 하고, 팀원들에게 편하게 도움을 요청할 수 있는 분위기일 때 창의력을 더 발휘할 수 있다. 중요한 건 이러한 심리적 안전감에 영향을 주는 요소들은 일하는 장소나 일하는 시간과 아무런 관련이 없다는 점이다.

게다가 사무실에 출근해야 유대감이 형성된다는 짐작은 다음과 같은 중요한 사실을 간과한다. 바로 기존 사무실 문화가 모든 직원에게 적합한 건 아니라는 점이다. 기존 문화를 선호하는 사람도 있지만 이 문화 속에서 하나같이 유대감과 창의력이 샘솟는 건 아니다. 그러면 기존의 사무실 문화에서 유대감을 형성하는 기회가 되

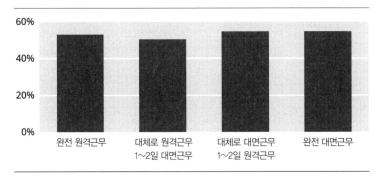

그림 5.2
"우리 팀은 예전과 다름없이, 또는 예전보다 더 많은 아이디어와 제품, 서비스, 문제해결방식을 생산해내고 있다"고 답변한 지식노동자의 비율
출처: 퓨처포럼 창의성&혁신 연구, 2021

었던 장들을 하나씩 살펴보자.

회의

앞서 다뤘듯 회의는 직급을 막론한 전 직원들에게 골칫거리다. 회의가 영감을 주기는커녕 에너지와 창의력을 고갈시키고 업무에 집중하는 것을 방해할 때가 많기 때문이다. 게다가 회의실 분위기를 힘들어하는 직원들도 있다. 여러분도 이에 해당할지 모르겠다. 내성적인 직원은 회의실에서든 화상 회의에서든 목소리가 큰 다른 직원 때문에 아이디어나 의견이 묵살되기도 한다. 후배 직원은 선임들 앞에서 당당하게 의견을 말하기를 꺼려한다. 갓 입사해 아직 자리를 잡지 못한 신입직원도 있다. 대화를 장악하고 특정 방향으로 몰아가는 소수의 직원들은 어디에나 있지만, 이들이 항상 탁월한 의견이나 아이디어를 내놓는 건 아니다.

구내식당

어디에 앉는 게 좋을까? 누구랑 앉아야 할까? 혼자 먹는 게 나을까, 아니면 그냥 책상으로 가져가서 먹을까? 함께 식사하는 것이 관계를 형성하는 좋은 방법인 건 사실이다. 하지만 신입직원이거나 수줍음이 많거나 주류 집단과 잘 어울리지 못하는 성격이라면 구내식당은 연대감은커녕 소외감을 느끼기 십상인 곳이다. 한 직원은 막 입사한 직장의 구내식당에서 주위를 둘러보곤 자신이 몇 안 되는 유색인종임을 깨닫고 나서 사회적 교류에 대한 중압감을 이렇게 표현하기도 했다. "정말 못난 소리지만, 꼭 고등학교 시절 같더 군요. 제게 썩 유쾌한 기억은 아니었죠."

해피아워

대다수 기업에서 흔하디흔한 친목 모임은 사교성이 부족한 직원에 게는 유대감보다 어색함을 불러일으키기가 더 쉽다. 알코올 중독에 서 회복 중이던 한 직원은 매주 목요일 부서 직원들과 함께하는 맥 주 모임에 참석하기가 두려웠다고 말하는가 하면, 막 임신 사실을 알게 된 한 직원은 회식 때 왜 술을 마시지 않는지 묻는 동료들의 질문에 사실대로 터놓지 못하고 어물쩍 넘겼던 일을 털어놓기도 했다. 많은 사람들이 이런 유의 행사를 좋아하지만 그렇지 않은 사 람도 적지 않다.

이런 모임은 절대 금해야 한다거나 어색함이나 불편함이 조금이 라도 느껴질 수 있다면 무조건 삼가야 한다는 말이 아니다. 다만 다 음과 같은 질문을 던질 수 있어야 한다는 뜻이다. 이런 행사를 기 획할 때 의도대로 직원들이 유대감을 느끼리라고 확신하는 근거는 무엇인가? 누구를 위한 유대감이며 누구를 제물로 삼는가? 우리 생 각대로 모든 직원들이 저마다 서로에게 똑같이 유대감을 느낄 것 이라고 확신할 수 있는가? 그게 아니라면 더 나은 방식, 이를테면 목소리가 더 크고 더 외향적이고 더 나이가 많고 더 사교성 좋은 직 원뿐만 아니라 모두를 포용할 수 있는 더 효과적인 방식은 없는가?

"모임은 유대감을 형성하게 해주지만 힘이 드러나는 자리이기도 하죠."《모임을 예술로 만드는 법》의 저자 프리야 파커의 말이다. "힘의 불균형을 모른 체한다면 모임을 주관할 역량이 부족한 사람이라고 할 수 있습니다."[4] 리더라면 불평등을 없애고 환대하는 분위기를 조성하여 모두가 팀에 기여할 수 있도록 적극 노력해야 한다는 것이다.

회의부터 비공식 모임에 이르는 만남의 장은 소속감을 형성할 수 있는 기회다. 하지만 유대감을 무너뜨리는 자리가 될 수도 있다. 모임을 기획하고 실행하는 수준에 따라 그 결과는 달라질 것이다. 가장 중요한 것은 의도다. 뮤럴이 세세하게 기획한 월드 투어가 단적인 예다. 가장 익숙한 소통의 장이라고 해서 거기에서만 소속감을 형성할 수 있는 건 결코 아니다.

유대감과 소속감은 물론 중요하다. 하지만 이 두 가지가 기업 문화의 필수 요소라고 진심으로 믿는다면 사무 공간 그 이상이 필요하다. 물리적인 공간뿐만 아니라 소속감이 형성될 수 있는 방식을 모조리 재편해야 한다.

유대감을 형성하는 비결

최근 연구 결과에도 불구하고, 또한 사무실 문화가 여러 측면에서 소외감을 야기할 수 있다는 사실에도 불구하고 사무실로 출근해 대면해야만 진정한 연대감과 소속감이 형성된다고 생각하는 이들이 여전히 많다.

특히 근속년수가 길고 사무실 문화 속에서 성과를 거둔 직원들인 경우 사무실 출근을 기본으로 생각하는 경향이 있다. 늘 그렇게 해왔다는 게 그 이유였다. 대다수는 사무실 출근이 더 나은 방식인지 자문하지 않은 채 이 같은 인식에 젖어 있다.

물리적인 사무 공간에 집착하는 이유 중 하나는 최근 들어 사무실에 막대한 투자가 이루어지고 있다는 사실 때문이다. 미국에서만 매년 5천억 달러에 육박하는 거금이 사무실 마련을 위한 부동산 거래에 지출됐다.[5] 대다수 기업들이 최고의 인재를 등용한다는 명목으로 사무실을 지나치게 치장하고(구내식당, 피트니스 센터, 휴게실, 게임룸, 명상 센터, 카페 등), 사무실 생활을 즐길 수 있도록 사내 복지 혜택(어린이집, 세차장, 미용실, 마사지, 해피아워, 스파 등)에 막대한 자원을 쓰고 있다. 직원들에게 더 윤택한 직장 생활을 선사한다는 목표는 나무랄 데가 없다. 하지만 리더는 이들 자원의 일부라도 유연근무에 투입해 더 혁신적인 혜택을 생각해낼 기회로 삼아야 한다.

직원들이 대안을 떠올리지 못한다는 것도 사무실 공간이 중요시되는 큰 이유다. 지금껏 그래본 적이 없었으니 유연근무의 효과를 가늠하지 못하는 것이다.

그렇다면 연결된 일터(connected workplace)는 실제론 어떤 모습일까? 모든 직원들이 어디에서든 어떤 방식으로든 참여하고 기여하며 진정으로 연결되는 환경을 조성하려면 새로운 시각으로 현실적으로 접근해야 한다. 그러면 충분히 실현 가능하다.

지금부터 유연근무를 뒷받침하면서도 보다 돈독하고 강한 유대감을 다지는 새로운 방법을 살펴보려 한다. 유대감을 다지는 유연한 일터를 조성하는 방법은 다음과 같다.

- 난관을 인정하라
- 직원들이 실제로 원하는 것을 살펴라
- 디지털 공간을 새로운 본부로 삼아라
- 공유 공간의 역할을 재고하라
- 팀에 결정을 맡겨라
- 옵션과 툴을 제공해 팀을 지원하라
- 상부조직부터 모범을 보여라

난관을 인정하라

생산성을 높이기 위해 직원들을 한자리에 모으는 일은 어렵다. 회의 피로감에 대한 연구가 이를 보여준다. 유대감을 다지는 자리에 직원들을 한데 모으는 일도 그만큼 어렵다. 오히려 반발심과 소외감만 불러일으키기 십상이다. 대면 회의가 더 낫다는 통념에도 불구하고 이 두 가지를 실현하기란 결코 쉽지 않은 일이다. 여기에 유연근무까지 가세한다면 문제는 더욱 심각해진다.

파커는 모든 직원이 공평하게 참여하지 못하는 상황을 하이브리드 회의를 예로 들어 설명한다. "제가 재택근무 중이고 아이는 옆방에 낮잠을 재워뒀는데, 사무실에 출근한 동료들은 회의 시작 전에 커피를 마시며 잡담을 나눈다면 불공평하다는 생각이 들겠죠." 파커에 따르면 이 불평등을 없앨 첫 번째 단계는 인정하는 것이다. "하이브리드 회의는 하나가 아니라 세 개의 경험이 동시에 진행되는 모임이에요. 회의실에 모인 직원들의 경험, 화상으로 참여하는 직원들의 경험, 이 두 집단이 상호작용하는 경험이 어우러지는 자리죠. 저마다 다른 현실에 처해 있다는 걸 인정해야 합니다."

출발점은 바로 여기다. 현실을 자각하는 것이야말로 해결책을 강구해내는 유일한 길이다. 유연근무의 부차적인 이점 중 하나는 비효율적인 기존의 관습과 행동을 혁파할 수 있다는 것이다. 일단 혁파하고 나면 보다 분명한 의도를 갖고 이를 대체할 새로운 관습과 행동 체계를 세울 수 있다.

파커의 연구를 바탕으로 '중요한 회의 기획'을 위한 참고자료를 부록에 제시했으니 대규모든 소규모든, 디지털이든 대면이든 하이브리드든 어떤 형태의 모임을 기획하건 두루 적용해보길 바란다.

직원들이 원하는 것을 살펴라

지금까지 직장인들이 유연근무를 절실히 원한다는 사실은 누누이 강조했다. 가령 지식노동자 중 93퍼센트가 유연한 근무 '시간'을 원하며 76퍼센트는 유연한 근무 '장소'를 원한다. 하지만 중요한 건 현실이 이렇다고 해서 직원들이 유대감 형성을 위한 대면 모임을 원치 않는다는 건 아니라는 점이다.

유연성이란 선택지가 있어서 언제, 어디서, 어떤 목적으로, 얼마나 자주 모일 것인지를 선택할 수 있다는 말이다. 직원들은 예외 없이 매일 아침 9시에 출근하는 것보다 팀별로든 개인적으로든 직접 선택하길 원한다.

데이터에 따르면 직장인들은 여전히 사무실에 출근하는 선택지를 원하지만, 업무를 위해서라면 무조건 출근하고 싶다는 게 아니라, 대개는 관계를 형성하고 유대감을 다진다는 목적이 뚜렷할 때만 출근하고 싶어 한다. 퓨처포럼의 연구에 따르면 조용히 집중해야 하는 업무를 위해 사무 공간이 필요하다고 말한 사람과 팀 또는 동료와의 협업과 동료애를 위해 사무 공간이 필요하다고 말한 사람의 비율이 1 대 4인 것으로 나타났다(그림 5.3 참조).

이 사실을 명심해야 한다. 유연근무 환경에서는 직접 대면해 유대감을 나누는 것이 불가능하다고 오해하는 경우가 많기 때문이다. 하지만 기업이 유대감 형성을 방해하는 업무 방식을 실행하지 않는 한 그런 일은 일어나지 않는다. 직원들이 빽빽하게 들어찬 전형적인 개방형 사무실도 해결해야 할 문제지만, 디지털우선이 '무조건 비대면'을 뜻하지는 않는다.

디지털우선이나 '완전 원격근무' 전략을 시행해온 기업조차 전 직원이 다 함께 모이는 시간을 의도적으로 기획한다. 가령 완전 원

1명은 조용히 집중할 수 있는 업무를 위해 사무실이 필요하다고 생각한다.

4명은 협업, 고객과의 미팅, 동료애 형성 같은 팀·동료와의 상호작용을 위해 사무실이 필요하다고 생각한다.

그림 5.3
출처: 퓨처포럼 펄스, 2021

격근무 기업 깃랩은 팀원 간 사회적 교류 활성화라는 목표를 전면에 내걸고 대면 모임을 열고 있다. 깃랩의 원격근무부장 대런 머프(Darren Murph)는 이렇게 말한다. "팀원이 모두 원격근무를 하는데, 직접 얼굴을 대면할 일이 있느냐는 질문을 자주 받습니다. 당연히 대면해야죠. 우리 회사의 정체성에 매우 중요하니까요."[6]

해마다 깃랩은 한 도시에서 전 직원이 모이는 '깃랩 컨트리뷰트(GitLab Contribute)'를 개최하고 있다. 기조연설로 행사를 시작하고 마무리하는데, 그 사이사이에 직원들이 모여 인간적인 유대감을 다지고 직접 관계를 형성하는 시간을 갖는다고 한다. 지역 행사와 판매 행사, 마케팅 행사 등도 연중 개최한다. 이런 행사마저 없다면 직원들은 기껏해야 연중 한두 번 겨우 얼굴을 보는 셈이니 의도적으로 이런 자리를 기획해 가능한 한 많은 사람들이 참석할 수 있게 한다.

전 직원 원격근무 기업 자피어(Zapier)도 비슷한 접근법을 취한다. 공동창립자이자 최고경영자인 웨이드 포스터(Wade Foster)는 이렇게 전한다. "매일 직접 대면해서 일할 필요는 없다는 신조를 갖고 있지만, 직접 만났을 때 더 수월하게 처리되는 일도 있죠."[7] 이런 이유로 자피어는 조직 문화를 만들고 유대를 다진다는 목적으로 연간 두 차례 전 직원 야유회를 연다. 포스터는 이렇게 말한다. "야유회에서는 우리 회사의 문화를 키워나가는 활동을 합니다. 다 함께 보드게임을 한다거나 단체로 하이킹을 하면 서로에 대해서, 가족에 대해서 더 잘 알게 되죠. 평소에는 이런 정보를 얻을 수 없으니까요."[8]

유대감을 다지는 활동은 사무실에서든 원격근무지에서든 가능하다는 것이 중요하다. 소통하고 만날 수 있는 장은 이 외에도 다양하다.

디지털 공간을 새로운 본사로 삼아라

대면 모임이 유대감을 형성하는 유일한 방도가 아니라면 또 뭐가 있을까? 앞선 장들에서 다뤘듯 유연근무를 시행하려면 일터의 개념을 다시 세워야 한다. 이제 일터를 단순한 건물로 인식해서는 안 된다. 업무를 처리하고 유대감을 다지는, 비중이 똑같은 다수의 포럼들이 얽힌 하나의 네트워크라고 인식해야 한다. 이 포럼은 화상회의일 수도 있고 회의실 대용으로 손쉽게 활용하는 슬랙 프로젝트 채널일 수도 있다. 구글독스(Google Docs), 큅(Quip), 노션(Notion)과 같은 문서 공동작업 툴일 수도 있고, 파워포인트 발표를 듣기 위한 대면 모임일 수도 있다. 소통은 커뮤니케이션 플랫폼, 이메일, 화상 회의, 채팅, 전화, 허들, 개인 메시지, 소셜 미디어, 대면 등 다양한 방식으로 가능하다. 직원들은 집에서, 차에서, 길을 걸으며, 카페에 앉아서, 이동하면서, 사무실에서 이러한 소통에 참여할 수 있다. 중요한 건 장소와 방식이 아닌 상호작용의 질이다.

과거에는 사무실 부지, 인테리어, 자리 배치를 궁리하는 데 상당한 시간을 쏟았다. 그보다 리더는 포럼과 툴을 제공하는 데 역점을 두고 직원들이 적합한 수단을 이용해 원하는 근무지에서 일을 처리하고 유대감을 형성하도록 지원해야 한다. 과거에 사무실 설계에 공을 들였다면 이제는 디지털 수단에 똑같이 공을 들여야 한다는 의미다. 사실 이 같은 전환은 늦은 감이 있다. 코로나 시기에 사무 공간은 거의 없어졌지만 그럼에도 지식노동은 큰 차질 없이 이어졌다. 그런데 디지털 툴과 소프트웨어가 없어진다면? 업무 처리가 가능할지 상상조차 할 수 없다.

낡은 습관을 깨고 일터를 이런 방식으로 재개념화하는 가장 좋은 방법은 디지털 본사를 만드는 것이다. 디지털 본사는 물리적인 사무 공간이 아니라 직원들이 정보와 기회, 동료에 접근할 수 있는 주 공간을 말한다. 직원들이 언제 어디에서 일하든 접근 가능하다는 것이 가장 큰 장점이다.

이 같은 변화를 일으키려면 리더는 의도에 충실한 디지털 툴을 사용해야 한다. 가령 코로나 시기에 대다수 회의가 화상 회의로 대체됐지만 생산성은 떨어지지 않았다. 하지만 업무에 따라 화상 회의 이외에도 비대면으로 연결될 수 있는 여타 방법들도 마련해야 한다. 이 장 도입부에 소개한 뮤럴은 화이트보드 회의를 대신할(한 단계 더 개선시켜줄) 브레인스토밍을 위한 디지털 협업 툴을 제공하고 있다. 이 책도 세 명이 의견과 연구 자료를 공유하며 구글독스로 집필한 공동 결과물이다. 취미나 관심사를 나누는 소셜 채널은 휴게실 잡담으로 볼 수 있다. 뮤럴이 월드 투어 행사 이후 제작한 원격 워크숍 진행 지침서에 따르면 포럼의 유형이 아닌 행사의 목적을 최우선으로 고려해야 한다. "전통적인 방법을 써서 비대면 모임을 열기보다는 목적을 먼저 살핀 다음 창의력을 발휘해 어떤 디지털 툴을 써야 똑같은 결과를 거둘 수 있을지를 생각해보세요. 디지털우선 전략을 쓰는 것이 전통적인 방법을 썼을 때보다 더 효과적일 수도 있습니다."[9]

하루가 멀다 하고 등장하는 새로운 툴과 기술을 따라잡는 것도 중요하다. 이를 당연시하는 직원들이 점차 늘고 있기 때문이다. 실제로 디지털 투자는 직원 경험에 지대한 영향을 미친다. 가령 자신의 회사를 기술 얼리 어답터(초기 수용자, 선각 수용자)라고 생각하는 직원들의 소속감은 레이트 어답터(late adopter, 지각 수용자, 늦깎이)라고 생각하는 직원들에 비해 더 높았으며, 장점은 그뿐만이 아니었다(그림 5.4 참조).[10]

직원들이 디지털 공간을 새로운 본사로 인식하도록 촉진하는 방법은 다음과 같다.

177%
전반적인 만족감이
더 높음

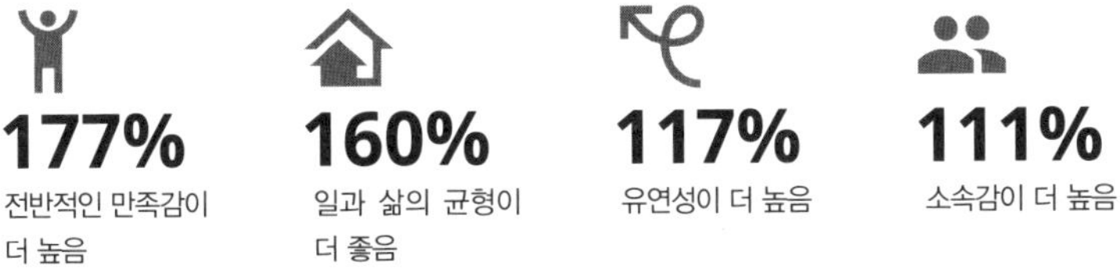

160%
일과 삶의 균형이
더 좋음

117%
유연성이 더 높음

111%
소속감이 더 높음

그림 5.4
자기 회사가 얼리 어답터라고 생각하는 직원들의 직장 경험
출처: 퓨처포럼 펄스, 2021

- 전사적 디지털 포럼을 활용해 목표를 일치시킨다: 전 세계에 분산된 직원들이 모일 수 있는 커뮤니케이션 채널을 만들면 조직과 전 직원들의 목표를 일치시킬 수 있다. 이 채널을 거점으로 삼아 회사의 미션과 비전, 우선순위에 대해 소통하고 중요한 성과 지표와 소식, 공지 사항을 공유한다.

- 팀별·프로젝트별로 '디지털 홈(home)'을 만들어라: 프로젝트와 팀에 특화된 공간을 만들면 팀원 간 협업이 수월해진다. 업무 상황을 공유하고 피드백을 주고받고 정보에 접근하고 각각의 업무를 연계시킬 수 있는 공간을 마련해야 한다.

- 현장 상황을 온라인에서 공유하라: 모든 직원이 장소의 제약 없이 정보에 접근할 수 있도록 가능한 한 회의를 녹화하고 영상 또는 녹취록을 게시하라. 직원들이 참여한 회의의 녹취나 리더의 발표 자료는 디지털 채널에 모두 보관한다. 그러면 전 직원이 알아둬야 할 기본 지식을 구축할 수 있다.

- 교류 공간을 만들어라: 공유 관심사(좋아하는 TV 프로그램, 운동 동호

회, 취미 등)를 중심으로 친목 도모를 위한 채널을 만든다. 디지털 상의 휴식 시간을 마련하는 것이다. 본사는 업무를 처리하는 곳만이 아니라, 유대감을 다지고 관계를 구축하는 곳이기도 하다.

- 직원자원그룹을 지원하라: 직원자원그룹(성소수자, 장애인, 여성, 흑인, 히스패닉/라틴계 등의 모임)을 중시하는 직원들이 늘고 있다. 디지털 플랫폼을 활용하면 서로 다른 지역에서 원격근무를 하는 이들이 한데 모여 결속을 다질 수 있다.

공유 공간의 역할을 재고하라

모든 사무실이 조만간 사라질 것이라고 예상하는 사람은 없다. 디지털우선 전략이 '무조건 비대면'이라는 의미가 아니므로 사무실이 없어져야 할 이유도 없다. 대다수 기업에서 사무실은 여전히 존재할 것이며, 다만 그 역할이 달라질 뿐이다. 유연근무를 더 수월하게 해주는 역할 말이다.

직원에게 책상을 하나씩 할당해야 한다는 구태의연한 사고방식 때문에 사무실은 빽빽하게 설계되고 단조로운 분위기를 풍긴다. 회사 건물은 거의 비어 있는 책상으로 들어차 있다. 사무실이 직원들의 만족스러운 경험을 위해 재설계되면 직원들도 공간에 대한 통념을 완전히 바꿔 사무실을 의무가 아닌 복지 혜택으로 여길 것이다.

앞에서 조용히 업무에 집중하는 시간을 위해 사무실이 필요하다고 생각하는 직원과 팀 또는 동료와의 협업 및 동료애를 위해 사무실이 필요하다고 생각하는 직원의 비율이 1 대 4로 나타났다는 연구 결과를 언급했다. 이에 따라 기업은 이제 사무 공간을 직원 간 상호교류의 장으로 인식해야 할 것이다. 조용한 업무를 위한 공간을 없애야 한다는 말이 아니다. 협소한 집, 시끄러운 식구들 때문에 집중 업무에 방해가 되는 재택근무 환경에서 일하는 직원도 있으니 말이다. 다만 무게중심이 이동했음을 받아들이자는 것이다.

조직은 업무의 속성에 따라 개인 구역과 팀 구역을 적절히 나눠야 한다. 그런데 공간 할당의 균형이 바뀌고 있다. 과거에는 대다수 사무실이 바닥 면적의 약 80퍼센트를 지정된 개별 업무 공간에, 20퍼센트는 지정되지 않은 협업 공간에 할당했다. 이 같은 방식과 소유 형태가 지금은 지정되지 않은 공간의 20퍼센트를 개별 직원의 집중 업무에, 지정된 공간의 80퍼센트는 팀 협업에 할당하는 쪽으로 변하고 있다. 개별 책상을 기반으로 한 공간 구획에서 팀 기반 구획으로 바뀌고 있는 것이다. 그리고 팀 기반 구획은 팀의 업무 속성에 따라 세밀하게 조정된 협업 공간과 개별 공간을 갖추고 있다. 어떤 팀들은 개방된 구역이 편할 것이고 어떤 팀들은 사방이 막힌 밀폐된 공간이 필요할 것이다.

조셉 화이트(Joseph White), 밀러놀 디자인전략부장

유대감과 소속감을 증진시키는 사무 공간을 설계하는 것은 실현

가능하다. 밀러놀과 리스맨(Leesman)의 연구에 따르면, 다음과 같은 요소를 갖춘 사회적 공유지(social commons)처럼 공들여 사무실을 설계하면 직원들이 느끼는 소속감은 최대 5퍼센트포인트 증가하는 것으로 나타났다.[11]

- 특전: 커피나 다과와 같은 무료 편의용품뿐만 아니라 시제품이나 단체사진 등의 추억을 담은 기념품들은 직원들의 마음을 끄는 요소다.

- 선택지: 아담한 식탁과 의자가 놓인 공간도 있고, 안락한 소파가 놓인 공간도 있어서 직원들이 저마다의 필요에 따라 선택할 수 있게 한다. 여럿이서 친목을 도모하고 싶을 수도 있고, 한구석에서 조용히 일대일 대화를 나누고 싶을 수도 있을 것이다.

- 경치: 탁 트인 경치는 우연한 만남의 가능성을 높이고 상호 교류를 촉진한다.

- 참여: 디지털 디스플레이(digital display, 전광판)는 새 소식을 접하거나 그때그때 정보를 얻기 위해 직원들이 모이는 계기가 된다.

조용한 업무와 사회적 교류를 구분하여 층이나 공간을 분리하는 것도 전략이 될 수 있다. 사회적 교류를 원하는 직원들이 더 늘고 있으므로 교류를 위한 공간은 더 넓게 확보해야 할 것이다. 또 다른 옵션은 슬랙에서 채택한 호텔링(hoteling)이다. 우리는 유연근무제를 시행하면서 직원이 있을 자리는 책상이라는 종래의 발상을 버렸다. 그 대신 호텔링을 도입해 직원에게 책상을 하나씩 할당하지 않고 개인이나 팀이 필요할 때마다 책상, 회의실, 그 외 자원을 사전 예약하게 했다. 이 방식이 유연근무를 수월하게 해주기 때문이다.

물론 조직에 가장 효과적인 전략은 업무의 속성과 사람에 따라 달라지겠지만 유연성과 유대감을 더욱 증진시켜줄 옵션들은 무수히 많다. 가장 위험한 것은 기업이 조직 문화를 지원해줄 툴과 사무 공간을 계획적으로 사용하지 못하는 것이다.

팀에 결정을 맡겨라

전 직원 원격근무 기업의 사례를 통해 봤듯 대면 모임은 필요하다. 하지만 빈도와 주기는 조직에 따라 팀에 따라 크게 달라질 것이다. 가령 일주일에 출근하는 요일과 일수는 상부에서 지시하기보다 팀별로 자율적으로 정하게 해야 한다.

이 경우 3단계에서 소개한 팀별 운영 규정을 먼저 살펴보고, 이 규정을 이용해 팀들에게 자율권을 주는 것이 좋다. 팀별 운영 규정은 간단한 것으로 시작해 상황에 따라 바꾸거나 추가하는 방법을 권한다. 이런 방식은 운영 규정을 개선하는 좋은 기회이고, 팀별로 운영 규정을 준수했는지 정기 체크인을 실시할 때 이 규정의 개선을 주제로 삼아 논의하는 것도 좋다. 리더는 팀이 자유롭게 결정하기에 앞서 가장 중요한 요소가 무엇인지를 알려야 한다. 이를 위해서는 팀이 자문해야 할 질문을 제시하는 것이 좋다. 사무실 출근 빈도를 정하는 게 다가 아니기 때문이다. 팀이 자문해야 할 질문은 이것이다. 팀의 효율적인 운영과 유대감 형성을 위해 어떤 대면 접촉이 적절하며 빈도는 어느 정도가 적당한가? 팀 입장에서는 두 마리 토끼를 다 잡는 것이 중요하다.

가령 제품디자인개발 팀은 일주일에 3~4일씩 출근하면서 유대감을 다지는 동시에 제품 전략을 논의하고 다음 분기 제품 로드맵을 함께 짜는 것이 유익할 수도 있다. 이보다 규모가 더 큰 팀은 기획 단계에서 복잡하게 얽힌 상호협력이 요구되므로 원격 회의나 대면 회의 둘 다 장기적으로 진행하는 것이 효율적일 수 있다.

반대로 영업개발 팀이나 사업개발 팀이나 보통 지역에 더 중점을 둔다. 영업 조직은 대체로 직원들에게 특정 지역의 고객을 할당하기 때문이다. 이 팀들은 일주일에 두세 번 대면 모임을 가지면서 일상적으로 동지애를 다지고(전화 영업 또는 고객 유치 노력이 자주 수포로 돌아갈 때라면 더더욱), 경쟁하고, 고객 유치 전략을 공유하는 방식을 선호할지도 모른다.

각 팀은 다 함께 선택지를 논의하고 의사결정을 내려야 한다. 이때 팀의 기능, 상황, 개인별 성향을 고려하면서 서로 조율해야 한다. 가령 서로 멀리 떨어져 원격근무를 하는 팀이라면 친목 모임을 즐긴다 하더라도 분기별로, 또는 한 달에 두 번 이상 대면 모임을 갖는 건 비현실적이다. 이 경우에는 주간 현황 업데이트 때, 또는 회의 초반에 짧게 근황을 나누거나 음식을 각자 집으로 배달시켜 화상으로 점심 식사를 함께하며 제품 출시 등을 축하하는 시간을 갖는 게 더 좋을 수 있다.

협업 경험이 많고 이미 서로 친한 팀은 소속감을 다지기 위한 대면 모임의 필요성이 크지 않다. 이 경우 분기 계획 회의로도 충분하다. 반대로 신입직원이 많은 팀은 최소한 서로를 알아가는 초반에라도 비공식적인 모임을 자주 갖는 게 유용하다. 얼마든지 조정이 가능한 유연근무 환경에서는 니즈에 따라 관행도 그때그때 바꾸는 게 가능하다.

가장 중요한 건 팀장이 단독으로 결정하지 않아야 한다는 것이다. 6단계에서 더 자세히 설명하겠지만, 팀장은 팀원들의 성향뿐 아니라 자신도 잘 알고 있어야 한다. 그래야 팀 내 논의를 이끌어 업무와 팀원 모두가 만족하는 합의를 도출할 수 있다.

옵션과 툴을 제공해 팀을 지원하라

팀이 자율적으로 모임에 관한 규범과 관습을 정할 경우 리더는 팀 운영을 지원해야 한다. 가령 팀 리더는 팀원들이 소속감과 유대감을 느낄 수 있도록 모임을 기획하는 교육을 받아야 한다. 디지털상에서든 대면이든 모임의 성공 여부는 결국 계획에 달려 있다. 리더가 별생각 없이 회의를 소집하는 경우는 매우 많다(그러고도 왜 직원들이 회의를 시간 낭비로 보는지 모른단 말인가). 뮤럴 최고경영자 수아레스 바탄은 이렇게 말한다. "능률적인 회의를 열기란 쉬운 일이 아닙니다. 우리에겐 훈련이 필요하며 신중한 판단을 내릴 줄 알아야 합니다." 이를 위해서는 모임을 열기 전에 다음 네 가지를 자문해야 한다.

- 참석자들이 회의를 편안하게 느끼고 동기부여를 받으리라 확신할 수 있는가?
- 주제는 무엇이며 무엇을 달성하고 생산해야 하는가?
- 모임은 누가 어떻게 진행할 것인가?
- 어떤 툴이 필요한가?

뮤럴 직원들은 월드 투어 기념식을 공들여 기획할 당시 이 질문들에 대해 고심했다. 하지만 규모가 더 작고 비공식적인 모임에서도 위 질문들은 유효하다. 마지막 두 질문은 모임 운영을 지원할 때 리더가 생각해봐야 할 지점이다. 직원들이 모일 수 있는 포럼에는 어떤 것이 있는가? 관리자가 계획성 있게 모임을 주관하고 팀의 노고를 치하할 수 있는 쉬운 방법은 없는가? 주간·월간·분기별 대면 모임 시 출장 및 비용은 어떻게 충당할 것인가? 요컨대, 이를 실행하기 위한 세부 규정을 어떻게 정할 것인가?

리더는 위와 같은 쟁점들에 대한 방침을 분명히 정해야 한다. 가령 관리자에게 모임 기획 예산 업무를 배정한다면 부담스러울 것이다. 일선 관리자에게 기획부터 맡기기보다는 몇 가지 '사전 승인 활동 옵션'을 제시하고 택하게 하는 것도 한 가지 방법이 될 수 있다. 슬랙도 이 방법을 채택했다. 그러면 관리자도 중요한 요소인 '이유(모임의 의도)'와 '방법(사람들을 어떻게 한데 모을지)'에 주력할 수 있다.

다수의 기업에서 출장 관리 직원을 따로 두는 것처럼, 대면이든 비대면이든 행사와 모임을 기획하며 유대를 촉진시키는 담당자를 따로 둘지도 생각해봐야 한다. 이상은 조직 내 연결 문화를 구축하는 데 리더가 힘을 보탤 수 있는 몇 가지 방법에 불과하다.

상부조직부터 모범을 보여라

리바이스의 트레이시 레이니에 따르면 "앞으로 유연성과 연결성은 주요한 원칙이 될 것이다." 틀린 말이 아니다. "그렇다면 과거의 관행을 개선하려면 이 두 요소를 어떻게 활용해야 할 것인가?"

바로 여기서 조직 문화가 결정적인 역할을 한다. 조직 문화가 이를 뒷받침하지 못하면 실패할 것이다. 전설적인 관리 이론가 피터 드러커가 말했듯 "문화는 아침 식사로 전략을 먹는다."

2단계에서 가드레일에 대해 설명하며 '솔선수범'에 대해 얘기한 바 있다. 지도부의 행동이 무심결에 조직 문화를 형성하기 때문이다. 어쩌면 유연하고 연결된 일터를 만드는 데 가장 큰 위협은 임원진의 행동일지도 모른다. 겉으로는 유연한 방침을 내세우면서 임원진은 매일 사무실에 출근한다면, 정작 유연근무를 하는 직원들은 자신들을 이등 시민으로 취급한다고 여길 것이다. 유연근무 환경을 조성하려면 상부조직부터 솔선해야 하지만, 동시에 전 직원을 동참시켜야 한다. 리더는 유연근무 환경에서 유대감과 소속감을 키우는 조직 문화를 구축하겠다는 의지가 분명해야 한다.

이는 직원들이 잘 연결되어 있으면서도 유연한 업무 방식의 장점과 기대 효과를 끊임없이 알려야 한다는 의미다. 리더는 소통 채널을 총동원해 최대한 많은 직원들과 과하다 싶을 만큼 정기적으로, 끊임없이 대화를 나눠야 한다.

또한 팀 안팎에서 솔선수범하는 모습을 보여야 한다. 슬랙이 최고위급 경영진을 해체시킨 것도 그 때문이다. 우리는 전망 좋은 고급 사무실이나 고위 관리자 전용 층처럼 성공의 상징으로 통하는 특전을 없앴다. 직원들이 매일 사무실로 출근하지 않는 유연근무 환경에서는 필요가 없기 때문이다. 덕분에 전 직원들은 조직 문화에서 가장 중요한 것이 무엇인지를 알게 됐다. 임원진은 캘리포니아, 콜로라도, 뉴욕, 호주를 비롯한 다양한 지역에서 원격근무를 하지만 서로 만나 효과적으로 소통할 수도 있다.

리더가 원격근무 중인 팀원과 개별적으로 유대감을 다질 수 있는 방법은 무수히 많다. 가장 인상적인 사례 중 하나가 펩시코(PepsiCo)의 최고경영자와 회장을 지낸 인드라 누이(Indra Nooyi)다. 그녀가 최고경영자로 승진하고 나서 어머니를 뵈러 인도로 떠났을 때의 일이다. 하루는 그녀의 어머니가 동네 사람들과 친구들을 집으로 초대했다. 집으로 찾아온 사람들은 하나같이 어머니에게 자랑스러운 딸을 뒀다고, 자식을 잘 키웠다고 말했다. 이 일이 잊지 못할 기억으로 남은 그녀는 직원들의 부모에게 다음과 같은 내용의 편지를 일일이 써 보냈다. "저희 회사에 자녀분을 선물로 주신 데 감사드립니다." 천편일률적인 내용의 편지가 아니라 해당 직원이 기여한 내용까지 소상히 적었다. 누이는 펩시코에 몸담으면서 400통에 달하는 편지를 썼다. 직원과 그 가족에게는 매우 뜻깊은 일이었다. 한 임원의 아버지는 편지를 100장 복사해 자신이 사는 아파트 건물 1층에 앉아 지나가는 사람들에게 하나씩 나눠주며 이렇게 말했다고 한다. "펩시코 회장이 내 아들을 어떻게 생각하는지 한번 보시우."[12]

누이는 직원들과 멀리 떨어져 있었어도 유대감을 다지고 직원을 격려할 수 있었다. 이는 리더가 창의성을 발휘해 진심을 전할 때 어떤 영향을 끼칠 수 있는지를 보여준다.

지금은 고인이 된 허먼밀러(현재 밀러놀)의 전 최고경영자 맥스 드프리(Max De Pree)는 이렇게 쓴 바 있다. "리더의 첫 번째 책무는 현실을 정의하는 것이다." 우리는 새로운 현실에 당면해 있다. 사회적 소속감과 유대감을 구축하는 조직을 만드는 리더가 이 새로운 환경에서 성공할 가능성이 가장 높다. 다음 6단계에서는 유연근무제를 안착시키기 위해 관리자가 갖춰야 할 새로운 기술과 리더가 끼칠 수 있는 영향을 자세히 알아보고자 한다.

5단계 점검사항

어디서든 연결 문화를 구축하라

☐ 디지털우선은 '무조건 비대면'을 뜻하지 않으며 연결 문화가 사무실 중심 문화만큼 중요하고 실현 가능하다는 점을 이해하는가?

☐ 직원들이 연결되고 협업하고 업무를 처리하는 디지털 본사를 마련했는가?

☐ 물리적인 공간을 직원들의 유대감과 협업을 위한 새로운 공간으로 어떻게 바꿀지 생각해봤는가?

☐ 직원들이 유연근무 환경에서 서로 연결되는 데 필요한 툴과 자원을 제공했는가?

사람을 관리하려 들지 마라

팀원이 아니라 관리자를
재교육해야 한다

2020년대 초반은 인사 관리의 속성이 바뀐 시기로 기억될 것이다. 코로나가 닥치면서 하루아침에 비대면 세상이 왔고, 이후에는 대퇴사(Great Resignation, 재택근무 등 더 나은 근무 조건을 찾아 자발적으로 퇴사하는 사람들이 증가하는 현상 – 옮긴이) 시대가 도래하면서 예측 가능했던 일상적인 관리 업무가 하루가 멀다 하고 단절되자 관리자들도 고된 나날을 보냈다. 퓨처포럼이 전 세계 지식노동자들을 대상으로 실시한 설문조사에서도 그런 분위기가 읽힌다.

- 업무에 불만족을 표한 비율은 중간관리자(1~6명을 관리하는 직급)가 선임관리자(15명 이상을 관리하는 직급)보다 46퍼센트 더 많았다.
- 소속감이 약화된 관리자가 임원진보다 두 배 더 많았다.
- 관리자들은 선임보다 스트레스는 더 많이 받고 생산성은 더 떨어진다고 느꼈다.

이 같은 정서를 유발한 혼란한 상황은 당분간 지속될 것으로 보인다. "무슨 일이 벌어질지 확실히 아는 사람은 아무도 없다." 미래학자 알렉스 스테픈(Alex Steffen)은 이렇게 전한다. "다가올 거대한 변혁에 만반의 준비가 돼 있으려면… (중략) …이례적인 상황에서도 업무를 제대로 처리해내는 능력이 필요하다." 문제는 여기에 있었

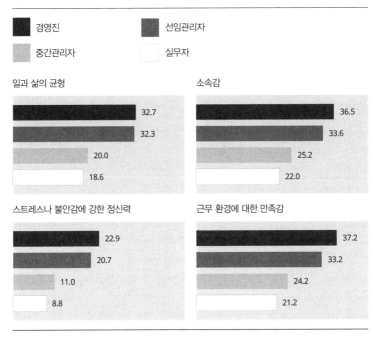

그림 6.1

중간관리자의 직원 경험. 퓨처포럼 펄스는 지식노동자들을 상대로 직장 생활의 몇 가지 측면에 대해 −60(매우 아니다)~+60(매우 그렇다)로 점수를 매기고 5등급('매우 안 좋음'에서 '매우 좋음'으로 평가하게 했다.

출처: 퓨처포럼 펄스, 2021

다. 피플 매니저(people manager, 직원 채용·성과 평가·역량 개발·보상 등을 관리하는 인사 담당자-옮긴이)는 전반적으로 준비가 안 돼 있었다. 이들에게 유연근무는 너무도 생소한 제도였다.

일각에서는 관리직군의 역할 변화가 잠재돼 있던 문제를 수면에 드러낸 것에 불과하다고 주장했다. 유연근무가 시행되면서 나타난 문제점들 덕에 무능한 관리자들이 확연히 눈에 띄게 됐다는 말이다. 하지만 지식노동자로 이루어진 복잡다단한 팀을 이끌어나가

기엔 역량 부족인 관리자가 대다수였으니 관리자 재교육은 늦은 감이 있었다. 구글은 10년도 더 전에 좋은 관리자의 자질과 관리자의 필수 성공 요소를 알아보려는 목적으로 '프로젝트 옥시전(project oxygen)'을 발족했다.[1] 이들의 연구 결과에 따르면 관리자는 중요한 인력일 뿐 아니라 좋은 지도자여야 했다. 좋은 관리자가 갖춰야 할 자질은 많지만 대다수 관리자는 직원을 어떻게 지도해야 하는지 아예 모르고 그런 훈련도 받지 않은 것으로 드러났다.[2]

2015년부터 슬랙의 인사부장을 맡고 있는 던 샤리판(Dawn Sharifan)은 재직 중에 (수익 및 인력의) 급성장, 2019년의 직상장, 코로나, 코로나가 미친 여파, 전 직원 유연근무제 도입, 2021년 세일즈포스 인수 등 대대적인 변화를 헤쳐나가며 조직을 이끌어왔다. 포용과 형평성을 앞장서서 실천해오며, 직원을 소중히 하는 리더로 인정받는 그녀는 유연근무 환경뿐 아니라 일반적인 근무 환경에서도 중요한 요소로 밝혀진 지도 우선(coaching-first) 관리 모델을 오랫동안 실천해왔다. 샤리판이 인사 관리 철학으로 삼고 있는 세 가지는 다음과 같다.

첫째, "자기 인식이 모든 것의 핵심이다." 직급을 막론하고 리더들은 자신의 습관과 트리거(trigger, 반응을 유발하는 계기 – 옮긴이), 동기를 인식하고 취약점을 파악해야 팀을 잘 이끌고 소통할 수 있다.

둘째, "용기를 갖고 인정을 베풀어라." 책임자는 어려운 결정을 내리는 자리다. 자신의 결정에 영향을 받게 될 직원들에게 관심을 갖고 공감 능력을 보여야 한다.

셋째, "명료함이 인정을 베푸는 것이다." 직원들은 깜깜이로 지내는 회사 생활을 견디지 못한다. 리더로서 자신이 하는 일과 그 일을 하는 이유, 직원들이 해야 할 일을 명료하게 설명하는 것이 인정을 베푸는 것이다. 불확실함이 없는 상황에서 직원들은 안전감을 느껴 최고의 성과를 낼 수 있다.

샤리판은 다음과 같이 주장한다. "인정을 베풀면 효율성을 높일 수 없다고, 둘 중 하나를 택해야 한다고 오해하는 경우가 있어요. 저는 둘 다 가능하다고 봅니다. 인정을 베풀 줄 알고 명료하게 전달하고 자신의 허점을 자각한다면 더 효율적으로 일할 수 있습니다."

슬랙은 이 철학에 따라 2018년에 베이스캠프 리더십 교육 프로그램(과 이 장에서 살펴볼 관리 철학)을 마련했다. 이 교육 프로그램을 설계한 샤리판 팀은 관리자들을 최고의 리더로 성장시키자는 목적의식이 뚜렷했지만, 정작 회사에서 표방한 '좋은 관리' 모델이 없다는 사실을 깨달았다. 그래서 기본부터 다시 시작했다. 조직을 두루 살펴며 최고의 관리자로 평가받는 직원을 찾아다녔다. 직원 이직률이 가장 낮은 팀의 관리자, 가장 평판이 좋은 관리자, 직원들이 가장 가고 싶어하는 팀의 관리자, 팀원들이 성장하도록 늘 지도 편달하는 관리자들을 물색했다. 샤리판과 팀원들은 이 과정을 거치며 베이스캠프 프로그램을 지속적으로 개선시켜 나갔고, 다수의 외부 전문가와 당시 최고경영자 스튜어트 버터필드를 비롯해 다양한 기능과 직급, 다양한 소수집단의 의견까지 두루 들었다.

이 프로그램은 코로나 시기 직전에 시행됐고 코로나가 닥치면서 사무실은 하루아침에 폐쇄됐다. 사무실 중심 문화를 폐기하고 유연근무제로 전환하여 그 후로도 죽 이어나간다는 결정을 공표하기도 전에 시행된 것이다. 시행 과정에서 무엇 하나 쉬운 게 없었다. 오히려 그 반대였다. 하지만 지도자 모델에 역점을 둔 방식과 관리자들이 새로 함양한 역량은 분명 도움이 됐다. 우리 회사는 거침없이 이 모든 장애들을 헤쳐나갔다.

이 불확실성의 시대를 지나면서도 최소한 기업에서, 또 직원들의 삶에서 관리자들이 중요한 역할을 맡고 있다는 현실은 변함이 없으며 당분간 변할 가능성도 없어 보인다. 하지만 대다수 관리자들은 유연근무를 적극 수용하거나 원격근무 팀을 이끌어나갈 준비가 돼 있지 않다는 것이 현실이다. 이제 관리자의 역할은 업무 진행 상황을 점검하고 의사 결정권을 행사하는 사람에서 공감을 통해 이끄는 지도자로 바뀌어야 한다. 한마디로 관리자의 역할을 새롭게 정의해야 할 때다. 이번 단계에서는 관리자가 자신의 입지를 재정비하고 새로운 유연근무 환경에 대비하려면 어떻게 해야 하는지를 안내한다.

관리자의 역할을 재정립하라

지금까지 살펴본 다섯 단계는 수월하게 이행할 수 있다. 하지만 관리자의 동참 없이는 어떤 단계도 성공할 수 없고 지속가능하지도 않다. 대다수 기업에서는 중간관리자가 조직을 대표하기 때문이다. 직원을 이끄는 사람도, 일을 실행시키는 사람도 중간관리자다. 직원 중 56퍼센트는 상당히, 또는 매우 신뢰하는 사내 정보의 출처로 '우리 회사'를 꼽았고, 77퍼센트는 (비)정부 기관과 언론을 능가하는 가장 신뢰하는 기관으로 자기 회사를 꼽았다. 하지만 높은 신뢰감은 높은 위험을 동반한다. 근로자 중 75퍼센트가 이직을 결심하는 이유 1위로 나쁜 관리자를 꼽은 것이다.[3] 갤럽 연구원들은 직원 몰입도(employee engagement)와 관리의 질은 밀접한 연관이 있다고 언급하며 이렇게 전한다. "대다수 기업의 성과 변동폭은 필요 이상 기복이 크다. 인사 관리에 일관성이 없다는 게 가장 큰 이유다."[4] 인재 확보 전쟁에서 승리하고 싶다면 관리 교육은 임원진이 덮어둘 수 없는 문제다.

앞서 우리는 9시에 출근하고 5시에 퇴근하는 기존 근무 형태가 오늘날 지식 경제에서 점차 사라지고 있는 양상을 살펴봤다. 디지털 툴이 근무 방식과 소통 방식을 바꿔놓고 디지털 인프라가 물리적인 사무 공간의 역할도 바꾸고 있다는 사실도 익히 알고 있다. 마지막 단계를 다루는 다음 장에서는 관리자가 시계만 쳐다보는 엄격한 감독관 역할에서 벗어나, 일한 시간이나 대면 시간이 아닌 성과를 토대로 직원의 가치를 측정하는 법을 배워야 하는 이유를 설명할 것이다.

이런 변화를 맞아 이제는 오늘날 관리자가 맡아야 할 역할도 명확히 규정해야 한다. 1916년, 앙리 파욜(Henri Fayol)은 '5가지 관리 기능'을 '계획, 조직, 지휘, 조정, 통제'로 구분했다.[5] 많은 사람들이 아직도 이 관리 개념에서 탈피하지 못했다. 우리는 이 낡은 관점을 대체할 새로운 정의와 목적을 제안하려 한다. 오늘날 관리자의 역할은 세 가지, 즉 팀 내에서 신뢰를 얻고, 명료하게 전달하고, 팀원의 잠재력을 이끌어내는 것이다(그림 6.2 참조). 이는 실전에서는 다음 내용을 수행해야 한다는 걸 의미한다.

1. 목적과 성과 지표, 요구사항을 투명하게 알려 신뢰를 구축한다
2. 직접적인(양방향) 피드백을 통해 팀원들의 직무와 목표를 명료하게 표현한다
3. 공정함과 단호한 거절을 통해 팀원들의 잠재력을 최대한 이끌어 낸다

지금부터 유연근무를 시행하는 기업의 관리자가 새로운 역할을 해내기 위해 갖춰야 할 역량을 하나씩 살펴보자.

중요한 건 관리자의 업무가 사람 관리가 아니라는 사실을 깨닫는 것입니다. 관리자는 프로세스와 시간, 자원을 관리할 수 있지만, 사람을 통제할 수는 없습니다… (중략) …통제하려 할수록 원하는 성과를 얻지 못하는 정반대 효과가 나타납니다. 그러니 관리자는 스스로를 뛰어난 성과의 촉매자라고 생각하고 이렇게 자문해야

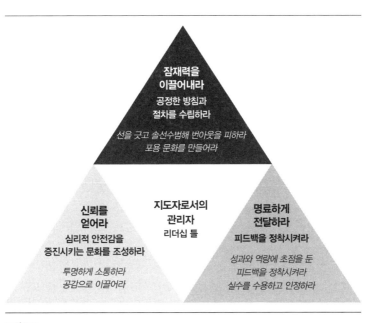

그림 6.2
슬랙 베이스캠프 리더십 원칙

합니다. 직원들의 장점을 이끌어내려면 어떻게 해야 할까?

타냐 루나(Tania Luna), 관리 교육 기업 라이프랩스러닝(LifeLabs Learning)의 공동창립자[6]

관리자 재교육으로 심리적 안전감을 조성해 신뢰를 얻어라

하버드 경영대학원 교수 에이미 에드먼슨(Amy Edmondson)은 심리적 안전감을 "아이디어, 질문, 걱정, 실수를 자유롭게 말해도 창피를 당하거나 불이익을 받지 않으리라는 믿음"으로 정의한다.[7] 심리적 안전감을 구축하는 첫 번째 단계는 왜 심리적 안전감이 그토록 중요한지를 이해하는 것이다. 심리적 안전감은 고성과의 전제조건이다. 팀 실적이 높아지면 조직 전체에 긍정적 영향을 미친다. 심리적 안전감이 높은 기업은 변화 적응에 빠르고 혁신을 일으킬 가능성이 높으며 직원 구성의 다양성에서 오는 결실을 누릴 가능성이 더 높다.[8]

이 심리적 안전감은 '학습 문화'의 근간으로, 조직심리학자 애덤 그랜트에 따르면 학습 문화가 퍼져 있는 기업이라면 "직원들이 겸손한 자세로 몰랐던 것을 학습하며, 호기심을 발휘하여 늘 해왔던 방식도 다시 생각해본다."[9] 4단계에서 살펴본 대로 유연근무제에 있어 실험과 학습은 필수다. 학습 문화가 창의적인 문제 해결 능력을 길러주는 것으로 입증된 지도 오래다. 반면에 낡은 성과 지향 문화는 단기적인 결과와 효과가 검증된 프로세스를 우선시하고 장기적인 성장과 과감한 위험 감수는 등한시한다.

심리적 안전감을 구축하는 일은 관리자의 핵심 역량이다. 불편하고 익숙하지 않은 생소한 업무와 협업에 내몰린 유연근무 팀을 이끄는 관리자에게는 더더욱 필요하다. 그리고 관리자가 이 역량을 갖추기 위해서는 2단계에서 살펴봤던 것처럼 임원진부터 솔선수범하여 리더십 행동(leadership behavior)을 계발하고 본보기가 돼야 한다. 리더십 행동이란 투명함으로 소통하고 공감을 통해 지도하는 것이다.

투명성으로 신뢰를 구축하라

중요한 건 일상적인 업무뿐만이 아니다. 신뢰를 구축해야 업무가 효과적이고 효율적으로 이루어진다. 신뢰는 투명성 없이는 생겨나지 않는다. 직원들이 자신이 현 상황을 명확히 알고 있고 새로운 정보도 늘 전달받고 있다고 느껴야 한다. 하지만 퓨처포럼 자료에 따르면 임원진의 66퍼센트는 자신들이 정보를 투명하게 공개한다고 생각하는 반면, 직원은 42퍼센트만이 그렇게 생각하는 것으로 나타났다. 사내에서 벌어지는 일을 바라보는 임원진과 직원들의 관점의 차가 여기서 또 한 번 드러난다.

앞서 투명성을 통해 신뢰를 구축하는 몇 가지 방법을 소개했다. 해답을 전부 알지 못해도 그 상태대로 전달하는 것이 그중 하나다. 직급을 막론하고 리더는 아는 것과 모르는 것을 솔직하게 밝혀야 투명성을 확보할 수 있다. 대개는 함구하는 것보다 이렇게 말하는 것이 더 낫다. "우리가 모든 해답을 쥐고 있는 건 아닙니다. 하지만 알아내려고 노력 중입니다." "아직 말할 단계는 아니지만, 여러분이 기다리고 있으니 곧 말씀드리겠습니다." 아무 말도 하지 않으면 직원들은 온갖 시나리오를 떠올리며 자신의 업무가 영향을 받을 거라 의심하게 된다.

투명성의 핵심이 소통인 만큼 소통에 대한 직원들의 기대에 부응하는 것도 또 다른 중요한 요소다. 특히 중요한 것이 회사가 이용하는 커뮤니케이션 채널과 이 채널을 이용하는 빈도다. 예전에는 중요한 업데이트 사항을 전달하기 위해 주간 팀 체크인이나 월간 부서 회의를 기다렸지만, 지금은 중요한 일상 행사를 단체 문자메시지나 소셜 미디어를 통해 즉시 통보받는 시대다. 직원들은 일터에서도 이를 기대한다. 본사 복도를 지나다 무심코 최신 소식을 접하는 일이 드문 시대에 사내 채널은 "직원들 사이의 소소한 이야기들"을 지속적으로 접하는 데도 중요하다. 슬랙 사내커뮤니케이션 부장을 지낸 어맨다 앳킨스(Amanda Atkins)는 이렇게 전한다. "기업이 새로운 소통 규범을 따라잡지 못하면, 대화가 중단되는 것이 아니다. 직원들끼리만 대화하게 될 뿐이다."[10] 이 경우에도 직원들의 상상력과 궁금증을 자극하게 된다. 리더 역시 솔선수범해서 회사의 비전을 직원들에게 전달할 기회를 잃게 된다.

공감을 통해 이끌어라

공감 능력은 IBM이 사내 학습 플랫폼에서 이를 주제로 한 강좌를 개설할 정도로 중요한 기술이다. "코로나 시기에 3만 명의 관리자를 대상으로 공감에 관해 교육했습니다. 그 중요성을 절감하고 있었거든요." 수석인사부장인 라모로가 말한다. 유연근무 환경에서도 공감의 중요성은 변함이 없으며, 이는 다른 조직도 마찬가지다.

　관리자가 공감 능력을 발휘해 구성원들을 이끌도록 조력하는 방법은 여러 가지다. 첫 번째 단계는 관리자가 팀 내에서 유연근무의 역학과 관련 문제를 구체적으로 논의하는 자리를 갖도록 독려하는 것이다. 관리자가 앞장서서 유연근무의 이점과 한계점, 문제를 공유하면 취약점을 당당히 드러내는 본보기가 될 수 있고 더 탄탄한 신뢰를 다질 수 있다. 대다수 직원들은 유연근무제를 앞장서서 실행하길 꺼려한다는 연구 결과를 감안할 때, 그러한 토론 자리는 관리자가 유연근무제를 바람직한 관행으로 안착시키는 기회가 될 것이다.[11]

그런 다음 관리자는 열린 마음으로 직원들의 의견과 우려에 귀 기울여야 한다. 다른 사람도 자신과 생각이 같으리라고 넘겨짚으면 안 된다. 앞서 언급한 관점의 차이를 명심하고 리더와 팀원의 거리를 좁히려고 노력해야 한다. 유연근무가 회사 방침으로 자리를 잡았더라도 관리자는 직원들의 의견과 우려를 이해하려 지속적으로 노력해야 한다. 이는 팀원과 팀, 조직이 각자의 잠재력을 모색하는 데 도움이 되는 첫 번째 단계다.

관리자가 공감 능력을 기르는 데는 '개인 운영 매뉴얼(POM, personal operating manual)'이 유용하다. POM은 각 개인의 소통 스타일, 기호, 불만사항, 단점, 포부, 정체성, 업무 방식 등의 정보가 담긴 문서로, 팀원 개개인의 업무 방식과 유연근무 환경에서의 효과적인 방식을 직접적으로 알려주므로 팀별 운영 규정을 보완하는 성격도 있다. 가령 "나와 소통하는 가장 좋은 방법" 항목에서는 다음과 같이 자신에게 해당되는 내용을 쓴다.

- 형태(형식)보다 내용을 우선시합니다. 저는 스펀지형입니다. 공

식 발표를 하기 전에 내용을 먼저 살펴보고 싶습니다. 아이디어 단계에서 얼마든 피드백을 드리겠습니다.

- 나쁜 소식은 희소식보다 빨리 퍼집니다. 나쁜 소식을 다른 데서 듣기 전에 말해주시기 바랍니다. 따끔한 피드백은 직접 듣는 편이 좋습니다.
- 가능하다면 음성 회의를 원합니다. 개인적으론 화상 회의가 더 힘듭니다.
- 필요한 게 뭔지, 언제 필요한지 단도직입적으로 말해주십시오.

팀원들은 이런 방식으로 팀 전체와 공유할 문서를 각자 작성한다. 그런 다음 관리자가 이를 주제로 토론를 이끈다. 이런 방식을 통해 직원들은 서로에게 공감하면서 소통하는 토대를 다지게 된다(부록의 POM 작성법을 참조하라).

POM을 작성하는 것 자체가 일종의 자기 인식 활동이라 할 수 있다. 이때 관리자는 자신의 POM을 통해 약점을 공개함으로써 팀원들이 자연스럽게 자신의 성향을 드러내고 팀원들끼리도 POM을 공유하는 분위기를 만들어야 한다. 다만 한 가지 주의사항이 있다. 이를 구실 삼아 불합리한 요구를 해서는 절대 안 된다는 점이다. POM에 아침형 인간이 아니라고 밝혔다고 해서 아침 회의에서 직원들에게 짜증을 내거나 긴급한 사안이 아니면 오전 10시 전에 연락하지 말라고 하면 안 된다. POM은 직원들이 서로를 더 잘 이해하고 저마다 다른 성향을 알아가는 것이 목적이다. 바람직하지 못한 행동을 해도 좋다는 허가증이 아니다.

리바이스: 공감을 통해 이끌고 다 함께 배운다

리바이스의 핵심적인 유연근무 원칙은 "공감을 통해 이끌고 다 함께 배우라"이다. 회사는 직원들에게 이를 다음과 같이 알리고 있다.

우리는 다 함께 배우고 성장하는 과정에서 분명하게 소통하고 공감의 발판을 다질 것입니다.

- 관리자는 개방적인 자세와 공감으로 이끌어야 합니다. 새로운 유연근무 방침을 성공적으로 정착시키는 데 관리자가 중요한 역할을 하기 때문입니다.
- 관리자는 팀이 서로 협력해서 뛰어난 성과를 올리고 공동체 의식을 갖도록 요구사항을 명확하게 전달해야 합니다.
- 관리자, 직원, 팀은 지속적으로 소통해야 합니다.
- 우리는 유연근무를 정착시키는 여정을 함께하고 있습니다. 우리는 배우고 적응하고 성장하는 과정에서 서로 인내심을 발휘하며 예의를 지킬 것입니다.

명료하게 전달하라

관리자는 팀원들에게 요구사항과 진척 상황을 정확히 전달해야 한다. 너무도 당연한 말이지만, 팀원들이 저마다 다른 시간과 장소에서 일하며 새로운 행동과 규범을 익히는 유연근무 상황에서는 '특히' 중요하다.

명확성은 앞서 얘기한 신뢰와 심리적 안전감도 증진시킨다. 샤리판은 (작가이자 연구교수인 브레네 브라운[Brené Brown]의 말을 빌려) "명확성은 친절을 베푸는 것이다"라고 즐겨 표현한다. 팀원들은 명확한 지시를 받으면 최고의 성과를 내는 데 집중할 수 있다. 명확성을 확보하려면 관리자는 정확한 피드백을 주고 자신의 실수를 인정할 줄 알아야 한다.

주기적으로 피드백하라 (단, 정확한 피드백이어야 한다)

주기적인 피드백 회의는 팀원들과 유대감을 다지고 목표와 성과를 명료하게 전달하는 가장 직접적인 기회지만, 그저 체크인과 성과 평가에 그쳐서는 안 된다. 관리자는 유연근무 일정 속에서도 직원과 주기적인 면담을 진행해 경력 개발에 대해 논의해야 한다(4D를 기억하자. 경력 개발은 화상으로든 대면으로든 실시간 면담이 필요한 일이다). 뛰어난 관리자는 아주 유능한 인재들이 돈에만 좌지우지되는 않는다는 사실을 직감적으로 안다. 그런 인재들은 목적의식, 유대감, 가치 등을 추구한다. 관리자는 팀원들이 어떤 경력을 쌓으려 하는지, 포부가 무엇인지, 최선을 다하게 만드는 동기는 무엇인지를 파악하여 그에 걸맞은 책임과 역할을 부여해야 한다.

《무엇이 성과를 이끄는가(Primed to Perform)》의 공저자인 린지 맥그리거(Lindsay McGregor)와 닐 도쉬(Neel Doshi)는 이를 '총 동기(ToMo, Total Motivation)'라고 명명하고, 세 가지 직접적인 동기, 즉 일에서 느끼는 즐거움, 일에서 찾는 의미, 경력 발전의 잠재력으로 나눈다.[12] 임원은 관리자가 부하 직원과 경력 개발에 대해 지속적인 면담을 진행하도록 훈련시켜야 한다. 그래야 팀원들은 관리자의 관심을 의식하면서 일에 열정과 관심을 쏟고 유연근무를 하면서도 한 팀으로서 연대의식을 잃지 않을 것이다.

관리자는 피드백과 지시를 수용할 만반의 준비도 돼 있어야 한다. 샤리판은 매주 일대일 면담 중에 이런 질문을 던진다. "이번 주에 당신의 삶을 개선하는 데 제가 도와줄 수 있는 일이 한 가지 있다면 그게 뭘까요?" 그녀에게 골치 아픈 문제를 털어놓는 팀원도 있고 동료와의 관계에 개입해주길 바라는 팀원도 있다. 문제 해결을 위해 정보나 아이디어를 얻고 싶어 하는 팀원도 있다. 어떤 경우가 됐든 직원들의 대답을 들으면 그들에게 어떤 도움이 필요한지, 잠재력을 이끌어내는 가장 효과적인 방법은 무엇인지를 분명히 알 수 있다.

관리자는 자신이 피드백을 전달하는 방식도 자각해야 한다. 몇 년 전 스탠퍼드대학교 클레이먼 성연구소(Clayman Institute for Gender Research)는 4곳의 기술기업과 전문 서비스 기업으로부터 수백 건의 성과 평가서를 받아 분석한 결과, 다음과 같은 사실을 알아냈다. 여성 직원을 평가하는 말로 '지원하는(supportive)', '협력적인(collaborative)', '도움이 되는(helpful)'이 남성 직원보다 거의 두 배 더 높게 나왔고, 여성 직원의 평가서는 개별 성과보다 팀 성과와 관련이 있는 경우가 두 배 이상 더 많았다. 반면, 남성 직원에 대한 평가에서는 구체적인 사업 성과와 관련된 피드백이 여성보다 세 배나 더 많았다. 편견이 담긴 이런 피드백의 여파는 당사자를 넘어 훨씬 광범위하게 미친다. 예를 들면 여성이 연봉 인상이나 승진을 요구하면 반발이나 불이익으로 돌아올 때가 많다. 악순환이 일어나는 것이다.

관리자가 실시간 피드백을 하거나 서면 평가서를 작성할 때 형평성을 확보하려면 업무 방식이나 특정 직원 집단의 행동 양식과 관련된 지배적인 규범이 아닌 역량과 성과에 초점을 두고 있는지를 돌아봐야 한다. 이는 대면 접촉에 관한 각자의 편견을 확인하는 기회가 될 수 있다. 우리는 직원들의 업무 성과를 보고 직원을 높이 평가하는가, 아니면 회의나 대면 만남으로 얼굴을 자주 봤기 때문에 높이 평가하는가? 2단계에서 언급했듯 이 같은 내면의 편견을 스스로 감시해야 팀원들이 언제 어디에서 일하든 더 공평하고 포용적인 환경을 만들 수 있다.

다음 사항들은 오늘부터 바로 실천해보라.

- 개개인의 성과를 치하할 때는 회사에 끼친 긍정적인 영향에 중점을 두라.
- 피드백을 할 때는 성과에 중점을 두고 그 의의를 강조하라.
- 팀원들에게 중요한 사항을 역설할 때는 자신이 쓰는 단어에 유의하라.

실수를 수용하고 인정하라

관리자는 실수에 너그러운 분위기를 조성해야 하며 실수는 실패와는 다르다는 것을 주지시켜야 한다. 피드백 회의(feedback discussion) 때는 직원의 실수도 평가 요소로 삼아야 하지만 신중하게 접근해야 한다. 스탠퍼드대학교 교수 데이비드 켈리(David Kelley)는 이렇게 말한다. "똑같은 실수를 반복한다면 배운 게 아무것도 없다는 뜻이죠. 하지만 실수가 매번 다르다면 새로운 일에 도전하고 있고 그때마다 교훈을 얻고 있다는 뜻입니다." 여러분은 후자를 장려해야 한다. 관리자는 학습 문화가 조성된 환경에서 직원들이 실수를 통해 배우고 성장하도록 독려해야 한다. 이를 위해서는 관리자가 균형을 잘 잡아야 한다. 즉, 실수에 대처하면서도 팀원들이 실수를 분석해 교훈을 얻게 도와줘야 한다. 처음부터 제대로 하지 못한다고 비난하면 안 된다(물론 같은 실수를 반복하는 경우라면 얘기가 달라진다).

실수에 관한 태도도 여러 영역을 포괄하는 문제다. 관리자가 이에 대해 명확한 지침을 줘야 직원들의 신뢰감과 심리적 안전감이 높아진다. 에드먼슨이 제시한 정의에도 드러나듯, 실수를 인정하는 분위기는 심리적 안전감을 구축하는 데 매우 중요하다. 실수를 두려워하면 창의력과 혁신이 억압되고 위험을 감수하려는 의욕도 떨어지게 마련이다. 한마디로 오늘날 비즈니스 세계에서 성공을 저해하는 태도다. 주지하듯 토머스 에디슨의 전구부터 애플의 초소형 컴퓨터(애플 뉴턴[Apple Newton. 애플에서 개발한 최초의 개인용 정보단말기 ─옮긴이]을 기억하는가?)에 이르기까지 비즈니스 혁신이 탄생하는 데는 수많은 시행착오가 따랐다. 앞서 얘기한 것처럼 팀이 고유의 니즈에 적합한 유연근무 형태를 모색하려면 실패하고 학습하고 반복하는 열린 자세와 실험이 반드시 필요하다.

공평한 프로세스와 방침으로 잠재력을 이끌어내라

유연근무로 전 직원의 잠재력을 이끌어내기 위해서는 조직의 프로세스와 방침들을 지속적으로 점검해야 한다. 이를 위해 리더는 학습하는 자세로 다음과 같이 자문해야 한다. 우리 회사의 프로세스와 방침은 공정하고 공평한가? 이 프로세스와 방침들은 직원들의 다양한 관점이 반영된 것인가? 유연근무를 시행하려는 회사의 목표에 부합하는가? 과소대표 집단(underrepresented, 같은 배경을 공유하는 인구 비율이 조직에 적게 반영된 집단─옮긴이)의 인재들이 성공하도록 육성하고 있는가?

이는 중요한 질문들이다. 우리는 낡은 관습과 모범 사례를 기본값으로 생각하는 경우가 많기 때문이다. 이는 과거의 시스템을 지탱하던 것들이다. 샤리판은 이렇게 제안한다. "해당 프로그램이나 정책이 '지금 당장 우리 직원들에게' 의미 있는 것인지를 따져봐야 합니다. 익숙하고 쉬운 길이라서 고수하는 것은 아닌지, 개선시킬 수 있는 기회가 있는지를 자문해야 합니다." 처음부터 차별에 취약한 집단을 염두에 두고 방침을 세우면 모두에게 득이 되는 방향으로 개선되는 경우가 많다. 폴리시링크(PolicyLink, 사회경제적 평등을 연구하는 비영리 기관 – 옮긴이)의 창립자인 안젤라 글로버 블랙웰(Angela Glover Blackwell)은 이런 현상을 커브컷 효과(Curb-Cut Effect)라고 명명했다.[13] 커브컷은 휠체어가 쉽게 오르내릴 수 있도록 깎아 만든 경사로로, 원래 장애인을 위해 만든 통행로지만 유모차를 밀거나 목발을 짚거나 무거운 짐이나 여행가방을 끌 때처럼 살면서 누구나 한번쯤은 그 이점을 누린다. 블랙웰이 말했듯, 가장 취약한 사람들을 위한 해결책은 대부분의 사람들에게 긍정적 효과를 끼친다.[14]

모든 이들을 참여시켜라

지도자가 해야 할 역할 중 하나는 다양한 배경의 직원들을 포용하는 관행은 앞서 실천하고 배타적인 관행은 바로잡는 것이다. 관리자는 목소리가 크거나 개성 강한 직원들이 이 같은 모임을 장악하지 않도록 잘 지켜봐야 한다. 대화 주제가 여름 별장, 고급 식당, 자기들끼리만 아는 농담처럼 '배타적으로' 흐를 위험도 있다.

관리자는 모임을 주관할 때 그런 위험을 자각하고 있어야 한다.

우선 대화의 주제가 참가자들에게 예민한 문제는 아닌지 살피고, 팀의 가치관과 관련 있으면서 누구에게도 불편하지 않은 질문을 던진다. 여럿이 모이면 더 과묵한 직원을 적극 참여시키려는 노력도 기울여야 한다. 오디오 전용 회의, 채팅방 이용, 아이디어나 이야기 미리 제안하기 등 다양한 직원들이 참여해 의견을 낼 수 있는 소통의 장을 마련하는 것도 좋다. 이렇게 기회를 마련해주면 각자의 생각을 말하거나 반대 의견을 표명하는 데 편안함을 느끼게 된다.

재능을 펼칠 기회를 제공하라

번아웃(7단계에서 더 자세히 다룰 예정이다)은 유연근무의 위험 요소다. 하지만 직원들이 자신의 업무에 의욕을 느끼고 역량을 마음껏 발휘하고 싶어 할 때 번아웃은 해소되기 마련이다. 유연한 근무 환경에서는 직원에게 다양한 성장 기회를 마련해주는 관리자의 역할이 그 어느 때보다 중요하다. 관리자가 주도적으로 나서 직원들에게 새로운 과업이나 프로젝트를 맡겨 동기부여를 해보자. 과업을 할당하는 것보다는 이렇게 묻는 것이 좋다. "여기 흥미로운 기회가 있는데, 지원할 사람 있나요?"

이때 사람에 따라 응답하는 방식이 다르므로 모두에게 공평하게 기회를 줘야 한다. 적극 자원하고 나서지 못하는 직원에게 안성맞춤인 기회가 있다면 관리자가 먼저 권해보자. POM을 참고해 각 직원들이 어떤 기회에 의욕을 보이는지, 어떤 식으로 이런 정보를 받고 싶어 하는지를 파악하라. 각 팀원에게는 개인적, 직업적 성장을 동시에 도모할 수 있는 흥미로운 도전 과제가 될 수도 있을 것이다.

관리자가 경계를 긋도록 재교육시켜 번아웃을 피하라

팀원이 번아웃에 시달리면 다른 사람에 대한 신뢰와 자기 역할을 명확히 이해하는 능력, 그리고 잠재력이 모두 훼손된다. 유연근무 환경에서는 일과 삶의 경계가 흐려질 수 있으므로 관리자가 이를 인식하고 가드레일을 적절히 배치하여 번아웃을 예방해야 한다. 근무일정이 유연하다는 것은 대부분의 업무를 원하는 시간에 할 수 있다는 뜻이지만, 쉬는 시간이 따로 없다는 뜻이기도 하다. 마찬가지로 근무지가 유연하다는 것은 원하는 시간에 재택근무를 할 수 있다는 뜻이지만, 퇴근 시간이 따로 없다는 뜻이기도 하다. 업무의 디지털화와 유연근무의 확대는 낡은 허슬 문화(hustle culture, 개인의 삶보다 일을 중시하며 주어진 업무 범위 이상의 일을 자원하는 문화 - 옮긴이)를 고착화시키는 경우가 많다. 리더는 단순히 무리하지 말라고 하는 데서 그치지 말고 적절한 선을 긋는 모습을 보여줘야 한다.

가령 시간에 초점을 맞춰보자. 협업시간을 따로 정해두는 주목적은 도움 요청이나 피드백 요청, 회의 등에 방해받지 않고 업무에 집중하는 시간을 확보하기 위해서다. 생각해보면 과거에는 회의를 연달아 하는 경우가 드물었다. 최소한 다른 층이나 다른 건물에 있는 회의실로 이동하는 시간을 감안했다. 하지만 줌을 이용하면서 같은 자리에서 연달아 회의에 참여하기가 훨씬 더 수월해졌다. 그렇다 보니 지나치게 많은 회의에 버거워하는 직원이 많아졌고 자기 일을 집중적으로 하려면 저녁이나 주말 같은 휴식 시간을 이용하는 수밖에 없는 듯하다.

이런 식의 업무 과부하가 큰 문제로 대두되자 일부 기업에서는 이를 추적조사하는 연구에 착수했다. 우버는 코로나 시기에 줌, 슬랙 같은 협업 툴 이용 현황을 연구한 결과 두 가지 사실을 알아냈다. 첫째, 회의가 40퍼센트 증가했고 회의당 평균 참가자 수도 45퍼센트 증가했다. 둘째, 줌 회의와 슬랙 메시지가 세 배 이상 증가했다. 그 결과 집중 시간은 30퍼센트 줄어들었다.[15]

〈하버드비즈니스리뷰〉에 '협업 과부하'라는 제목의 글을 기고해 이러한 연구 결과를 공개한 저자들은 말한다. "이러한 부담은 관리자들의 눈에 띄지 않기 때문에, 민첩하고 혁신적인 조직으로 거듭나려는 기업에 걸림돌이 되고 있다. 뿐만 아니라 개개인의 경력 이탈, 번아웃, 육체적·정신적 건강 악화를 야기할 수 있다."

기업이 취할 수 있는 한 가지 대처법은 해당 문제에 주의를 환기시키는 것이다. 관리자의 경우 팀원이 이런 오류에 빠지기 전에 그 위험성을 알려줘야 한다. 디지털 툴의 이점 중 하나는 이메일이 오거나 디지털 플랫폼에 새로운 게시물이 올라왔을 때 알림을 받을 수 있다는 것이다. 하지만 밤낮없이 울리는 알림에 잠 못 이루는 직원이 있다면, 일대일 면담 때 그 문제 해결을 위한 도움을 받아보라고 권하는 것도 좋은 방법이다.

관리자가 해야 할 또 다른 일은 팀원들과 '프레즌스(presence)'를 관리하는 것이다. 세달 닐리는 프레즌스를 이렇게 정의한다. "우리가 한 공간에 모여 있진 않더라도 디지털상으론 존재하는 것을 가리킨다. 우리는 실제로 함께 있지는 않더라도 다른 사람에게 우리의 존재가 느껴지도록 적극 노력해야 한다."[16] 가령 직원들이 보내는 메시지와 현황 보고, 회의에 참여하는 방식 등 다양한 방식으로 이를 실천할 수 있다. 팀별 운영 규정을 작성하거나 추가·보완하는 회의 때도 프레즌스에 대해 논의해야 한다. 유연근무 환경에서는 각자 언제 시간이 나는지를 알리는 것이 중요하지만 언제 시간을 낼 수 없는지를 알리는 것도 중요하다. 관리자나 동료가 직접 가서 확인할 수 없기 때문이다. 일정을 공유하는 것도 좋고, 알림을 꺼놓는 시간을 함께 정하는 것도 좋은 방법이다.

프레즌스 관리가 바람직한 방식으로 이루어져야 한다는 건 두말할 것도 없다. 그래야 직원들이 자신의 존재를 증명하기 위해 거의 시간을 비워둬야 한다는 압박을 받지 않는다. 슬랙에서는 적절한 경계를 설정하고 각자의 현황을 다양하게 표시해주는 알림을 사용해 자기만의 시간을 갖도록 권장하고 있다. 가령 집중 업무에 몰두하는 직원은 글 쓰는 모습의 이모지를, 휴식을 취하는 직원은 개를 산책시키는 모습의 이모지를 게시하는 식이다. 샤리판의 설명에 따르면 슬랙에서는 'E.T.O(emotional time off, 마음의 휴식)'를 정착시키려고 갖은 노력을 기울였다. E.T.O라고 게시한 사람은 '휴식이 필요해서 오늘 하루 정신 건강의 날을 갖습니다'라는 뜻을 표하는 것이다. 이는 유연근무를 시행하면서 급히 마련한 방침 중 하나다. 그녀의 말대로 옛날처럼 다들 사무실로 출근했더라면 그런 일은 없었을 것이다.

거절을 잘 못하는 팀원에게는 관리자가 "거절해도 괜찮다"라고 명확하게 말해야 한다. 대다수는 "안 됩니다. 그 회의에는 참석할 수 없습니다"라거나 "안 됩니다. 당장은 프로젝트를 더 맡을 여력이 안 됩니다"라고 말하지 못해 전전긍긍한다. 혹시라도 미운털이 박힐까 봐, 또는 도와주고 싶은 마음에, 또는 뒤처지고 소외되는 것이 두려워서 그럴 수 없다고 생각하는 것이다. 다시 말하지만 명확한 전달은 효과적인 관리의 핵심이다. 이는 관리자와 다른 팀원들에게 자신이 할 수 있는 일과 할 수 없는 일을 확실히 표명하게 돕는 것이기도 하다.

여느 때와 마찬가지로 모든 직급의 리더는 이를 몸소 실천하는 모범을 보여 규범으로 정착시켜야 한다. 팀원들과 논의하며 서로 생산성을 높일 수 있도록 경계를 설정하라. 그리고 이러한 목표를 달성하는 데 도움이 될 사항들을 상세히 적어둔 팀별 운영 규정을 명확히 알려라.

거절할 권한

거절해도 괜찮다는 사고방식을 고쳐시키는 단계는 다음과 같다.

- 우선순위를 정하라: 임원진은 각 팀원에게 업무량이 적절한지 매주 물어보고, 관리자에게도 같은 방침을 내린다. 그

런 다음 전사적으로 설문조사를 실시해 결과를 알아본다. 임원진과 관리자가 팀원의 업무량을 점검한 후 불필요한 업무는 덜어내줌으로써 업무를 거절해도 괜찮다는 분위기를 느끼게 한다.

- 소통하라: 중요한 업무가 무엇이고 그 업무가 중요한 이유를 밝혀 우선순위를 확실히 정하라. 중요하지 않은 업무는 무엇이고 그 업무가 중요하지 않은 이유도 설명하라. 어디에 역점을 두고 있는지를 알려라.

- 결정하라: 팀을 관리하는 사람이 의사결정자다. 팀원들한테서 보고를 받아라. 당신이 결정할 수 없는 사안은 상부에 보고하라. 당신이 결정권자인지 확실치 않을 때도 상부에 보고하라.

경력 경로를 재설계하라

신뢰를 구축하고, 지시를 명확하게 하고, 팀원들의 잠재력을 이끌어내도록 재훈련시킨다면 관리자는 성공 가도에 오를 것이다. 하지만 리더는 그 전에 재평가를 거쳐 관리자를 발탁해야 한다. 관리자라고 해서 모두가 재훈련에 적합한 건 아니다. 필요 역량을 갖추지 못한 사람도 있을 테고, 팀원의 성장보다는 팀의 목표를 달성하는 데 중점을 두는 사람도 있을 것이다.

전문가로서의 장래성이 보이는 팀원이 있으면, 그들이 경력 개발 체계를 재설계할 기회를 마련해줘야 한다. 대다수 조직에서 승진하는 유일한 길은 관리자가 되는 것이며, 따라서 지휘관 역할을 해야 할 관리직도 많아진다. 하지만 지휘에 대한 의욕이 없는 사람들도 있다. 그래서 다수의 기업들은 승진 체계를 관리직과 비관리직으로 나눈다. 이러한 관행은 기술산업계에서 큰 호응을 얻고 있으며 애플과 구글도 관리직 경로와 기술직/전문직 경로를 나눠 경력 개발 기회를 마련해놓았다. 슬랙에는 관리 책임 없이 오로지 능력과 성과만으로 VP(vice president, 부사장) 직급까지 오를 수 있는 전문가 경로가 있다.

야심도 있고 재능도 갖췄지만 인사 관리에 능하지 않거나 관심 없는 사람들도 많으므로, 기업이 비관리직 개발 경로를 제공하면 인재를 계속 보유할 수 있다.

신뢰를 얻고 명료하게 전달하고
잠재력을 이끌어내도록 재훈련에 투자하라

유연근무와 디지털 툴이 업계의 규범으로 자리 잡고 있는 지금, 리더는 관리자의 역할을 새롭게 정의하고 이 지각 변동 속에서 성공할 수 있도록 관리자를 훈련시켜야 한다. 관리자들을 재교육하는 데는 꾸준한 투자가 필요하다. 리바이스 수석인사부장 트레이시 레이니에 따르면 재교육의 핵심은 경청과 공감 능력을 한층 강화하여 고도의 관리 역량을 갖추는 것이다. "수많은 기업들이 어려움을 느낄 거라고 생각합니다. 지금껏 그런 역량을 기르는 데 투자한 적이 없으니까요."

관리자의 역할 변화를 통해 유연근무의 효과를 거두려면 리더는 다음 세 가지 임무를 달성해야 한다.

- 지도 역량에 투자하라: 슬랙은 각 관리자가 실수를 저지르거나 실직 위기에 처했을 때뿐만이 아니라 맨 처음부터 코치가 함께 한다.
- 체계적인 피드백에 투자하라: 슬랙의 관리자는 베이스캠프 훈련을 마칠 때 '책임 파트너'를 배정받는다. 그래야 서로가 도우며 계속 발전할 수 있으며 그 캠프 훈련도 오래도록 기억할 것이다.
- 뛰어난 관리자들을 치하할 방법을 찾아라: 이는 우선순위가 무엇인지를 알리고 여러분이 원하는 변화를 추진하는 최선의 방법이다.

슬랙의 베이스캠프 프로그램은 직원들에게 큰 호응을 얻고 있으며, 특히 수많은 피플 매니저들이 이 훈련에 감사를 표한다. 이들이 가장 높이 평가하는 것은 '관리자 공동체'가 형성된다는 점이다. 이 프로그램을 통해 관리자들은 각자가 직면한 난관을 이야기한다. "관리직은 소외감을 느끼기 쉽죠. 그래서 약한 모습을 솔직히 드러내며 한 직원과 골치 아픈 일을 겪고 있다거나 어떤 문제 때문에 골치가 아픈데 해결책을 못 찾겠다는 등 속마음을 털어놓는 포럼을 마련해주는 거죠. 관리자들에게는 무척 소중한 소통의 장입니다."

샤리판의 설명이다. 유연근무를 성공적으로 안착시키려면 조직은 관리자들에게 필요한 지원을 아끼지 않아야 한다. 그래야 관리자들도 홀로 헤쳐 나가고 있다는 기분이 들지 않는다.

어쩌면 관리자에 대한 투자를 고민하고 있는 조직이 있는지도 모르겠다. "이 방법이 효과가 있을지 없을지 어떻게 확인하지?" 관리자든 조직이든 활동이 아닌 성과를 측정하는 것이 답이다. 마지막 장에서는 앞선 단계들을 조직에 적용하며 효과를 측정하는 방법에 대해 이야기할 것이다.

목표를 달성하려면
관리자를 훈련시켜라

☐ 오늘날의 유연근무 환경에서 관리자들의 새로운 역할을 이해했는가?

☐ 관리자가 갖춰야 할 새로운 역량 세 가지, 즉 신뢰 구축, 명료한 지시, 팀원들의 잠재력 개발에 대해 관리자와 논의한 적이 있는가?

☐ 관리자가 보여야 할 행동을 몸소 실천하며 본보기가 되고 있는가?

☐ 관리자가 잠재력을 발휘하도록 새로운 교육과 자원에 투자할 준비가 돼 있는가?

☐ 관리자가 되고 싶지 않은 직원들이 성장할 수 있는 기회를 제공했는가?

HOW THE FUTURE WORKS

7
단계

오직 성과로 판단하라

발전의 선순환을 만들어야 한다

"직원들이 일을 하는지 안 하는지 어떻게 알 수 있죠?"

유연근무를 한다고 하면 흔히들 던지는 질문이다. 눈에 안 보이는데 일을 하는지 안 하는지 어떻게 아느냐는 것이다. 임원이나 관리자뿐만 아니라 심지어 직원조차 의아해한다.

한 소프트웨어 기업의 임원은 이 질문에 다음과 같은 모범 답안을 내놨다. "직원들이 사무실에 출근하던 시절에는 실제로 일을 하고 있는지 어떻게 알았나요?"

근태, 근무 시간 기록, 응답에 걸리는 시간. 과거에는 리더가 개인의 성과를 측정할 때 이 같은 요인들을 고려했다. 하지만 유연근무 환경에서는 전혀 소용이 없다(실제로 효과가 없음을 보여주는 확실한 증거가 있으며, 이것이 이번 장의 주제다). 유연근무제를 성공적으로 안착시킨 기업들은 그 효과를 측정하기 위한 새로운 전략을 도입해 실행하고 있다.

보스턴컨설팅그룹은 팀 체제가 빈번하게 개편되는 터라 팀 성과 측정이 쉽지 않다. 그래서 전무이사 겸 수석 파트너인 데비 로비치(Debbie Lovich)는 우선 이렇게 자문해 본다고 한다. "첫째, 팀이 고객에게 가치를 제공하고 있는가? 둘째, 역량을 함양하고 보람을 느끼고 지속가능한 방식으로 이 가치를 제공하고 있는가? 두 번째 질문의 경우 예측 가능성, 학습, 인정, 심리적 안전감을 증진시키는 문화적 요소들을 기준으로 측정하고 있죠."

학습, 성취감, 지속가능성에 초점을 두는 것은 고객의 요구사항이 최우선인 전문서비스 기업치고는 다소 의외다. 보스턴컨설팅그룹은 고객을 위해 가치를 제공하고 업무 담당자들이 이에 몰입할 수 있도록 독려하고 지원하는 것이 성공의 비결임을 알아냈다. 직원의 업무 몰입도 향상을 핵심 목표로 설정한 로비치는 'PTO(Predictability[예측가능성], Teaming[협동성], Open Communication[열린 소통]의 앞글자를 땄다)'라는 글로벌 프로그램 개발을 주도했는데, 이때 다음 세 가지 핵심 사항을 우선순위로 두었다.

- 예측가능성(Predictability): 모든 팀원들이 일주일에 한 번은 퇴근 후에 업무 관련 연락을 안 받아야 한다. 더 중요하게는 안심하고 알림을 꺼놓을 수 있는 휴식 불가침 시간을 가져야 한다.

- 협동성(Teaming): 모두가 제대로 쉬는 시간을 갖도록 팀 단위로 업무를 진행하고, 무언의 합의를 확실히 명시하는 팀 규범을 세운다. 가령 그날의 업무 시작 시간과 마감 시간, 특근 관련 지침 및 소통 방식, 출장 관련 기준 사항, 응답 속도, 선호하는 업무 방식 등에 관한 규범을 세운다.

- 열린 소통(Open Communication): 코치가 진행하는 주기적인 면담을 통해 조기에 문제를 해결한다. 코치는 팀원들과 일대일 면담을 통해 생산적이고 건설적인 방향으로 모든 문제점을 다뤄야 한다.

PTO 프로그램 개발에 불씨를 당긴 건 로비치가 받은 전화 한 통이었다. 그녀의 친구는 레슬리 펄로(Leslie Perlow) 교수 팀이 컨설턴트의 근무 방식과 개선 가능성을 조사 중이라며 보스턴컨설팅그룹 컨설턴트들과의 면담을 주선해 달라고 부탁했다.

로비치는 앞으로의 생활에 대해 남편과 속을 터놓고 얘기하던 차에 이 전화를 받았다. 네 명의 자녀를 둔 이들의 거주지는 보스턴이었지만, 로비치는 장기 고객들을 만나러 매주 뉴욕으로 통근하고 있던 때였다. 그녀는 월요일 오전 6시에 집을 나섰고 목요일 밤이 돼서야 귀가했는데, 그때면 아이들은 이미 자고 있었다. 로비치의 남편은 그녀가 이런 상황에서도 새로운 일을 또 맡을 생각이라면 그게 정말 그들이 원하는 삶인지 진지하게 얘기해보자고 꼬집어 말했다. 아이를 갖기 전에 보스턴컨설팅그룹에 입사해 근속 10년차를 넘긴 로비치는 남편과 이런 대화를 나눈 게 처음이었다. 로비치가 자신의 직장 생활과 개선 방안을 고민 중이던 때 연구 협력 요청 전화가 온 것이다. 그녀는 회사의 승인을 받아 연구 팀에게 근무 방식에 대한 조사를 맡겼다.

이 조사는 수년간의 개발 과정을 거쳐 마침내 PTO 프로그램으로 발전했다. 당시 연구원들은 보스턴컨설팅그룹 직원들이 사기가 저하됐던 중요한 원인이 예측가능성의 결여였다는 사실을 알아냈다. 직원들은 경영 컨설팅 업계에 발을 들일 때부터 밤낮없이 일해야 한다는 사실을 알고 있었을 것이다. 야근과 주말 근무를 밥 먹듯해야 된다는 것도 이미 알고 있었다. 정작 직원들의 속을 태운 건 언제 초과 근무를 하게 될지 예측할 수 없다는 점과 친구나 가족들을 만나고 개인 용무를 처리하고 휴식을 취하는 개인 생활이 언제 가능할지 예측할 수 없다는 점이었다. 그래서 연구 팀은 일주일 중 하루 저녁은 무조건 쉬는 방안을 시험해보자고 제안했다(대수롭지 않아 보이지만 컨설팅 업계의 '상시 대기' 문화에 비춰보면 굉장한 시험이다). 팀은 다 함께 쉬는 시간을 정해 그 시간만큼은 모두에게 확실한 개인 시간을 보장했다.

이 때문에 팀을 지원해줄 진행촉진자(지금은 PTO 코치라고 부른다)가 필요해졌다. 그래야 명확히 선을 긋고 이를 준수할 수 있을 터였다(초반에는 쉬기로 한 날에 일을 집으로 가져가려고 하는 '부정행위'를 저지른 사람들도 있었다). 하지만 이런 식의 꽤 간단한 변화들이 자리를 잡자 직원들은 행복감과 생산성이 증진됐고 더 많이 배우고 있다고 전했다. 무엇보다 그때까지 평균을 맴돌던 상향 피드백(upward feedback) 점수가 급등했다고 로비치가 말했다. 그녀도 뉴욕 고객들은 단념하고 보스턴 지역에서 고객을 확보하기로 했다. 그러면 예측가능한 개인 생활을 누릴 수 있을 터였다.

얼마 후에는 이 방식을 전파하기 위해 공식 PTO 프로그램이 개발됐다. 이 프로그램은 프로젝트가 '진행 중'일 때 팀 경험을 측정하고 개선하는 데 초점을 둔다. 그러면 프로젝트가 끝난 뒤 설문조사를 할 때까지 기다리지 않고도 리더가 문제를 해결하고 개선할 기회가 생긴다. 측정 결과들은 한눈에 보기 쉽게 긍정적인(초록색의 '적절한 강도' 부분) 경험부터 부정적인(빨간색의 '정신없이 바쁨' 부분) 경험을 두루 보여주는 스펙트럼으로 나타내 주간 팀 대시보드에 공유된다. "해당 팀의 대시보드가 빨간색이면 개입과 중재가 필요하다는 것을 알 수 있죠." 로비치가 말한다. "PTO 덕분에 몇 주, 몇 개월씩 기다릴 필요 없이 직원 경험을 개선할 수 있게 됐습니다(그림 7.1 참조)."

직원 경험은 실시간으로 추적 가능하고 사업 성과와도 연결되므로 중요한 척도다. 보스턴컨설팅그룹의 경우 업무 방식 개선이 인재 확보 전쟁에서 승리하는 데 분명 유용했다. 로비치는 이를 자사가 〈포춘〉에서 가장 취업하고 싶은 기업 중 하나로 오랫동안 손꼽히는 주요인으로 꼽는다.

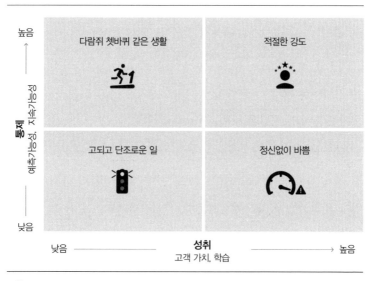

그림 7.1
출처: 보스턴컨설팅그룹

유연근무의 효과에 대해 의구심을 품고 있는 리더를 만난다면 이렇게 답하라. 직원의 행복감과 몰입감은 증진되고 기업의 수익은 올라가는, 즉 두 마리 토끼를 '모두' 잡을 수 있는 방법이 있다고 말이다. 이는 팀원들이 사무실에 나와 근무하던 시절에는 기대할 수 없었던 효과다. 그렇게 되려면 성과 지표만 중요시해서는 안 된다. 가장 중요한 목표를 이해하고 이를 명료하게 전달하는 것, 우선순위를 명확히 정하고 직원 몰입도를 높이기 위해 투자하는 것도 그만큼 중요하다.

예전 방식은 왜 문제인가?

유연근무는 기업의 발전과 성공을 더 나은 방식으로 측정할 수 있는 기회다. 그 이유를 자세히 알아보기 전에 왜 예전 방식을 폐기해야 하는지부터 짚고 넘어가자.

유연근무 환경에서는 과거의 방식으로 개인의 생산성을 측정하는 것이 불가능하다. 사무실 출근 시간을 기록할 수도 없고, 직원들이 뭘 하고 있는지 '걸어 다니면서 확인할' 수도 없다. 책상에 누가 오래 앉아 있는지 파악할 수도 없다. 지난 시절의 활동 기반 척도들은 그보다 복잡하고 창의적이며 쉽게 측정하기 어려운 지식노동에는 진작부터 적용하기 어려웠던 게 사실이다. 오히려 때늦은 감이 있다.

유연근무 직원의 생산성에 대한 질문을 수없이 받아온 한 소프트웨어 임원의 다음과 같은 반문이 결국은 그 답이다. "직원들이 사무실에 출근하던 시절에는 실제로 일을 하고 있는지 어떻게 알았나요?" 컴퓨터 앞에 앉아 있는 모습을 보거나 사무실에 출근했다는 이유만으로 그들의 생산성이 높아지고 있다고 단언할 수 있었던가? 당연히 아니다. 실제로는 친구들과 메시지를 주고받고 온라인 쇼핑을 하고 자녀 교육 캠프를 검색하고 데이트 앱을 확인하고 동료와 수다를 떨고 신문기사를 읽는 등, '양질의' 업무 수행은 고사하고 업무와 전혀 상관없는 일을 하는지도 모른다. 한 언론사의 고위 임원이 이렇게 자인하기도 했다. "20대 때는 사무실에서 대부분의 시간을 보냈죠. 하지만 그 시간에 주로 일을 했던 건 아닙니다."

어깨 너머로 감시하는 종래의 방식을 갈수록 복잡해지고 불확실해지는 오늘날의 지식노동에 적용하면 허점이 드러날 수밖에 없다. 유연근무가 증가하면서 자연히 과거의 방식들도 효력을 잃고 있다. 유연근무제를 실행하면 '활동 기반 지표(근무 시간, 키보드 입력 내용 추적, 노트북 사용 시간, 프레즌스)'에서 '결과 기반 지표(업무의 성과)'로 전환해야 한다. 결과 기반 지표는 유연근무가 아니라도 여러모로 더 합리적이다. 중요한 건 직원이 일한 시간, 즉 '양'이 아니라 수행한 업무의 '질'이기 때문이다. 따라서 '업무 수행 중'임을 확인하려고 직원을 감시하는 것이 아니라 목표를 세우고 팀원들이 이를 달성할 수 있도록 지도하는 방향으로 나아가야 한다.

'감시가 필요하다'는 사고방식은 버려라

유연근무 환경을 조성하는 과정에서 신뢰와 관련된 문제들이 불거지는 경우가 많다. 이는 앞서 6단계에서 다룬 핵심 주제이기도 하다. 팀원이 사무실에 출근하지 않으면 일을 하고 있는지 알 수 없고, 원격근무를 하면 직원을 감시할 수 없다고 생각하는 리더들이 있다. 리더뿐만이 아니다. 우리 대다수는 기본적으로 "직원이 눈앞에 안 보이면 일을 하고 있는지 알 수 없다"고 생각한다.

하이디 가드너(Heidi Gardner)와 마크 모르텐슨(Mark Mortenson)은 〈하버드비즈니스리뷰〉에 기고한 글에서 한 지역 은행의 사례를 제시했다. 이 은행에서는 전 직원을 대상으로 한 주간 회의에서 재택근무 직원들이 "정말로 일을 하는지" 사무실 출근 직원들이 익명으로 질의했던 일이 있었다.

> 이 은행의 회장은 매주 회사가 높은 성과를 거두고 있으며 생산성 (대출 실행 횟수 등)도 기대 이상으로 향상되고 있다고 직원들에게 힘주어 말하곤 했다. 하지만 그는 우리에게 이렇게 말했다. "그런데 한 가지 거슬리는 점은, 직원들을 아무리 설득해도, 숫자나 여타 증거를 제시해도 도무지 받아들이지 않는다는 겁니다. 회장인 내가 직원들을 신뢰한다면 직원들도 당연히 서로를 신뢰할 것 같죠? 절대 그렇지 않습니다."[1]

이 회사는 신뢰 문제가 있었다. 불신이 만연하면 회사는 감시에 의존한다. 하지만 감시는 좋게 말하면 무용하고, 나쁘게 말하면 신뢰를 더 훼손할 뿐이다.

우선 감시 시스템을 피해갈 방법은 얼마든지 있다. 상사가 주변을 오가는데도 근무 중인 척하며 소셜 미디어를 확인하는 직원들이 있듯, 마음만 먹으면 근무 시간 추적과 업무량 추적을 피해갈 방법을 찾아낼 수 있다. 감시 시스템에도 맹점은 있다. 직원이 근무 중임을 확인할 수 있다 해도 효과적이고 효율적으로 근무하는 중인지, 양질의 결과를 생산해내고 있는지는 알 길이 없다. 가령 브라이언의 아들은 대학 시절 정부 기관에서 인턴으로 일하는 동안 매주 10시간 이상 근무 시간 추적 툴에 접속하라는 지시를 받았다. 그는 3시간도 채 안 돼 업무를 끝냈다. 결과물에 오류도 거의 없었다. 그는 근무 시간이 10시간으로 기록되지 않으면 인턴이 성실히 근무하고 있다는 사실을 입증할 근거가 없어 상관들이 전전긍긍할 거라는 생각에 지시를 그대로 따랐다. 이렇듯 감시는 성과를 내기 위해서가 아니라 (하루 10시간 이상 랩톱 켜놓기 같은) 측정 수단에 맞춰 일하도록 유도하는 때가 더 많다.

그뿐만이 아니다. 연구에 따르면 감시는 실제론 상황을 더 악화시킨다. 신뢰가 감시를 통해 생겨날 리는 없으므로, 애초에 신뢰가 부족해서 시작한 감시는 신뢰 문제만 가중할 뿐이다. 업무에도 지장을 준다. 번아웃을 초래하고 직원들의 전반적인 사기와 만족도에 부정적인 영향을 끼치기 때문이다. 한 연구에 따르면 엄격한 감시

속에서 일하는 직원의 약 50퍼센트는 극심한 불안을 호소한 것으로 나타났다. 반면 별다른 감시 없이 일하는 직원들이 불안을 느끼는 비율은 7퍼센트에 그쳤다.[2]

직급을 막론하고 감시 전략을 쓰는 리더들은 악순환에 빠질 위험을 안고 있다. 감시는 '무의미한 성과 지표'와 보고에 소요되는 시간 낭비를 낳고, 이는 다시 감시 시스템을 아예 '피해가거나' 최소한의 업무만 수행하며 노력을 허비하는 결과를 낳고, 이것이 '재능 소모'로 이어져 '신뢰 상실'을 가중하며, 결과적으로 더 심한 감시로 이어지는 식으로 반복되면서 불행한 악순환의 고리를 만든다(그림 7.2 참조).

활동을 측정하고 감시하는 기존 시스템의 주된 문제는 지식노동을 어떻게 효과적으로 측정할 것인가라는 복잡한 문제에 순진할 정도로 단순한 답을 내놓았다는 것이다. 한 금융 서비스 기업의 임원은 이렇게 말한다. "더 나은 생산성 지표를 도입해야 한다는 요구가 끊이질 않습니다. 많은 임원들이 직원을 믿지 못하면서도 모든 게 디지털화됐다는 이유로 모든 것을 측정할 수 있다고 믿고 있죠. 하지만 새로운 마케팅 전략을 수립하는 데 얼마나 걸렸는지를 측정하거나 회계장부를 얼마나 효율적으로 마감했는지를 측정하는 건 쉬운 일이 아닙니다." 이는 결코 단순한 일이 아니다. 대다수 기업들이 유연근무를 고심하기 훨씬 전부터 그랬다.

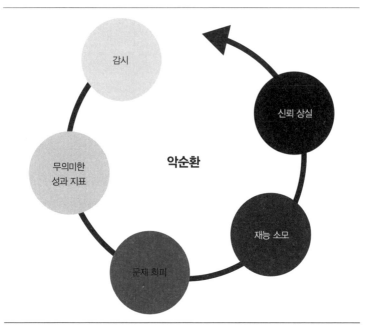

그림 7.2
출처: 퓨처포럼

더 나은 길을 택하라: 중요한 건 활동보다 성과

인재 확보 전쟁에서 이기려면 유연근무로 바꿔야 한다. 인재들이 재능을 최대한 발휘하게 하려면 6단계에서 말했듯 명확하게 지시하고 신뢰를 구축하고 잠재력을 이끌어내야 한다. 하지만 회사가 여전히 엉뚱한 요소를 측정하는 데 중점을 둔다면 그런 전략도 전부 무용해질 것이다.

조직은 활동이 아닌 결과에 중점을 둬야 한다. 여기서 활동은 투입 활동(사무실 근무 시간 등)일 때도 있고, 산출 활동(수정한 버그의 개수, 주관한 행사, 소셜 미디어에 올린 게시물 등)일 때도 있다. 기업의 성공은 활동이나 쏟아부은 노력이 아니라 결과로 측정한다. 여러분도 팀을 이와 같은 방식으로 관리해야 한다.

활동이 아닌 결과를 측정한다는 건 정확히 무슨 뜻일까? 소프트웨어 회사 아틀라시안의 '일 미래학자'인 도미닉 프라이스(Dominic Price)는 "우리가 생각하는 생산성은 250년 전을 기준으로 한 개념이다"라고 지적한다. 그 무렵 농장 기계화나 공장 설비 등의 기술적 발전 덕분에 생산량이 크게 증가하면서 노동자가 추가 노동을 할 필요가 없어졌다. 밀 수확량이나 당일 철근 생산량 같은 낡은 지표들이 산업혁명 시대에는 통했을지언정 오늘날의 지식경제에서는 그렇지 못하다. 프라이스의 말대로 "생산성은 기계와 자본의 영향력을 측정하는 데는 좋은 지표였다. '인간'의 영향력을 측정하는 데는 그렇지 못했을 뿐이다."[3]

가령 관리자가 영업 팀 직원들에게 새로운 잠재 고객을 유치하기 위해 일주일간 40통의 전화(활동 기반 지표)를 걸어야 한다는 목표를 제시했다고 치자. 팀원들은 영업 실적을 올려줄 가능성이 더 높은 고객이나 매출을 올려줄 용의가 있는 고가치 고객(high-value customer)에게 들일 시간을 줄여서라도 이 목표를 달성하기 위해 당연히 행동을 조정할 것이다. 이 목표는 엉뚱한 곳에 중점을 두고 있다. 기업에 가장 중요한 것은 팀의 생산성이지 전화 통화에 투입된 노력의 양이 아니기 때문이다. 이 같은 활동 기반 지표는 '실제 영업 실적'을 올리기 위해 필요한 전략을 모색하는 직원의 역량을 갉아먹는다. 그 전략에 영업 전화만 있는 건 아니지 않은가. 40통의 짧은 전화가 됐든 한 통의 긴 전화가 됐든, 목표를 달성하는 데 그게 그렇게 중요한가? 개개인이나 기업의 성과를 측정하는 데는 실제 영업 실적이 훨씬 더 나은 지표다.

프라이스는 일주일간 다섯 건의 블로그 게시물을 올리는 것을 목표로 설정한 마케팅 관리자를 예로 든다. 이 목표를 설정한 마케터도 목표 달성을 위해 자신의 행동을 분명 조정할 것이다. 목표를 달성한다 하더라도 고객 접근법으로서의 효과나 게시물의 질에 대해서는 알 길이 없다. 이 목표는 마케터가 엉뚱한 곳, 즉 질이 아닌 양에 중점을 두도록 강제한다. 창의적이고 혁신적으로 성과를 올릴 수 있는 능력도 저해한다. 이보다 나은 결과 기반 지표는 '방문자 유입량을 최대 5퍼센트 높이라'는 과업을 주고 이를 달성할 방법을 자유롭게 실험하고 알아내게 하는 것이다.

이 같은 방향 전환은 조직 내 모든 직급에서 일어나야 한다. 리더는 활동 감시가 아니라, 총체적인 성과 기반 접근법을 취해야 한다. 질보다 양을 우선시하면 절대 안 된다. 회사든 팀이든 명확한 목표를 설정해야 성공할 수 있다. 이 원칙은 사업 성과를 달성하는 데나 인재 확보 전쟁에서 승리하게 해줄 조직 문화를 조성하는 데도 중요하다.

개인별·팀별 성과 측정하기: 악순환에서 선순환으로

기업이 악순환을 피하려면 이 같은 방향 전환이 필요하다. 명확한 목표를 공유하고 직원들이 이 목표를 달성하는 데 필요한 지원과 기회를 제공하면 신뢰가 구축된다. 이것이 바로 선순환(boom loop)이다(그림 7.3 참조).

이제 모든 직급의 리더들은 성과를 이끌어내는 관리 역량을 갖춰야 한다. 이를 위해서는 많은 훈련과 강화가 필요하다. 이는 6단계에서 말한 새로운 관리 개념과도 관련이 있다. 관리자의 핵심 역

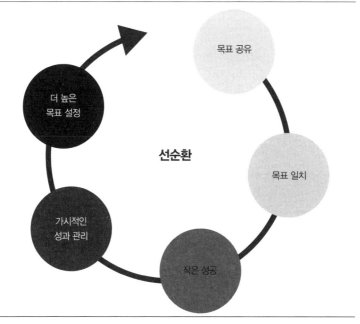

그림 7.3
출처: 퓨처포럼

할은, 아니 사실상 모든 직급의 리더들의 역할은 6단계에서 말한 것처럼 신뢰를 구축하고 명확하게 지시하고 팀원의 잠재력을 이끌어내는 것이다. 그런 맥락에서 어떤 성과가 중요한지, 이 성과를 어떤 결과물로 구현할지, 일정과 품질 기준은 어떻게 정할지 판단할 수 있어야 한다. 즉, 직원들이 조직의 요구사항을 이해하고(명료성), 자신들의 성과가 공정하게 평가된다고 믿을 수 있어야 하고(신뢰), 명확한 범위 내에서 최선을 다할 수 있는 자율권이 주어졌다고 생각해야 한다(잠재력 이끌어내기). 이 세 가지가 결과 기반 지표를 설정하는 데 필수적인 요소다. 이를 위해서는 상부의 명료한 의사 전달이 먼저다. 목적과 목표를 명확히 표현하고 우선순위를 정해야 한다는 말이다.

그렇다면 관리자들이 선순환을 일으켜 활동 기반 지표에서 결과 기반 지표로 바꿀 수 있는 방법은 무엇일까?

관리자는 실무자들을 위해 다음과 같은 일을 해야 한다.

- 신입직원 교육에서 출발하라: 슬랙에서는 신입직원들의 학습을 유도하고 제품에 대한 기대 수준을 자세히 알리기 위해 30일/60일/90일 계획을 세우게 한다.
- 역할과 직무를 정확히 제시하라: 직원들이 팀 내에서 또는 여러 팀이 관여하는 협업 프로젝트에서 맡은 역할을 이해시킨다. 해당 직원은 (조언하거나 통보받는 사람이 아닌) 실무 담당자인가? 그

렇다면 그 직원이 달성할 목표는 구체적인 결과물과 일정 면에서 명확한가?

- 주간 일대일 면담을 시행하라: 우선순위와 담당 업무를 점검하고 지체될 경우 쉽게 개입할 수 있는 절차를 마련한다(6단계에서 말했듯 이는 팀원이 과로하기 전에 관리자가 도울 수 있는 절호의 기회다. 업무가 과도하거나 자신의 능력을 벗어난 문제는 상부에 보고하도록 권하면 더 나은 성과를 기대할 수 있다).

관리자는 팀을 위해 다음과 같은 일을 해야 한다.

- 팀 목표와 우선순위를 명확하게 수립한다: 팀 목표는 회사의 목표와 일치해야 하고 진척 상황을 모니터할 방법과 더불어 목표 달성 기간도 분기별이나 반기별 등으로 길게 설정해야 한다. 우선순위를 명확히 해서 팀원들과 공유해야 한다. 변동 사항에 신속히 대처할 수 있도록 우선순위는 주기적으로(월별 또는 분기별) 업데이트하되 팀 업무에 지장을 주거나 품질에 영향을 줄 만큼 빈번해선 안 된다.

- 진척 상황을 알리고 현황을 업데이트할 방법을 마련한다: 공적 공간에서 투명하게 공개해야 신뢰를 구축할 수 있다. 관리자가 공통으로 사용하는 툴로 다양한 시간차를 두고 진척 상황을 그때그때 기록해두면 매번 회의를 잡지 않아도 팀 내외 상황을 파악할 수 있다. 공적 포럼에서 모든 직원이 현황을 공유하면 팀원

들이 결속을 다지고 다른 팀원의 진척 상황을 파악할 수 있으며 업무에 지장이 생기면 도움을 요청할 수 있어 팀 내 투명성과 신뢰가 높아진다.

- 끊임없이 학습하는 자세를 팀 규범으로 정착시켜라: 주간 팀 회의 때 '팀 규범'과 관련해 자주 언급되는 주제들(팀별 운영 규정 등)을 주기적으로 논의하는 관행을 만든다. (분기별 신상품 출시 같은) 주요 프로젝트는 '비난 없는 평가'를 통해, 잘잘못을 따지기보다 효과적으로 이행된 업무와 개선 요소를 살펴보고 그 결과를 숨김없이 공유한다.

리더는 목표를 명확히 전달하고 팀 프로젝트 진행 상황을 지켜보며 투명하게 공개해야 한다. 이를 위한 한 가지 방법이 'RACI 매트릭스'⁴라는 업무 분장 차트를 이용하는 것이다. 실무 담당자(Responsible), 의사결정권자(Accountable), 업무 조언자(Consulted), 업무 결과 통보 대상자(Informed)의 앞 글자를 딴 이 차트는 담당 업무를 명확하게 알려주므로 팀으로서, 팀원으로서 수행해야 할 업무를 정확히 파악할 수 있다.

성과 측정 지표를 검토하라

이렇게 성과 측정 지표를 바꾸는 데는 시간이 소요된다. 4단계에서 설명한 유연근무제 실험과 마찬가지로 성과 측정도 리더가 실험과 학습을 통해 효과적인 방안을 찾고 그에 따른 조정이 이뤄져야 하는 영역이다.

코로나 시국 초기에 슬랙의 개발 팀 리더들도 직원들이 원격근무를 하면 사무실 근무 때보다 생산성이 떨어질 것이라고 염려했다. 최고기술책임자인 칼 헨더슨도 의구심을 갖고 있었다. 당시 리더들이 세운 지표는 ① 지라(Jira, 아틀라시안에서 개발한 이슈 트래킹 시스템-옮긴이) 이슈 해결, ② 개별 직원과 관리자 설문조사 중심이었다. 지라는 개발 팀이 버그와 이슈를 추적 관리하는 데 이용하는 툴로, 원래 '종료된' 지라 이슈가 활동 기반 지표다. 코로나 시국 초반 몇 주 동안 종료된 지라 이슈는 실제로 증가했다. 그렇다면 생산성이 높아지고 있고 기업도 건실하다는 증거가 아닌가? 글쎄, 그렇진 않다. 어떤 이슈가 종료됐는지 알 수 없기 때문이다. 복잡하고 중요한 업무가 아니라 제품 품질에 별 영향을 미치지 않는 사소한 이슈였을지도 모른다. 때문에 개인이 아닌 팀의 업무 성과를 더 잘 보여주는 지표로 조정해야 했다. 팀이 프로세스의 어느 지점에서 문제에 봉착했는지 관리자에게 알려주는 툴을 사용하기로 한 것이다. 이와 더불어 관리자들은 팀원들과의 면담을 통해 성과 지표만 봐서는 알 수 없는 문제를 대다수 직원들이 겪고 있다는 사실도 알아냈다.

그 이후 개발 팀은 직원들이 별 문제 없이 지내는지를 측정하는 조사에 중점을 두고, 어려움을 겪고 있는 것을 발견하면 어떤 지원이 필요할지 파악하는 데 중점을 뒀다. 그러자 핵심 툴 및 정보에 대한 접근 방식 개선이나 업무 우선순위 결정, 부적합한 재택근무 환경 등의 문제가 해결되면서 지속가능한 결과물을 산출해낼 수 있었다. 개발 팀 리더들은 장기적인 성공에 중점을 둔 다른 지표들도 포함시켰다. 가령 새로운 제품 개발 단계에서는 어떤 제품을 출시하는지와 더불어 품질 척도(보고된 버그의 개수)와 이용 통계(해당 제품이 채택된 속도)도 추적했다. 종료된 지라 이슈를 추적하는 것만큼 확실하고 즉각적이진 않지만 성장 및 품질과 연관된 성과 지표를 살펴봄으로써 결과물을 더 분명히 파악할 수 있었다.

　물론 일부 기능부서의 경우 다음과 같은 양적인 활동 기반 목표가 더 효과적이라는 점을 알아두어야 한다(곧이어 설명하겠지만 이를 유일한 지표로 삼아서는 안 된다).

- 고객 지원 전문가의 경우 한 번에 해결한 건수, 해결한 문제 건수, 고객 만족도를 중심으로 성과를 측정한다.
- 개발자의 경우 업무 처리 속도와 품질 지표, 제품 사용 데이터를 중심으로 성과를 측정한다.
- 영업 전문가의 경우 수익 창출, 고객 유지율, 순이익 유지율을 중심으로 성과를 측정한다.

하지만 그 외 대다수 직군의 경우 개별 · 팀별 기여도 평가 시 품질과 일정 같은 질적 목표와 양적 목표가 적절히 균형을 이뤄야 한다.

여기서 리더의 '판단'이 요구되는데, 다소 모호한 측면은 있다. 질을 측정하는 지표가 최대한 명확해야 하는 이유도 바로 이 모호함 때문이다. '우수함'의 기준이 될 만한 예를 제시하고, 팀원 간 협업에 대한 기대 수준을 알리고, 제품 공급 일정 목표를 설정하면 질을 평가하는 지표의 모호성이 줄어들어 편향된 판단을 내릴 가능성도 낮아진다.

대다수의 경우 관리자와 임원들이 그만큼 높은 수준의 명료성을 갖추기란 쉽지 않다. 그렇다 보니 근무 시간이나 응답 속도처럼 쉽게 측정 가능한 지표로 회귀하는 경우도 생긴다. 측정이 수월한 지표들이 대체로 효과가 없거나 일부는 오히려 역효과를 불러일으키고 성과를 갉아먹는 이유를 초반에 언급한 것도 바로 이 때문이다. 과거의 접근법으로 회귀하려 할 때는 무엇보다 그 단점을 상기해야 한다.

또한 리더는 시간을 할애해 이 문제를 면밀히 살펴봐야 한다. 대다수 조직에서 관리자의 업무가 10년 전보다 훨씬 더 힘들어진 건 앞서 언급한 이유들도 있지만, 많은 직원들이 여러 부서가 참여하는 복잡한 업무에 매달려 있어서기도 하다. 따라서 리더는 팀의 기능 관리에만 초점을 두지 말고 팀이 좋은 관습과 관행을 만들어나가면서 건설적으로 협력하며 목표를 달성하도록 지휘해야 한다. 성과를 측정하는 효과적인 방법과 그렇지 않은 방법은 결국 담당자와 직급, 팀, 회사의 목표에 달린 문제다. 하지만 이를 점검하고 팀원들에게 명료하게 전달하는 것은 (유연한 근무 환경이든 아니든) 오늘날의 일터에서 리더가 맡아야 할 역할이다. 임원급은 이를 지원하기 위해 단번에 흡족한 결과를 내야 한다는 중압감을 덜어주고, 코로나 시국에 슬랙의 개발 팀이 그랬듯 관리자가 주기적으로 체크인을 하고 학습하는 자세를 기르며 계획이 어긋날 때 과감히 조정하도록 권장해야 한다.

오늘날 많은 사람들이 일하는 환경은 복잡다단하지만 모든 리더가 변함없이 신뢰할 수 있는 핵심 지표들은 있다. 가령 직원 몰입도처럼 정량화할 수 있는 요소들은 장기적인 성과에 일관된 영향을 끼치므로 분야와 기업을 막론하고 성과 지표로 활용해야 한다.

기업의 성공 = 사업의 성공 + 직원의 몰입

우리는 사업의 성공을 측정하는 데는 익숙하다. 그 유명한 '포춘 500대 기업 리스트'는 총 매출이라는 단순명료한 지표로 기업의 순위를 매긴다. 'Inc. 5000 리스트'는 미국에서 초고속 성장 중인 기업을 선정해 순위를 매긴다. 하지만 이 척도들은 이들 기업이 어떻게 순위에 올랐는지에 대해서는 아무것도 알려주지 않는다. 새로운 유연근무 환경에서는 수익 증가, 수익성 같은 사업 성과뿐 아니라 고객 만족, 직원 몰입도 같은 장기적인 성과를 이끌어내는 요소까지 아우를 수 있도록 성공의 의미를 확대시켜야 한다.

다시 말해 성공의 척도는 생산성이 전부가 아니다. 앞서 말했듯 보스턴컨설팅그룹은 고객에 제공하는 가치는 물론, 지속가능한 근무 방식, 업무 몰입, 보상, 역량 함양이라는 측면에서 직원들에게도 가치를 제공하고 있는지를 살펴 성공을 측정했다. 물론 보스턴컨설팅그룹도 수익 증가율, 인재의 채용과 인재의 장기근속 같은 전형적인 사업 성과 지표를 추적한다. 하지만 이는 지난 시절의 지표다. 과거의 성공을 측정할 수는 있어도 목표를 향해 현재 발전 중인지는 이 지표만 봐서는 알 수 없다. 보스턴컨설팅그룹은 자체 PTO 프로그램의 일환으로 실시간 현황 보고 방법을 개선시켜 다음과 같은 핵심 성과 지표를 중심으로 (격)주간 팀별 설문조사를 실시한다 (부록 참조).

- 우리는 고객들에게 가치를 제공하고 있는가?
- 우리는 효율적으로 일하고 있는가?
- 우리 팀은 이곳에서 일하는 것을 즐기는가?
- 이 일은 지속가능한가?
- 우리는 배우면서 발전하고 있는가?

이 질문들은 조직 문화와 직원의 성취감, 조직 내에서의 가치, 학습 및 계발 능력, 관리자·동료 협업 시 느끼는 심리적 안전감에 대해 알려준다. 이 요소들은 수익 못지않게 중요한 지표들이다. 보스턴컨설팅그룹이 밝혀냈듯 직원 몰입도가 높은 기업은 그렇지 않은 기업보다 더 높은 수익을 올리기 때문이다. 즉, 몰입은 기업의 이익을 높여주는 요소다.

기업이 직원 몰입을 핵심 성과로 설정해야 하는 것도 이 때문이다. 연구에 따르면 직원 몰입도가 높은 기업은 그렇지 않은 기업보다 성과가 더 높은 것으로 나타났다.[5] 직원 몰입도가 더 높으면 이익, 수익, 매출이 늘어나고[6] 장기근속율과 고객 만족도도 더 높아진다.[7]

드롭박스의 최고인사책임자 멜라니 콜린스는 유연근무제를 시행할 당시 '바쁜 정도'가 아니라 성과를 살펴보는 데 더 많은 시간을 보냈다고 한다. 그 과정에서 핵심 성과 지표를 확대해 사업뿐만 아니라 직원에 미치는 영향도 포함시켰다.

1. 사업 성과: 기업으로서 성과를 내고 있는가? 재정 목표(매출, 수익)를 달성하고 있는가?

2. 제품 로드맵 대비 진척 상황: 원격 팀을 지원하는 새 기능을 통해 회사의 미션을 빠르게 달성하고 있는가?

3. 인재: (고용과 재배치를 통해) 보다 원격화된 조직으로 거듭나고 있는가? 보다 다양한 인력을 갖춘 조직으로 거듭나고 있는가?

4. 채택: 우리는 새로운 근무 방식을 채택하고 있는가? 직원들이 우리가 제공하는 온라인 툴과 기술을 이용하고 있는가? 드롭박스 스튜디오를 활용한 집중협업시간 제도가 효과가 있는가?

5. 업무 몰입: 온라인 우선 커뮤니티와 소속감을 구축하고 있는가? 사무실 중심에서 유연근무 중심으로 바뀌고 있는가? 직원들이

변화를 적극 수용하고 있는가, 아니면 수동적으로 적응하고 있는가?

앞서 살펴봤듯 드롭박스는 유연근무제를 시행하면서 입사지원자가 3배 늘었고, 고용에 소요되는 시간이 15퍼센트 단축됐으며 다양한 배경의 지원자들도 16퍼센트 증가하는 성과를 거뒀다.

　고용 관련 지표(고용에 소요되는 시간, 다양한 배경의 직원 고용 목표 달성), 고용 유지, 다양한 직원 그룹의 승진율도 중요하지만, 대다수가 과거에 유효했던 지표인 만큼 미래의 성과를 예측하지는 못한다. 가령 낮은 고용유지율은 문제를 사후적으로 보여주는 신호(직원이 이미 회사를 떠난 뒤다)로 취할 수 있는 조치는 방침을 바꾸는 것뿐이다. 대다수 기업들은 이런 문제에 선제적으로 대응하기 위해 펄스 설문조사(pulse survey, 주기적으로 시행하는 사내 설문조사 – 옮긴이)를 활용해 실시간으로 반응을 살피고 있다. 연구에 따르면 설문조사는 디지털 툴을 제치고 직원 몰입도를 측정하는 최고의 방법 중 하나로 나타났다.[8] 우리도 이 설문조사를 권하고 있으며 직접 시행하고 있기도 하다. 관건은 분명한 의도를 갖고 설문조사를 실시하는 것이다. 설문조사의 핵심 요소는 두 가지, 즉 설문지를 제대로 설계해야 된다는 점(명료한 질문을 던지고 수집한 응답을 올바르게 활용하는 것)과 설문조사를 필요 이상으로 실시해서는 안 된다는 점이다. 설문조사가 잦으면 해야 할 일이 이미 차고 넘치는 직원들에게 일거리를 더 얹는 격이라 번아웃을 초래할 수 있다. 취지에 어긋나는 일이 생길 수도 있다. 펄스 설문조사는 직원들의 의견을 귀담아듣는 데 목적을 두지만, 같은 문제를 지속적으로 제기하는데도 해결되지 않는다면 직원들의 반감을 불러일으켜 생산성을 북돋기는커녕 사기만 저하시키는 결과를 빚는다.

대다수의 기업은 '퇴사 인터뷰(exit interview)'보다 '스테이 인터뷰(stay interview, 남아 있는 직원을 대상으로 하는 인터뷰 – 옮긴이)'를 더 유용하다고 생각한다. 우리는 앞서 6단계에서 이와 유사하게 관리자가 팀원과의 정기적인 경력 개발 면담을 통해 각각의 동기부여 요인은 물론, 현재 동기부여를 받고 있는지 파악하는 방법을 권한 바 있다. 매니지먼트리더십포투모로우(MLT, Management Leadership for Tomorrow)의 관리부장인 티나 무어 길버트(Tina Moore Gilbert)가 제시한 매우 효과적인 접근법도 활용 가능하다(부록 참조). MLT는 직원이 회사에 남을 가능성을 알 수 있는 세 개의 제시문을 고안했다. 정식 설문조사를 통해 "얼마나 몰입하고 있는가"라고 질문하기보다 다음과 같이 즉각 응답할 수 있는 간단한 참/거짓 질문(true or false questions)을 던져보라.

- 조직이 나의 발전과 계발에 투자하고 있다고 생각한다.
- 이 조직에서 나는 성공할 수 있다고 생각한다.
- 장기적인 직업적 성공을 달성할 수 있는 일을 하고 있다고 생각한다.

유연근무 환경에서 리더는 직원의 몰입을 이끌어내는 성과에 중점을 둬야 한다. 그런 다음에야 사업의 성공으로 나아갈 수 있다. 우리는 이번 장에서 빈번한 체크인, 보스턴컨설팅그룹이 이용한 대시보드, RACI 매트릭스 업무 분장 차트, 펄스 설문조사, MLT의 세 가지 제시문 등 활동 기반 지표에서 결과 기반 지표로 전환하는 데 유용한 여러 가지 툴을 살펴봤다. 이 툴들은 투명성을 높이고 몰입을 유도할 것이다. 여기서 목표는 신뢰와 책임의 문화를 구축하면서 기업을 발전시키는 것이다. 즉, 관리자의 역할 및 책임이 근본적으로 바뀌고 기업의 지향점 역시 근본적으로 바뀌어야 유연근무제가 성공을 거둘 수 있고 직원들의 잠재력도 이끌어낼 수 있다.

성과에 초점을 맞춰라

7단계 점검사항

☐ 활동 기반 지표가 기업의 성공을 저해하는 장애 요인이라는 점을 이해했는가?

☐ 매출 증가, 수익성 같은 사업 성과 지표와 직원 몰입도, 고객 만족도 같은 장기적 성과의 추진력 사이에 균형을 꾀하는 방법을 생각해봤는가?

☐ 결과 기반 지표를 개인과 팀 전체에 적용하는 방법을 관리자와 논의하고 있는가?

☐ 직원 몰입도를 주기적으로 측정하는 방법을 수립했는가?

| 결론 |

변혁을 일으켜라

우리는 유연근무가 미래라고 믿고 있으며, 기업이 이 미래를 포용해야 하는 이유는 여러 가지다. 우리는 앞서 다음과 같은 이유들을 하나씩 살펴봤다.

- 직원들이 유연근무를 원한다. 직원들 중 대다수가 유연근무를 필요로 한다. 더욱더 많은 직원들이 유연근무를 기대할 것이며, 이에 부응하지 못하면 이들은 다른 일터를 찾아 나설 것이다.
- 유연근무는 출퇴근 거리의 제약에서 벗어나 채용 범위를 훨씬 더 넓혀주므로 기업은 경쟁 우위를 확보할 수 있다. 다양한 우수 인재들을 더 쉽게 유치하고 보유하고 참여시킬 수 있다.
- 더 많은 직원들의 잠재력을 이끌어내므로 포용성이 증진되고 공정한 경쟁의 장이 조성돼 더 높은 성과를 거둘 수 있다.
- 유연근무는 직원과 사업을 보다 든든하게 지원해줄 새로운 학습 방식, 유대 방식, 협업 방식, 관리 방식, 측정 방식으로 전환할 기회다. 지식노동은 업계에 지각변동을 일으키고 있지만 대다수 기업의 사업 관행은 이를 따라잡지 못하고 있다.
- 다수의 기업이 이미 이러한 미래로 나아가고 있으며, 그 결과 직원들의 몰입도가 더 높아졌고 더 높은 성과를 거두고 있다.

하지만 또 다른 이유도 있다. 본문에서도 잠깐 언급하긴 했지만 책장을 덮기 전에 숙고해볼 가치가 있는 이유다. 그건 바로 유연근무가 고용주는 물론 직원들의 삶에 실질적인 변화를 일으킬 수 있다는 점이다. 유연근무는 우리 저자들의 삶을 변화시킨 건 물론, 우리가 이 책을 집필하는 과정에서 만난 수많은 이들의 삶을 바꾸어놓았다.

델 테크놀로지스의 인적자원기술관리부장 에린 디페이(Erin Defay)도 그중 한 명이다. 델은 팬데믹이 있기 10년 전에 '커넥티드 워크플레이스(Connected Workplace)'라는 명칭을 붙인 유연근무를 도입한 바 있다(실제로 팬데믹이 강타할 무렵에는 이미 델 직원의 64퍼센트 이상이 주중 하루 이상 원격근무를 하고 있던 터였다). 디페이에 따르면 그 이면에 놓인 철학은 "일은 시간이나 장소가 아니다. 바로 당신이 하는 것"이다. 디페이는 자신의 '경력과 성장'이 그 같은 철학에 빚지고 있다고 말한다. 그녀는 델에 입사한 이후 직업 군인인 남편을 따라 다양한 도시와 다양한 시간대를 거쳤고, 한동안은 일본에 거주하는 등 총 다섯 차례나 거주지를 옮겨야 했다. 그 기간 동안 두 자녀가 태어났고 유연근무제 덕에 양육과 근무를 병행할 수 있었다. 해외에 배치된 군인 남편을 둔 그녀에게 이는 특히나 중요했다. 그녀는 그 기간 내내 경력을 계속 쌓아나갈 수 있었다. "델의 한결같은 지원이 있었기 때문이죠." 다른 직업군인 아내들과 이른바 '동반 배우자(trailing spouse, 남편이나 아내의 임지를 따라다니는 배우자-옮긴이)'들이 일자리를 찾고 고용을 유지하는 데 큰 어려움을 겪고 있다는 사실에 비춰보면 자신은 운이 좋은 편이라고 생각한다. 그녀는 이 같은 상황에 놓인 사람들에게는 "유연근무가 인생을 바꿔놓는" 경험이며, 그 때문에 자신은 "다른 회사에는 눈길조차 주지 않는 다"라고 말한다.

호주의 소프트웨어 기업 아틀라시안의 최고운영책임자인 아누 바라드와즈에게 가장 큰 매력으로 다가온 것도 바로 다른 라이프 스타일을 누릴 수 있는 기회라는 점이었다. 교류와 유대에 적극적인 기업 문화를 가진 곳인 만큼 막상 전 직원이 원격근무로 전환되자 동료가 그립기도 했다. 하지만 한편으론 다양한 곳에서 근무하는 특혜를 누리기도 했다. "시드니에서 베이 에어리어 마운틴뷰로 이주하고 나서 가장 그리웠던 게 가족과 해변이었죠"라고 그녀는 말한다. "그래서 두어 달은 샌디에이고에서 일하다가 한동안 미니애폴리스에 있는 여동생네 집에서 일했어요. 하루 업무를 끝내고 조카들과 놀아줄 수 있다는 게 너무 감사했죠. 회사 임원진 모두 세계 곳곳에서 원격근무를 하고 있었으니, 제 원격업무에 지장이 될 만한 일은 없었어요."

앞서 언급한 마이크 브레보트 사례도 있다. 그는 슬랙이 디지털 우선으로 전환하면서 연중 수십 차례 진행되던 임원 회의에 참석하러 출장을 떠날 필요가 없어졌다. 해롤드 잭슨은 수년간의 시행착오 끝에 마침내 유연근무제가 시행되자 가족의 품으로 돌아갈 수 있게 됐다.

우리의 삶도 바뀌었다. 브라이언에게는 오랫동안 어긋나 있던 삶의 균형을 다시 찾을 수 있는 기회가 됐다. 그는 지난 20년간 가족과 더 많은 시간을 보낼 수 있고 두 아이의 양육을 분담할 수 있는 환경을 제공해주는 일자리를 찾았다. 주로 아내가 '디폴트 부모 (default parent, 일상적인 양육 책임의 대부분을 떠안은 부모-옮긴이)' 노릇을 해왔기 때문이다. 그런 선의에도 불구하고 그는 슬랙이 디지털우선 근무 방식을 도입한 최근에서야 비로소 두 마리 토끼를 다 잡을 수 있게 됐다.

쉴라는 "가족과 친구를 뒷전으로 미뤄서라도 밤낮없이 일만 하라"는, 경영대학원 시절의 가르침을 아로새긴 채 원치 않는 방식으로 경력을 계속 쌓아갔다. 유색인종이자 여성으로서 그녀는 일터에서 항상 어려움에 부딪혔다. 겨우 절반을 성취하기 위해 남들보다 두 배 더 노력해야 하고, 남들이 자신의 능력을 의심하는 말을 애써 모른 척해야 하고, 두 딸의 엄마이자 연로한 부모님을 봉양해야 하는 딸로서 짊어져야 할 책임이 있다는 사실을 숨겨야 한다는 중압감에 시달렸다. 업계를 완전히 떠나겠다는 말이 목구멍까지 차오른 적도 있었다. 자제력을 되찾은 지금은 일이 중심인 삶이 아니라 삶을 중심으로 일을 꾸려갈 수 있다는 자신감이 생겼다.

헬렌은 사회생활 초기에 직업인이자 엄마로서 균형을 추구하는 모습을 보여준 롤모델을 접한 적이 없었다. 어쩌면 그 시절에는 그럴 만큼 좋은 선택지 자체가 많지 않았다는 이유가 클 것이다. 팬데믹으로 사무실이 잠정폐쇄되기 직전에 첫째 아이가 태어났으니 차라리 운이 좋은 편이었다. 9시에 출근하고 5시에 퇴근하는 종래의 일정을 소화하면서도 신참 엄마가 해야 할 일(수유하기, 소아과 진료 잡기)을 동시에 처리하느라 전전긍긍할 필요가 없었기 때문이다. 팬데믹 시기에 남편과 함께 유연근무를 하면서 이제 막 가족을 꾸린 두 사람은 전보다 동등한 동반자 관계를 다질 수 있었다. 양육이냐 직업적 야심이냐를 두고 선택에 내몰리거나 한 사람이 '디폴트 부모'를 떠맡을 일이 애초에 없었던 것이다. 두 사람은 한 명도 키울 엄두가 안 난다던 때가 언제냐 싶게 이제는 둘째, 셋째까지 낳아볼까 한다.

　이상은 몇 가지 사례에 불과하다. 유연근무의 이점을 파고들수록 비슷한 결론의 이야기를 들려준 사람들이 수두룩했다. 인간이라면 자신의 능력을 최대치로 발휘할 수 있는 일이 무엇인지 알고 싶어 하고 자신의 업무에 최선을 다하고자 하는 욕망을 갖기 마련이다. 근무 모델에 대한 낡은 사고방식이 이 욕망을 실현시키는 데 걸림돌로 작용할 때가 많다는 건 안타깝기 그지없는 일이다. 우리는 '그저' 노동자에 불과한 존재가 아니다. 노동을 하는 (복잡다단한) 인간이다. 팬데믹이 강제로 떠안긴 이 대대적인 실험을 거치며 우리는 똑똑히 지켜봤다. 최선을 다할 수 있는 권한과 자유가 주어질 때 기업과 직원 '모두에게' 이로운 변혁이 일어난다는 것을.

감사의 글

세 사람이 의기투합해 퓨처포럼을 발족할 때만 해도 이 모험이 어떤 결과를 빚어낼지 그 누구도 확신하지 못했다. 일을 재구상하고, 이로써 생겨날 기회의 가능성을 믿어 의심치 않았던 수많은 이들이 이 여정에 동참했다. 이들은 기꺼이 두 팔을 걷어붙이고 나서 자신의 경험담을 숨김없이 터놓았고 자신들이 얻은 가르침을 들려주었다. 이들의 이야기가 없었다면 이 책은 결코 세상에 나오지 못했을 것이다.

이 책은 수십 년에 걸친 경험과 연구를 바탕으로 지침서부터 실무진 보고서를 작성해온 퓨처포럼 팀의 산물이다. 피나는 노력을 기울여 퓨처포럼을 일궈낸 우리 팀원들, 데이브 맥니, 매디 치미노, 엘리자 사라손, 타린 브림, 잭 핸슬리, 카타리나 스터커, 앨리 애일스에게 감사를 전한다.

우리가 이 책에 담은 통찰은 세계 최고의 자료조사 팀, 크리스티나 잰저, 루카스 푸엔테, 마크 리베라의 노고가 바탕이 됐다. 이들은 연구 자료와 그 요약본을 제공한 건 물론, 스토리텔링을 가미하는 능력도 발휘했다. 이 책에 두루 인용된 학계 전문가들과 관계를 구축하는 데도 결정적인 역할을 해주었다.

우리 이사진의 후원과 격려, 독촉이 없었다면 이 책도, 퓨처포럼도 존재하지 못했을 것이다. 스튜어트 버터필드와 데이비드 셸하세에 한없는 감사를 전한다. 두 사람 덕분에 순조롭게 출발할 수 있었다. 뿐만 아니라 의견과 아이디어를 보탰고 우리가 "그 어느 때보다 잘하고 있다"고 격려를 아끼지 않았다. 로비 퀵, 조나단 프린스, 나디아 롤린슨, 줄리 리글, 밥 프래티, 타마 예호슈아는 그 과정에서 마찬가지로 산파 역할을 해준 파트너들이다.

퓨처포럼은 더 단순하면서도 더 즐겁고 더 생산적으로 일할 수 있는 근무 모델을 만들어내고자 한 수많은 슬랙 직원들의 열정의 산물만은 아니다. 이 연구가 자사 직원들의 업무 방식을 개선시켜줄 일생일대의 기회라고 믿었던 많은 협력사들에 힘입은 바 크다. 보스턴컨설팅그룹의 데비 로비치와 그의 팀원들, 허먼밀러의 라이언 앤더슨과 조셉 화이트, 매니지먼트리더십포투모로우의 티나 길버트와 케빈 도나휴에게 감사를 전한다. 이들의 전문성과 연구 결과, 에너지 덕에 공동의 메시지가 더 큰 시너지를 낼 수 있었다.

세 명의 공동 저자가 함께 한 권의 책을 쓰기 위해서는 때론 명확하게 때론 융통성 있게 역할을 분담하고 허심탄회한 의견을 주고받아야 하는, 만만치 않은 협업이 필요하다. 서로가 어떤 사람인지 모르는 관계였더라면 불가능했을 일이다. 하지만 이 모두를 한데 엮어내는 데는 크리스타 보그의 전문성과 노고, 독촉이 결정적인 역할을 했다. 크리스타는 풋내기 저술가들과 과한 참견, 50개 단어로도 충분한 내용을 500개 단어로 늘려 쓰는 경향이 있는 세 저자를 꿋꿋하게 견뎌냈다.

우리는 걸출한 에이전트인 캐서린 플린 덕분에 크리스타를 만났고 플린의 가이드와 지지에 힘입어 저자로 거듭날 수 있었다. 초반에 캐서린이 나서주지 않았다면 우리는 발도 떼지 못했을 것이다. 캐서린을 만나게 된 데는 애덤 그랜트의 도움이 컸다. 그의 저작들도 워낙 좋아하지만 그가 어떤 지원도 아끼지 않는, 세상에서 가장 능수능란한 인맥의 달인이라는 것도 익히 알고 있다.

책 출간은 퓨처포럼 발족 이후 우리 머릿속에서 내내 맴돌던 계획이었다. 그러자면 불씨가 필요했다. 마침 와일리의 마이크 캠벨이 그 불씨를 제공했다. 우리는 기존 출판 방식을 따르지 않고 매번 색다른 시도를 해서 마이크의 짜증을 돋웠다. 하지만 곧 여느 저자들처럼 집필은 녹록치 않은 일이며 알맞은 제목을 붙이고 표지를 디자인하는 일이 그보다 더 어려울 수도 있음을 알게 됐다. 이 책에 실린 시각자료들은 내용을 전달하는 데 없어서는 안 될 재료다. 이 작업을 맡아 시시때때로 변심하던 우리를 인내해준 알렉 바발라에게 감사드린다. 와일리의 훌륭한 관리 편집자인 던 킬고어에게도 감사를 전한다.

연구 자료에 기대는 책은 객관적 사실을 바탕으로 한다. 우리는 사실을 토대로 알게 된 내용을 생동감 있게 전달하기 위해 스토리텔링을 가미했다. 개인적인 이야기를 기꺼이 공유해준 슬랙의 마이크 브레보트, 스튜어트 버터필드, 칼 헨더슨, 해롤드 잭슨, 던 샤리판에게 무한한 감사를 표한다. 우리는 이 과정에서 얻은 깨달음을 수십 종의 지침서에 담아 공개했다. 이 지침서들은 슬랙의 뛰어난 동료들인 테드 겟튼, 에어리얼 헌스버거, 제이드 핸리, 로스 함스, 에이블린 리, 던 샤리판, 크리스틴 스완슨, 사르 와너 외 많은 직원들이 다져놓은 기초 작업이 토대가 됐다. 오드리 카슨, 제시카 레만, 줄리 뮬린스, 스티브 샤르페, 신디 윌러의 협력이 없었다면 이 작업은 빛을 보지 못했을 것이다.

책을 만드는 과정에서 제일 재미있었던 일 중 하나가 어맨다 앳킨스, 안나 피카드, 제러드 슈왈츠와 진행한 '그 회의'였다. 그렇다, 우린 이 세 사람이 생각해낸 제목이 너무도 마음에 들었다. 그렇다, 우린 그 제목을 쓰지 않았다. 다음번엔 더 분발하겠다. 안나가 퓨처포럼의 선언문이 기업에서 쓰는 은어로 도배돼 있다고 지적해준 덕에 이 책에서 빼기로 했고 앞으로도 쓰지 않기로 했다. 사람 냄새 나는 말의 중요성을 상기시켜준 데 감사를 표한다.

임원진으로서 자신이 겪은 어려움을 솔직하게 털어놓기란 쉽지 않은 일이지만, 대다수가 기꺼이 공유해준 덕에 다른 이들에게 학습의 계기가 됐다. 제넨테크의 레이첼 앨리슨과 안젤라 팔레르모, 아틀라시안의 아누 바라드와즈, 드롭박스의 앨러스테어 심슨과 멜라니 콜린스, 델의 에린 디페이, 캐나다왕립은행의 헬레나 고츠슐링, IBM의 니클 라모로, 리바이스의 트레이시 레이니, 뮤럴의 마리아노 수아레스 바탄 등 이들의 이야기가 사회에 긍정적인 공헌을 하는 만큼 가감 없이 담으려 했다.

이 책에 담긴 주요 내용들은 우리 머릿속에서 나온 것이 아니라 대부분 우리와 협업한 기업들의 습관과 관행들이다. 이 책에 실린 연구 자료들은 프리스위라지 초드리, 하이디 가드너, 애덤 그랜트, 파멜라 하인즈, 브라이언 로어리, 프리야 파커, 레슬리 펄로, 엘라 워싱턴, 아니타 울리 등 전문가들의 성과와 업적을 참고한 것이다. 이들에게 크나큰 감사를 전한다.

각자의 열정과 관점을 이 책에 보탠 세 저자도 많은 이들의 지원을 받았다.

브라이언

무엇보다 나를 낳아주신 부모님께 감사드린다. 내가 태어날 무렵 부모님은 아직 미성년자였다. 두 분의 사랑과 지지에 무한한 감사를 전한다. 어머니 베키 브라이언은 내 영웅이다. 미혼모로 홀로 두 자녀를 키웠고 학교에 재입학해 일과 학업을 병행하며 석박사 학위를 취득한 뒤 암환자들과 호스피스 활동을 돕는 단체를 이끌며 정신적으로 고된 일을 도맡으셨던 분이다. 여름이면 아버지 빌 엘리엇이 회사에서 협업하던 팀들과 그 팀을 꾸리는 법에 대해 의미 있는 이야기를 들려주셨고, 그때 배운 교훈은 지금도 잊히지 않는다. 그 시절 '깍두기'였던 동생 매트는 커서 나의 좋은 친구이자 홀

룡한 남편이자 아버지가 되었다.

　이 여정을 함께한 헬렌과 쉴라에게 한없는 감사를 전한다. 내겐 최고의 공동창립자들이다. 인간적으로, 직업적으로 두 사람에게 많은 것을 배웠다. 본업과 책 집필을 병행한다는 건 여간 힘든 일이 아닐 텐데도, 이 두 가지 일을 하는 와중에도 어린 자녀를 키우고 또 한 번 출산을 앞두고 있다니 내겐 하늘의 별따기처럼 보인다. 열정과 심도 있는 전문성, 학습하는 자세로 집필에 임해준 두 사람이 내겐 최고의 파트너다.

　어리기만 했던 내 두 아들, 코너와 라일리는 어느새 소중한 말벗이자 멋진 청년으로 훌쩍 성장했다. 이젠 두 녀석이 던지는 농담의 절반도 이해하지 못하지만 말이다.

　살기 위해 일하는 것이 아니라 일하기 위해 사는 나날들이 대부분이었다. 그런 모습을 보고 자란 우리 아이들이 뭘 배울지 걱정스럽다. 지난 수년간 얻은 깨달음이 아이들에게 일과 삶의 균형을 되찾는 데 도움이 되길 바라는 마음이다. 내 동반자이자 배우자이자 절친한 친구인 모린이야말로 가장 많은 희생을 치른 사람이다. 유연하지 못한 근무 환경 탓에 가족들 곁을 지키지 못했던 때가 많았다. 내가 '디폴트 부모'의 의미(그리고 내가 '디폴트 부모'가 아니었다는 사실)를 알고 나서 지난 수년간 조금씩 변화가 생겼다. 이 책을 집필하고 퓨처포럼을 창설한 건 꾸준히 학습하고 성장해가는 행로의 일부다. 모린이 그 행로에서 가장 큰 역할을 해주었다. 내 코치이자 후원자이자 평생의 사랑이 돼줘서 감사하다.

쉴라

우리 부모님 라마무르시와 샤말라에게 일은 성취감의 원천이 아니었다. 미국으로 이주한 이민자로서 가족을 부양하기 위해 어떻게든 해야 하는 것이었다. 그래도 매일 저녁 일을 마치고 귀가해 현관에 들어서실 때면 일은 금세 뒷전이 되었다. 오빠와 나는 부모님의 직업윤리를 본받으려 무던히 애를 썼다. 하지만 가장 강렬한 기억으로 남아 있는 건 가족과 친구, 공동체가 최우선이었다는 사실이다. 두 분은 그러지 못하셨지만, 삶에서 일이 차지하는 역할을 내 나름대로 정의내릴 수 있게 계기를 마련해주신 것에 감사드린다. 가장 힘들었던 시절, 결코 포기하지 말라고 격려해준 오빠 사티쉬에게도 감사의 말을 전한다.

브라이언, 헬렌. 우리가 퓨처포럼을 창립할 무렵, 이 일이 어떤 결과를 낳게 될지 전혀 내다보지 못했던 때 기억하나요. 하지만 우리 모두의 기대보다 훨씬 더 성공적이었어요. 여러분과의 우정은 제게 매우 뜻깊답니다. 제 직장 생활에서 가장 빛나는 순간이기도 하고요. 고맙습니다.

내 남편이자 동반자이자 가장 친한 친구인 에릭, 진정한 동반자 관계를 몸소 보여줘서 고마워요. 낙천성으로 무장한 테드 래쏘의 '에릭 정신'을 끊임없이 불어넣어준 사람, 직업적 야망과 자녀 양육은 양립 가능하다는 걸 보여준 사람, 내가 우리 딸들과 조카들에게 물려줄 수 있는 최고의 유산은 여성은 "게임의 규칙에 순응할" 필요가 없으며 게임 자체를 바꿀 힘을 갖고 있다는 것을 직접 보여주는 것임을 (끊임없이) 상기시켜준 데 경의를 표합니다.

내 멋진 딸들과 조카들, 살면서 훌륭한 업적을 일궈낼 내 인생의 모든 여성 여러분, 여러분이 이 책의 영감이었습니다. 그대들을 응원합니다.

헬렌

우리 부모님, 에드워드와 앤 리가 없었다면 내 자신과 주변 사람들을 위해 더 나은 근무 환경을 만들어나가는 이 자리에 있지 못했을 것이다. 내 경력이 단절되지 않게 매주 LA에서 샌프란시스코까지 편도 300마일을 날아오셨던 아빠. 어린 시절, 차이나타운 상점 직원으로, 우체국 야간 직원으로 투잡을 뛴 엄마. 동생과 내가 공부하고 성장할 수 있는 가정을 꾸려나가는 와중에 그 일들을 어떻게 다 해내신 건지 나로선 짐작도 되지 않는다. 백만 번을 감사해도 모자라다.

쉴라, 브라이언. 이게 꿈인지 생시인지 아직도 얼떨떨합니다. 책을 집필하고 새로운 바람을 일으키는 일 둘 다 멋진 기회예요. 제가 깊이 흠모하는(그리고 날마다 우러러보는!) 두 분과 이 일들을 해낼 수 있었던 건 크나큰 특권이었습니다. 두 분이 리더로서, 친구로서, 인간으로서 보여준 모습은 늘 제게 영감을 주었습니다. 감사드립니다.

남편이자 동반자이자 가장 친한 친구이자 가장 요란한 응원단원인 남편, 네이트에게 감사하다. "격려의 말은 그만하면 됐다"고 늘 말하긴 했지만 나에 대한 믿음을 잃지 않고 힘이 돼줘서 고맙고, 덕분에 "그냥 엄마 역할을 하려고" 직업적 야망을 포기하는 일은 없었다. 내가 생각에 잠기고, 글을 쓰고, 업무를 처리하고, 때론 운동을 할 수 있게 "이선을 데리고 커피를 사먹고", "이선을 데리고 정원을 손보며" 혼자만의 시간을 만들어준 것도 감사하다. 어떻게든 정신적인 중압감을 대신 떠맡아준 것도, 평등한 동반자 관계를 매일같이 몸소 보여준 것도 감사하다.

내 아들, 갓 태어난 우리 딸, 너희가 내 삶의 이유란다. 가정도 일터도 똑같이 지키는 엄마가 되고 싶단다. 너희들 나름대로 일과 삶을 정의할 수 있도록 길을 내주고 싶단다. 이 자리에서 우리가 함께하는 매순간을 만끽하고 싶단다.

| 부록 |

유연근무를 위한 툴

이 책에 언급된 툴과 기본 틀은 다음과 같다. 이 외에 다른 자료들도 FutureForum.com/Book에서 찾아볼 수 있다.

1단계 툴 유연근무 목적 및 원칙 수립을 위한 틀

2단계 툴 가드레일 수립을 위한 틀

　　　　　회의가 꼭 필요한가?

3단계 툴 팀별 운영 규정 수립을 위한 기본 틀

4단계 툴 디자인 씽킹으로 유연근무 문제점 해결하기

5단계 툴 중요한 회의 기획하기

6단계 툴 신뢰를 얻고 명료하게 전달하고 팀의 잠재력을 이끌어내기 위한 팁

　　　　　개인 운영 매뉴얼(POM) 작성법

7단계 툴 성과 측정하기

　　　　　매니지먼트리더십포투모로우가 고안한 질문 세 가지

　　　　　보스턴컨설팅그룹의 성공적인 팀을 위한 설문조사

| 1단계 툴 | 유연근무 목적 및 원칙 수립을 위한 틀

기업의 문화나 가치관에 따라 내포된 정서와 단어 선택은 달라지겠지만 원칙은 대체로 다음 세 가지 유형을 포함한다. 다음 틀은 유연근무 원칙을 도입할 때 직원들에게 지침으로 제시할 수 있다.

원칙의 유형	이 유형이 중요한 이유	팀이 자문해야 할 질문	기업 사례
업무 방식의 변화를 꾀하는 주된 목적	조직에 유연근무가 왜 중요한지 다시 한 번 명확히 설명하고 변화를 위한 토대를 마련해야 한다.	■ 기업 입장에서 업무 방식을 이렇게 바꿔야 하는 이유는 무엇인가? ■ 어떤 단어를 써야 변화에 대한 필요성과 긴급함이 전달될 것인가?	캐나다왕립은행: 유연근무는 계속 실행한다 리바이스: 유연성이 핵심이다 슬랙: 디지털우선 접근법을 적극 수용한다
유연근무제에 접근하는 방식	유연근무는 '과거의' 업무 방식과 전혀 달라 선뜻 첫발을 떼기가 어려울 수 있으므로 리더와 직원들에게 변화의 출발점을 제시해야 한다.	■ 리더는 어떤 사고방식으로 바꿔야 하는가? ■ 유연근무제는 회사의 현재 가치관이나 우선순위와 어떤 관련이 있는가?	캐나다왕립은행: 기업전략의 틀 안에서 운용한다 리바이스: 일의 성격이 장소를 결정한다 슬랙: ■ 우리는 과거로 회귀하지 않는다. 배움을 통해 앞으로 나아갈 것이다. ■ 디지털우선이 직접 대면 불가는 아니다. ■ 중요한 건 완벽함이 아니라 진보다.

| 유연성의 의미를 규정할 때 고려할 핵심 사항 | 조직에서 유연성을 실현시키는 방안과 특히 직원들에게 공평한 기회를 제공하기 위한 의사결정 시 고려해야 할 핵심 사항을 강조해야 한다. | ■ 유연근무제로 어떤 성과를 얻고 싶은가?
■ 유연근무제를 시행할 때 반드시 고려해야 할 사항은 무엇이고, 강조하고 싶은 위험은 무엇인가? | 캐나다왕립은행:
■ 근접성은 여전히 중요하다
■ 전략적 투자가 필요하다
■ 모든 직원에게 성장의 기회를 제공하는 포용적인 기업 문화
리바이스:
■ 연결이 가장 중요하다
■ 신뢰가 토대다
■ 공감으로 이끌고 다 함께 배운다
슬랙:
■ 유연성: 최대한 능력을 발휘하도록 유연성과 자유를 준다
■ 포용성: 기회의 평등을 보장하고 배경이 다양한 직원들로 팀을 구성한다
■ 연결성: 온라인 슬랙이 우리의 본사다 |

| 2단계 툴 | 가드레일 수립을 위한 틀

가드레일 유형	이 유형이 중요한 이유	팀이 자문해야 할 질문	실천 사례
리더십 가드레일	기업의 성공에 필수적인 다른 요소들과 마찬가지로 유연근무제도 상부조직부터 모범을 보여야 효과가 나타난다. 리더들이 바람직한 행동을 보여주지 않으면 원칙은 무너지고 말 것이다.	■ 원칙을 널리 알리기 위해 리더로서 모범을 보여야 할 행동이 있는가? ■ 우리가 버려야 될 행동은 어떤 것인가? ■ 솔선수범을 가로막는 구조적 문제는 무엇인가? ■ 가드레일을 채택할 때 팀원들끼리 어떻게 의견을 나눌 것인가?	■ 원칙을 널리 알리기 위한 상징적 행동 취하기 ■ 먼저 취약점을 보여 다른 직원들도 그렇게 하도록 독려하기 ■ 서약하고 이를 준수하기
일터 가드레일	유연근무 시대에는 리더들이 사무실의 역할을 재설계해야 한다. 사무실 용도에 대한 가드레일을 세워야 직원들이 과거의 업무 관행으로 돌아가지 않고 공유 공간의 새로운 잠재력도 발견할 수 있다.	■ 구성원들이 함께 모이는 공유 공간의 역할은 무엇인가? 우리가 지키고 싶은 것은 무엇인가? ■ 원격근무 팀이 공평하게 회의에 참여하고 협업하려면 어떤 환경을 설계해야 하는가? ■ 외부 모임의 역할은 무엇인가? 팀원들이 모였을 때 리더가 유대감을 촉진할 수 있게 어떻게 지원하고 있는가?	■ 사무실 공유 공간의 역할 재설정하기 ■ 근무지와 상관없이 모든 직원들에게 공평한 경험을 제공하는 데 투자하기 ■ 팀 외부 모임과 회의 방식 재설계하기

| 문화 가드레일 | 새로운 유연근무제 전략을 통해 기존 직장 문화의 고질적인 병폐를 해결할 수 있다. 이제는 기업 문화를 재창조하는 방식을 진지하게 고민해야 할 때다. | ■ 직원들이 가장 좋아하는 회사 문화는 무엇인가?
■ 요즘 흔히 나타나는 현상 중 개선해야 될 것은 무엇인가?(예: 번아웃, 회의를 위한 회의, 너무 잦은 발표)
■ 인재 보유가 가장 힘든 분야는 어디이고 그 이유는 무엇인가?
■ 우리가 지키고 싶은 문화는 무엇이고 버려야 할 문화는 무엇인가? | ■ 모임의 역할 평가하기
■ 창의력 증진 방안 검토하기
■ 승진 기준과 가능 요소 검토하기
■ 지난 검토 회의에서 포착한 긍정적 행동과 부정적 행동의 패턴 찾아내기 |

| 2단계 툴 | 회의가 꼭 필요한가?

대면이든 비대면이든 회의에 찌든 미래를 꿈꿨던 직장인은 없다. 유연근무는 업무 몰입도와 생산성을 높여주지만 개인별 집중근무시간과 실시간 협업시간을 적절히 넘나드는 요령이 필요하다. 개인별 집중근무시간을 확보하는 첫 단계는 여러 사람이 참석하는 회의를 줄이는 것이다. 항상 이렇게 자문하라. 회의가 꼭 필요한가?

대면 회의가 꼭 필요한가? 몇 가지 모범 사례는 다음과 같다.

- 진행 상황은 수시로 채널에 올리지 말고 알림 기능을 이용하거나 워크플로를 사용해 시간을 정해두고 팀원들에게 프롬프트를 보낸다.
- 채널에 발표 자료, 문서 등을 공유한다. 여러 명을 상대로 말하는 경우라면 스토리 또는 줌 녹화 영상에 음성 해설을 담아 배포한다.
- 정기 회의는 되도록 취소하거나 적어도 안건이 있는지 사전에 확인하고 없다면 취소한다.
- 회의 시간을 더 생산적으로 쓰고 싶다면 회의 내용 중 독자적으로 실행 가능한 부분이 있는지 미리 생각해본다(회의 전에 자료 미리 읽기, 미리 의견 전달하기, 회의 시 제안할 아이디어 미리 생각해두기 등).
- 함께 모이는 시간을 최대한 효율적으로 쓰기 위해 회의 일정은 여러 요인을 감안해 신중하게 정한다.

회의 유형을 판단하기 위한 틀

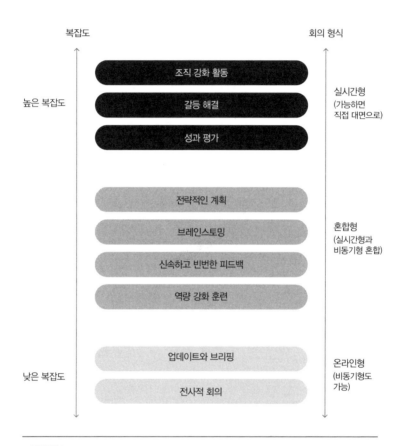

그림 부록 1
'대면 회의가 꼭 필요한가'를 판단하기 위한 틀
출처: "대면 회의는 언제 필요한가?", 레이 링겔(Rae Ringel), 〈하버드비즈니스리뷰〉 2021. 7. 26.

| 3단계 툴 | 팀별 운영 규정 수립을 위한 기본 틀

이 문서는 팀이 팀별 운영 규정을 만들고 문서화하는 데 활용된다. 팀별 운영 규정('팀 규범', '팀 업무 규정', '팀 운영 매뉴얼'이라고도 한다)은 일련의 지침으로, 업무 환경을 조성하고 팀원들이 서로 어떻게 협업할 수 있는지를 알려주는 문서라 할 수 있다. 이 문서의 목표는 팀 차원에서 신뢰를 구축하고 명료하게 지시하고 성과를 최대한 이끌어내는 것이다.

이 기본 틀은 그때그때 조정 가능하다. 요구에 맞게 수정하거나 항목을 추가하라. 중요한 건 이를 모든 팀원들과 공유하는 것이다. 새로 합류하는 팀원이 있으면 피드백을 요청해 최신 버전으로 업데이트한다.

유념해야 할 사항

디지털우선 세상에서 성공하는 팀은 유연하고 서로 연결돼 있고 포용적이어야 한다. 따라서 팀 규정도 다음과 같은 팀 구성원들을 비롯해 다양한 상황을 고려해야 한다.

신입직원이라면

- 사무실 근무를 원한다
- 원격근무를 할 계획이다

- 재택근무와 사무실 근무를 병행할 계획이다
- 아직 근무 형태를 정하지 못했다

예전에 원격근무를 했던 직원이라면
- 사무실 근무를 원하며 이 근무 형태가 지속되길 바란다
- 계속 원격근무를 할 계획이다
- 재택근무와 사무실 근무를 병행할 계획이다
- 아직 근무 형태를 정하지 못했다

예전에 사무실 근무를 했던 직원이라면
- 계속 사무실 근무를 하고 싶어 한다
- 원격근무를 할 계획이다
- 재택근무와 사무실 근무를 병행할 계획이다
- 아직 근무 형태를 정하지 못했다

팀별 운영 규정 기본 틀

가치: 우리 팀은 작업 환경에서 무엇을 중요시하는가?

우리 팀은 다음과 같은 작업 환경을 중요시한다.

- 대면이든 비대면이든 모든 팀원이 온전히 참여하는 환경
- 지속적인 피드백을 장려하는 환경
- 개인별 집중근무시간을 최우선으로 보장하는 환경

  팁: 팀 가치관에 대해 논의할 때 회사의 가치관을 출발점으로 삼는 것도 좋은 방법이다. 특히 회사가 유연근무 원칙과 가드레일을 수립하고 배포했다면 이를 참고해 유연근무의 가치를 더 구체적으로 생각할 수 있다.

일정과 회의: 어떻게 협업할 것인가?

우리 팀은 일정과 관련해서 다음의 규정을 따른다.

- 집중협업시간: 팀원들은 월요일부터 목요일까지 태평양표준시로 오전 10시부터 오후 2시까지 동시적 협업을 위해 대기한다.
- 개인별 집중근무시간: 우리 팀은 월요일에서 금요일까지 태평양표준시 오후 1시에서 3시까지를 개인 업무에 집중하는 시간으로 배정한다.
- 알림: 협업하지 않는 시간, 또는 개인별 집중근무시간에는 알림

을 무조건 꺼둔다.

- 응답 시간: 응대할 담당자와 시간을 분명히 정해두고 그 시간 외에 매우 긴급한 사안이 발생하면 전화나 문자로 상부에 보고 한다.

  팁: 팀의 상황에 따라 집중협업시간을 정하고 관리하는 편이 '회의 없는 목요일' 같이 시간을 못 박는 것보다 쉬울 수도 있고 아닐 수도 있다. 이 규정은 최종안이 아니다. 따라서 시행착오를 거치면서 초반에 세운 규정을 팀 상황에 맞게 개선해 야 한다.

우리 팀은 회의와 의사소통에 관해 다음 규정을 따른다.

- 모두가 공평하게 참여하기 위해, 화상 회의에 한 사람이 접속하 면 모두가 접속한다.
- 대면 회의든 온라인 회의든 적어도 24시간 전에 논의 주제를 정 한다.
- 회의록은 항상 문서로 남기고 팀원들과 공유한다.
- 팀원 중 2명 이상이 다른 팀 회의에 참석 요청을 받았다면 다른 사람들은 굳이 참석하지 않아도 된다.

  팁: 바람직한 회의 환경은 유연근무제만이 아니라 성공적인 업무 수행을 위해 반 드시 필요한 요소다. 생산적인 회의와 효율적인 의사소통을 위해서는 꾸준한 훈 련과 가지치기가 필요하다. 조금만 방심하면 회의가 감당하기 힘들 정도로 슬금 슬금 늘어나기 때문에 매월 또는 분기별로 회의를 점검하면서 횟수를 줄이고 집

중근무시간을 확보하는 한편, 화상 회의의 피로감을 줄일 방도를 적극적으로 찾아야 한다.

책임: 어떻게 각자의 일을 책임지게 할 수 있을까?

우리 팀은 기준을 설정해 각자 다음과 같은 방식으로 업무에 책임을 진다.

- 초반부터 1차 책임자(최종의사결정권자)를 포함해 업무의 범위와 목표를 정한다.
- 피드백을 제공하는 사람과 피드백 마감기한을 분명히 정한다.
- 중요 프로젝트가 마무리되면 평가 회의를 통해 해당 프로젝트에서 잘한 점, 개선시켜야 할 점, 교훈을 되짚어본다.

  팁: 유연근무가 성공하려면 팀원들이 하루에 몇 시간 일했는지, 회의에 몇 차례나 참석했는지가 아니라 업무 성과를 통해 실적을 평가해야 한다. 이를 위해 팀별로 목표와 역할, 책임을 분명히 정하고 변동사항이나 다른 요구가 생기면 팀원들에게 알려야 한다.

관계: 한 팀으로 단결하기

우리 팀은 관계를 구축하기 위해 다음과 같이 노력한다.

- 일에 임할 때는 각자의 취약점을 수용하되 적정선을 지킨다. 우리는 서로에 대한 신뢰를 바탕으로 일하며 업무 외 개인 생활에

대해서도 터놓고 이야기할 수 있다.

- 팀원의 성과를 서로 축하해주고 팀 외부에도 널리 알린다.
- 개인적, 업무적으로 업무량이 과도하거나 지원이 필요할 때는 솔직히 터놓는다.

팁: 초기 단계에서는 직속 팀원들 간 유대감 구축에 중점을 두는 것이 좋다. 얼마간 시간이 흐른 뒤에 전사적으로 적용한다(팀 회의에 정기적으로 객원 강연자를 초대하거나 여러 팀이 동시에 참여하는 선임리더 멘토링을 제공하거나 도넛 [Donut] 같은 앱을 이용해 팀원과 관심사를 나누고 교류하며 관계를 구축한다).

체크인: 팀별 운영 규정 업그레이드하기

우리 팀은 진행 상황을 다음과 같이 확인한다.

- 팀 월간 회의 때 팀별 운영 규정에 대해 별도로 논의하고 효과적인 방안과 그렇지 않은 방안에 대한 의견을 주고받는다.
- 부서 내에서 분기별 조사를 실시해 우리 팀의 운영 규정에 대한 무기명 피드백을 받고 개선 방안도 요청한다.

| 4단계 툴 | 디자인 씽킹으로 유연근무 문제점 해결하기

직원·팀·조직을 위한 유연근무 환경 만들기 같은 복잡한 문제를 해결하려면 관계자들의 요구사항을 이해하고, 이들을 아이디어 도출 과정에 참여시키고, 이러한 아이디어를 시범안으로 만들고 테스트하는 실무적인 접근법을 취해야 한다.

여기에는 6가지 핵심 단계가 있다. 이 단계는 순차적으로 진행되는 선형적인 프로세스가 아니라 지속적으로 개선하는 방식이므로 '완료'란 없다.

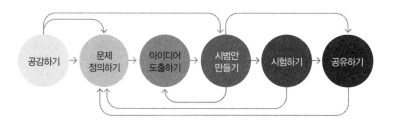

단계	정의	방법론의 예
공감하기	해결하려는 문제에 공감하며 이해한다	- 직원 심리 조사, 포커스 그룹, 직장 생활 일지 연구 - 다양한 팀들의 고충 청취
문제 정의하기	직원 관점에서 문제를 정의한다	- 연구 조사 분석 및 종합, 가장 큰 영향을 미칠 문제 선별 - 도움을 요청한 직원들과 함께 문제 정의 테스트
아이디어 도출하기	잠재적 해결책을 도출한다	- 먼저 "~를 어떻게 해결할 것인가"라는 질문을 던진다. - 브레인스토밍이 아닌 브레인라이팅(각자 편한 시간에 작성)을 한다. 창의성을 자극하기 위해 고의로 '최악의 솔루션'을 떠올리는 것도 한 가지 방법이다. - 고성과팀이나 사기가 높은 팀을 관찰하며 내외부에서 벤치마크 대상을 찾는다.
시범안 만들기	제안된 해결책 중 일부를 저비용으로 빠르게 구현할 방법을 찾는다	- 새로운 방법론, 도구, 프로세스를 시험할 의향이 있는 직원들로 '실험 팀'을 구성한다. - 시험에 필요한 업무 공간, IT, 인적 자원과 결과물을 보고하는 방법 등 지원 인프라를 구축한다.
시험하기	결과를 측정하고 옵션을 더 세분화하기 위해 소규모 방식으로 변경 사항을 실험하고 문제를 정의한다	실험 팀에서 반복 시험을 수행하거나 팀끼리 비교 평가한다.
공유하기	변경 사항을 알린다	공지와 스토리텔링으로 사내에 변경 사항을 알리고 필요할 경우 정책 또는 인프라를 바꾼다.

디자인 씽킹은 '어떻게 유연근무 시간을 확대할 것인가'와 같은 대규모 문제에 적용할 수도 있고, '하이브리드 회의(팀원 중 일부는 사무실에 출석하고 일부는 화상으로 참여하는 회의)' 참석자가 겪는 애로사항 같은 부분적인 문제에 적용할 수도 있다.

다음은 그 예시다.

단계	정의
공감하기	화상으로 접속해 회의에 참석하는 직원들은 회의실에서 진행되고 있는 이야기를 따라잡기 힘들다. '끼어들기'가 어렵고 소외될까 봐 두려워한다. 사무실에 출근한 직원들은 영상 툴로 공유되는 문서에 접근하기가 어렵고 채팅방에도 들어가지 못한다.
문제 정의하기	하이브리드 회의 시 직원들에게는 공평한 경쟁의 장이 필요하다.
아이디어 도출하기	다양한 해결책이 제안됐다. 몇 가지 예는 다음과 같다. – 전원 사무실 회의 또는 전원 원격 회의만 진행하며 하이브리드 회의는 금한다. – 각 직원들이 화상 회의에 접속할 수 있도록 회의실에 아이패드를 비치한다. – 전 회의실에 대규모 몰입 시스템을 완비한다. – '한 명이 접속하면 모두가 접속한다'는 지침과 팀별 모범 사례를 결합한다.
시범안 만들기	일부는 원격으로 일부는 회의실에서 참여하는 다양한 하이브리드 회의 환경을 저렴한 비용으로 설정하고, 두 팀을 상대로 테스트했다. – 전원 노트북 사용, 전원 마이크 – 전원 노트북 사용, 마이크 및 화면은 회의실에서만 사용 – 전원 노트북 사용, 마이크는 회의실에서만 사용 – 회의실에서 시청각 미디어 장비 사용, 원격근무 직원들은 화상 접속
시험하기	다양한 시범안을 테스트했으며 피드백뿐 아니라 새로운 문제(회의실 참석자의 목 통증)와 새로운 해결책(노트북 거치대)를 도출했다.
공유하기	이상의 모든 작업은 슬랙 공개 채널(#pilot_digital_first)을 통해 진행됐으며 시범안이 모범 사례로 자리 잡으면서 내부 공지를 통해 공유됐고 소셜 미디어에도 공개적으로 게시되었다. 회의실에 노트북 거치대를 설치해 물리적인 알림 역할을 하게 만들었다.

| 5단계 툴 | 중요한 회의 기획하기

다음은 진행촉진자, 전략 고문, 팟캐스트 진행자로 활동 중인 프리야 파커의 저서 《모임을 예술로 만드는 법》[1]에 실린 조언을 바탕으로 작성한 것이다.

첫째, 이렇게 자문하라. 회의가 꼭 필요한가?

2단계의 툴을 참조해 회의가 반드시 필요한지, 직원들의 시간만 뺏는 격이 아닌지 확인한다.

둘째, 기본에서 시작하라. 회의의 목적은 무엇인가? 누가 참석해야 하는가? 누가 결정하는가?

파커는 "회의를 소집할 때 저지르는 가장 큰 실수는 그 모임의 목적이 분명해서 모두가 알고 있다고 넘겨짚는 것이다"라고 말한다. 그래서 다음과 같은 기본적인 질문을 건너뛰는 경우가 많다.

- 회의의 목적은 무엇인가?
- 누가 참석해야 하는가?
- 누구에게 결정권이 있는가?

간단한 질문처럼 보일지도 모른다. 하지만 파커는 이 질문들이 복잡할 뿐 아니라 매우 중대하다고 역설한다. 이러한 자문이 팀의 성장과 변화의 기회를 가져오기 때문이다.

- 혼란과 변화의 연속이었던 지난 20개월 동안 사무실에 출근하지 못해 가장 아쉬웠던 점은 무엇인가?
- 아쉽지 않았던 점, 즉 버릴 준비가 돼 있는 것은 무엇인가?
- 코로나 기간에 새로 만든 규정 중 앞으로도 이어가고 싶은 것은 무엇인가?
- 새롭게 만들고자 하는 관행은 무엇인가?

파커의 조언을 간단히 정리하면 다음과 같다. "토론하라, 선택하라, 실험을 거듭하라."

셋째, 모든 모임은 사회적 계약이다. 모임 주관자의 역할은 참가자들이 자신의 역할을 이해하도록 돕는 것이다.

"모임은 유대감을 형성하게 해주지만 힘이 드러나는 자리이기도 하죠"라고 파커는 말한다. "힘의 불균형을 모르는 체한다면 모임을 주관할 역량이 부족한 사람이죠." 리더는 다음과 같은 방법을 통해 불평등을 없애고 환대하는 환경을 적극 조성하여 모두가 회의에 일조할 수 있게 해야 한다.

- 직원들이 제기한 문제들을 사전에 알아둔다. "제가 재택근무 중

이고 아이는 낮잠을 재워 옆방에 눕혀뒀는데 사무실로 출근한 동료들은 회의 시작 전에 함께 커피를 마시며 한담을 나눈다면 불공평하다는 생각이 들 거예요."

- 난관을 인정한다. "하이브리드 회의는 하나가 아니라 세 개의 경험이 동시에 진행되는 겁니다. 회의실에 모인 직원들의 경험, 화상으로 참여하는 직원들의 경험, 이 두 집단이 상호작용하는 경험이죠. 저마다 다른 현실에 처해 있다는 걸 인정해야 합니다."

- 회의 진행자를 지정한다. 대규모 하이브리드 모임은 최대 세 명(현장 진행자, 원격 참석자의 요구 사항을 처리하는 진행자, 이 두 집단이 어우러질 수 있는 환경을 조성하는 진행자)을 배정한다.

- 규칙은 명확하게 정리해서 널리 알려야 한다. 질문은 언제 어떻게 해야 할지, 언제 일상적인 대화를 나눠도 되는지, 영상은 언제 켜놓아야 하는지, 언제 꺼도 좋을지 등에 대한 명확한 규칙은 암묵적인 문화적 규범에 우선하고 원하는 결과를 모두 파악할 수 있으며 심리적 안전감도 더욱 증진된다.

넷째, 변화를 일으키려면 얼마간의 위험을 감수해야 한다.

"저는 모임 참여 전후에 참석자들의 변화가 확연히 보이는 혁신적인 모임에 가장 관심을 두고 있어요"라고 파커는 말한다. 하지만 진정한 변혁을 일으키려면 건강한 논쟁이 필요하다. 파커는 건강하지 못한 평화는 건강하지 않은 갈등 못지않게 해롭다고 주장한다.

파커는 '생산적인 에너지' 또는 '건설적인 논쟁'을 장려하려면 경험 디자이너(experience designer)인 이다 베네데토(Ida Benedetto)가 고안한 다음과 같은 질문을 던지라고 권한다. 팀이 모이기 전에 이렇게 자문해보라.

- 이 팀이 회피하는 것은 무엇인가?
- 이 문제를 직시하게 해주면 어떤 긍정적 성과를 거둘 것인가?
- 이 긍정적 성과는 이와 관련한 위험을 감수할 만한 가치가 있는가?
- 팀이 이 문제에 세심하게 대응할 수 있도록 도울 능력이 있는가?

**신뢰를 얻고 명료하게 전달하고
팀의 잠재력을 이끌어내기 위한 팁**

대다수 관리자는 원격근무 팀을 이끄는 훈련을 받은 적이 없다. 따라서 '정보 관리자'에서 지도자로 역할을 전환하려면 실무 교육이 필요하다. '지도자로서의 관리자'에게는 세 가지 역할이 있다.

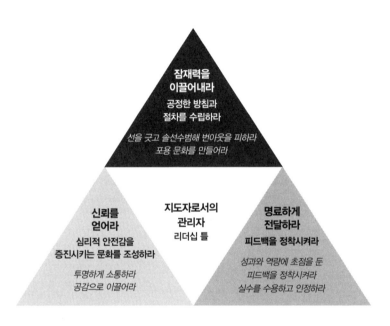

결국 팀을 잘 아는 사람은 관리자이므로 팀 역학 구도와 개별 업무 방식에 대한 지식을 활용해 가장 적합한 방식으로 직원을 지원해야 한다. 다음은 신뢰를 얻고 명확하게 지시하고 팀의 잠재력을 이끌어내기 위한 몇 가지 팁이다.

신뢰를 얻어라: 심리적 안전감을 주는 문화를 구축하라

취약점을 당당하게 드러내는 환경 조성을 위해 지금 바로 실천할
수 있는 팁

팀과 함께:

- 직원들이 가볍게 들를 수 있는 시간을 만들어라: 정기회의 외에
  도 교류할 수 있도록 직원들이 사무실에 '잠깐 들르는' 시간을
  마련하라. 직원들의 사생활을 보호해야 한다면, 또는 직원들이
  선택적으로 참여하는 회의를 마련하고 싶다면 일정을 미리 정해
  둔다.

- 팀 체크인 알림을 설정하라: 금요일이 돼서야 아직 이야기를 나
  누지 못한 부하 직원이 퍼뜩 생각난다면, 잠깐 안부를 묻는 말로
  각 직원들을 체크인하라.

- 주기적으로 체크인하라: 일대일 대화를 할 때마다 물어볼 질문
  은 다음과 같다. "이번 주는 어떻게 보내고 있나요?" "저한테 알
  리고 싶은 변동 상황이 있나요?" "당신을 더 지원해주려면 어떻
  게 해야 할까요?" "어떤 게 효과가 있나요?" "어떤 게 효과가 없
  나요?"

리더로서:

- 힘든 점을 공유하라: 자신을 힘들게 한 일, 밤잠을 설치게 한 일,
  하루 일과를 팀 회의 때 이야기하라. 사소한 것까지 시시콜콜하

게 공유할 필요는 없다. 자신이 어떤 문제를 처리하고 있는지를 밝히는 것만으로도 팀원들이 유대감을 느낄 수 있고, 나아가 그들도 나름대로의 진솔한 경험과 생각을 털어놓고 싶을 것이다.

■ 도움을 요청하라(그래야 팀원들도 보고 배운다): 자신의 부족한 점을 드러내는 가장 쉬운 방법 중 하나가 바로 도움 요청이다. 다음 회의 때 팀원이 해결해줄 수 있는 문제나 의문점을 준비해온다. 다음은 몇 가지 예다. "회의를 더 생산적으로 할 수 있는 방법이 없을까요?" "더 편안한 분위기가 필요할까요?" "팀의 진행 상황을 체크인 하는 방법을 바꾸는 게 좋을까요? 그렇다면 어떻게 바꿔야 할까요?" "정보 단절 현상이 어느 지점에서 생기고 있고 이를 해소하려면 제가 어떻게 도와야 할까요?" "프로젝트에서 당신이 느끼는 정보 공백이 있나요? 제가 어떻게 도와주면 될까요?" "여러분에게 더 좋은 리더가 되려면 어떻게 해야 할까요?"

■ 인간적 교류를 위한 공간을 만들어라: 인간적인 경험을 공유하려면 자신의 부족한 점을 솔직히 드러내야 한다. 서로가 어떤 사람인지 깊이 알면 알수록 유대감도, 신뢰감도 커진다. 회의나 체크인 시간에 틈틈이 인간적 교류를 나눌 수도 있다.

명료하게 전달하라: 피드백을 정착시켜라

피드백을 정착시키기 위해 지금 바로 실천할 수 있는 팁

■ 부하 직원과 주간 피드백 회의 일정을 잡아라: 초반에는 과하다

싶겠지만 매주 일대일 회의를 진행할 때 초반 5~10분만이라도 피드백에 할애하면 팀원들이 업무에 집중하고 생산성을 높이는 데 도움이 된다. 이것이 습관으로 자리 잡으면 시간이 지나면서 더 수월하게 느껴질 것이다. 다음과 같은 질문을 던져 언제든 피드백을 요청하라. "당신과 팀에게 더 좋은 관리자가 되려면 어떻게 해야 할까요?" 여러분도 다음과 같은 말로 직원들에게 언제든 피드백을 줄 수 있다. "이번 주에는 이 업무에 집중해보세요."

- 건설적인 의견 충돌을 몸소 보이라: 원격근무를 하면 직원들이 갈등할 일이 줄어들긴 하지만, 화합은 틀에 박힌 사고에서 벗어나게 해주거나 혁신을 추동하지 못한다. 연구자들은 대립을 피하는 것이 오히려 생산성을 저해하는 '갈등 부채'를 불러일으킨다고 주장한다. 원격 회의 시 의견 충돌이 생기면 '오프라인에서 따로 얘기하는' 식으로 피하거나 나중으로 논의를 미루지 마라. 양측에게 자신들의 입장을 얘기할 기회와 시간을 주고 양측의 관점을 인정하면서 차분하게 대화를 중재한다.

- 직접 대면 대화를 활용하라. 게시판 덧글이나 토론이 통제 불능 상태가 되면(점차 본질을 벗어나거나 감정이 격해지거나 관계자가 논의에서 빠진 경우) '타임아웃'을 요청해 대화를 중단시키고 전화 또는 화상 회의로 전환한다. 또는 다음번에 대면 회의를 열어 이를 주제로 논의한다.

- 면담을 진행한다. 이탈 가능성이 높은 팀원과는 일대일 면담을 장기적으로 진행하면서 그 이유를 알아내는 데 중점을 둔다. 단

도직입적인 질문을 던져 어떤 점이 만족스럽고 어떤 점이 그렇지 않은지 피드백을 요청하라. "지금 하는 일의 어떤 점이 마음에 드나요?" "어디서 에너지를 얻나요?" "어디에 에너지를 빼앗기나요?" "업무 환경을 바꾼다면 무엇을 바꾸고 싶나요?" "어떻게 하면 현 업무가 더 만족스러워질까요?" "자신의 능력을 최대한 발휘하고 성장하려면 어떤 기회가 도움이 될까요?" "관리자인 제가 그 목표를 달성할 수 있도록 어떻게 도울 수 있을까요?"

잠재력을 이끌어내라: 공정한 정책과 관행을 구축하라

행동의 경계를 정하기 위해 지금 바로 실천할 수 있는 팁

- 회의 집중 방침을 문서화하라: 회의 도중 자신도 모르게 다른 소통 채널에 주의가 분산되는 경우가 있다. 회의 중 멀티태스킹은 허용하지 않는다는 점을 분명히 하라. 디지털우선 의사소통도 대면 소통과 마찬가지로 회의에 참석한 모든 직원이 집중하고 참여해야 한다. 관련 규정을 마련해 팀별 운영 규정에 포함시키는 것이 좋다.
- 회의 시간을 줄여라: 관리자들은 회의 시간을 30분 단위로 단독으로 정하거나 할당된 시간을 채우려 회의를 지연시키는 경향이 있다. 1시간짜리 회의를 10분으로 줄이거나, 중요 사안을 다 논했으면 회의를 끝낸다.
- 일정을 게시하라: 당일에 바뀐 일정과 빈 시간을 숨김없이 공개

하라. 부하 직원들이 여러분의 투명성을 높이 평가할 것이며 자신들의 일정도 더 세심하게 관리할 것이다.

- 화면을 꺼두라: 화상 회의로 인한 피로감을 예방하려면 간단히 전화 회의로 전환하면 된다. 팀원들에게 근무 시간에 걸어다니며 전화 통화를 하도록 권장해 반복적인 일과에 변화를 주도록 하라.

| 6단계 툴 | 개인 운영 매뉴얼(POM) 작성법

POM이란?

팀원들끼리 더 효과적으로 협력할 수 있도록 개인의 가치관과 선호하는 소통 방식을 간단하면서도 명확하게 기록한 공식 문서다.

POM는 짧고 간결하고 한눈에 들어오게 작성해야 효과적이다. 한 페이지에 모든 내용을 담되 적극적이고 호감을 줄 수 있는 글이 가장 좋다.

왜 필요한가?

POM은 다음과 같은 측면에서 팀에 도움이 된다.

- 심리적 안전감을 구축한다
- 의사소통을 개선시킨다
- 개개인의 행동 동기를 알려준다
- 더 나은 협업을 가능하게 한다
- 공감을 촉진시킨다
- 오해를 방지한다

POM은 팀에 새로운 직원이 합류할 경우 학습 시간을 단축시켜준다. POM은 대면 접촉을 대체하는 것이 아니다. 자신의 POM을 공유하기 전에 사전에 반드시 논의를 거쳐 팀원들의 반응을 경청하고

POM의 맥락과 목적을 알려야 한다.

어떻게 작성하는가?

POM은 다음 여섯 가지 항목을 글머리 기호로 구분해 짧게 설명해 놓은 것이다.

- 나의 업무 방식
- 내가 중요시하는 것
- 나와 가장 잘 소통하는 방법
- 사람들이 나에 대해 오해하는 것
- 내가 용납하지 못하는 것
- 나를 도와주는 방법

다음 질문을 참고해 각 항목에 대해 더 자세히 알아보고 영감을 얻으라. 곧바로 POM을 작성해도 되지만 잠시 시간을 내 자신이 원하는 업무 방식, 소통하는 방법, 중요시하는 것 등에 대해 생각해보는 시간을 갖는 것이 좋다.

POM을 작성하기 위한 브레인스토밍

POM을 작성하기 전에 다음과 같은 3단계 활동을 통해 자신이 어떤 사람인지를 잘 보여주는 말과 개념, 가치를 파악한다.

1단계: 나를 가장 잘 설명하는 단어

(나의 업무 방식, 사람들이 나에 대해 오해하는 것)

자신에게 해당하는 모든 말에 동그라미를 치거나 강조 표시를 하라.

신중한	느긋한	설득력 있는
계획적	품위 있는	표현력이 뛰어난
분석적	경쟁심 강한	섬세한
형식을 중시하는	끈질긴	단도직입적
호기심 많은	근면한	독창적인
탐구적	절제된	친화력 있는
정확한	목적의식적	융통성 있는
내향적	체계적	도움을 잘 주는
외향적	추진력 있는	집중력 있는
인정 많은	회복이 빠른	조직적
공감하는	사교적	창의적
격려하는	열정적	수완이 뛰어난
협동적	마음을 잘 헤아리는	직관적
인내심 있는	열광적	논리적
대범한	호의적	적응력 있는
조급한	논쟁을 좋아하는	

이외에 자신을 잘 설명해주는/설명해주지 못하는 단어는 무엇인가?

2단계: 나의 캐치프레이즈(나와 가장 잘 소통하는 방법, 나를 도와주는 방법)

자신에게 해당하는 말에 동그라미를 치거나 강조 표시를 하라.

만반의 준비가 돼 있으라	응답할 시간을 주세요	진정성을 보여주세요
문서로 남겨주세요	간략히 요약해주세요	미리 대처하라
세부사항을 알려주세요	항상 정직하세요	명료하게 말해주세요
직접적이고 간결하게 하라	인내하라	시간을 내 경청해주세요
결과에 집중하라	저를 먼저 파악하세요	투명하게 공개하세요
항상 정직하라	제 의견을 구하고 들어주세요	타인의 의견을 구하세요
과장하지 말라	제 시간을 존중해주세요	질문하세요
인내심을 갖고 지지하라	제 의견에 이의를 제기하세요	다양한 의견을 수용하세요
제 의견을 물어보세요	따로 불러 얘기해주세요	승리를 축하하라
친근하게 대하라	공개적으로 얘기해주세요	해결책을 주세요
호의를 보여라	피드백을 주세요	효율적인 방안을 제안해 주세요
열린 마음을 가지라	피드백을 허용해 주세요	혁신적인 사고를 공유해요
긍정적으로 생각해주세요	저는 반응이나 응답이 매우 느립니다.	

이외에 내 캐치프레이즈를 잘 설명해주는/설명해주지 못하는 표현은 무엇인가?

3단계: 나의 가치관(내가 중요시하는 것, 용납하지 못하는 것)
자신에게 해당하는 문구에 동그라미를 치거나 강조 표시하세요.

회복력	다양성	다른 사람 지도하기
호기심	정직	다른 사람 동기 부여하기
협업	명확성	다른 사람 보호하기
근성	창의성	다른 사람 옹호하기
긍정성	환대	인정받기
단도직입적	절제	이해받기
용기	건강	절충하기
연민	추진력	약점 드러내기
혁신	적응력	다른 사람의 학습
친절	친절	다른 사람의 성공
포용성	성장 마인드셋	다른 사람의 행복
진정성	다양한 의견	다른 사람이 말할 때 끼어들기
투명성	평등	갈등 피하는 것
유머	자기 위주의	수동적 공격 성향
안전	야망	잘난 체하기

이외에 내 가치관을 잘 설명해주는/설명해주지 못하는 말은 무엇인가?

POM을 작성하기 위한 추가 질문들

이 질문들은 POM을 작성하는 데 영감을 줄 수 있다. 모든 질문에 답할 필요는 없고, 자신과 관련 있는 질문을 찾아 답변을 작성하는 데 참고하라.

나의 업무 방식

- 함께 일하는 사람들은 당신을 직장 동료로서 어떻게 생각하는가?
- 직장에서는 내향적인가, 외향적인가, 완전히 다른 성격인가?
- 가장 많은 에너지가 샘솟는 업무 방식, 또는 열정을 쏟게 되는 업무 방식은 무엇인가?
- 논리적인가, 감정적인가? 데이터를 중시하는가, 직관을 중시하는가?
- 큰 그림을 그리는 편인가, 세부사항에 신경 쓰는 편인가?
- 일과 삶이 조화를 이루는가? 일과 생활을 엄격히 분리하는가, 아니면 경계를 두지 않는가?
- 과거의 성격 유형 테스트 결과를 보면 당신의 업무 방식은 어떻게 나오는가?
- 직장 동료 이외의 사람들이 "직장에서 당신은 어떤 사람인가?"라고 묻는다면 어떻게 대답하겠는가?

내가 중요시하는 것

- 자신이 존경하거나 닮고 싶은 사람의 자질은 무엇인가?(이 자질은 당신의 가치관일 가능성이 높다)

- 함께 일하고 싶은 사람을 생각해보라. 그 사람의 어떤 자질 때문인가?

- 팀이나 관리자에게 기대하는 특성은 무엇인가?

- 직장을 그만두게 만드는 '결정적 사유'는 무엇인가? 이를 파악하면 당신이 중요시하는 것을 알 수 있다.

- 당신의 가치관과 정반대되는 당신의 행동은 무엇인가?

내가 용납하지 못하는 것

- 마지막으로 어떤 일/사람 때문에 심기가 불편했던 때를 떠올려보라. 어떤 상황/사람이 그런 감정을 야기했는가?

- 직장에서는 무엇이 짜증을 유발하는가?

- 직장 동료의 어떤 면을 참을 수 없는가?

나와 가장 잘 소통하는 방법

- 의사소통을 할 때 직설적인 화법과 조심스러운 화법 사이에서 어느 정도를 취하는가? 그리고 동료한테서는 어느 정도의 수위를 바라는가?

- 피드백을 받고 가장 기분이 좋았던 경험을 떠올려보라. 그들의 어떤 언행이 흡족했는가?

- 상대방이 어떤 방식을 써야 당신이 그의 의도를 정확히 이해하는가?
- 소통 시 심기를 불편하게 만드는 사람을 떠올려보고 좋은 소통 방식의 속성을 생각해보라.

사람들이 나에 대해 오해하는 것

- 사람들이 당신의 첫인상에 대해 자주 오해하는 것은 무엇인가?
- 팀원들은 잘 모르지만 알아주었으면 하는 당신의 속마음은 무엇인가?
- 직장 동료들은 당신의 성격에 대해 어떤 점을 간과하고 있는가?

나를 도와주는 방법

- 직장에서 힘든 일을 겪었을 때 동료들이 해줄 수 있었던 일은 무엇인가?
- 당신의 약점은 무엇이며, 이에 대해 동료들이 어떤 도움을 줄 수 있는가?
- 직장에서 느끼는 불안감의 원인은 무엇인가? 불안감이 방해가 되지 않도록 팀원들이 해줄 수 있는 일은 무엇인가?

POM 작성에 사용할 수 있는 기본 틀

POM은 짧지만 공식적인 문서로, 개인의 가치관과 의사소통 스타일을 명확히 설명함으로써 팀원들과의 협력을 원활하게 하는 데 목적이 있다.

나의 업무 방식	나를 도와주는 방법
■ 진술 1	■ 진술 1
■ 진술 2	■ 진술 2
■ 진술 3	■ 진술 3
내가 중요시하는 것	내가 용납하지 못하는 것
■ 진술 1	■ 진술 1
■ 진술 2	■ 진술 2
■ 진술 3	■ 진술 3
나와 가장 잘 소통하는 방법	사람들이 나에 대해 오해하는 것
■ 진술 1	■ 진술 1
■ 진술 2	■ 진술 2
■ 진술 3	■ 진술 3

| 7단계 툴 | **성과 측정하기**

우리는 유연근무 환경에서 관리자가 투입 활동(로그인한 시간, 사무실
에 앉아있는 시간)과 산출 활동(고객 요청 처리, 전화 처리 건수)에 근거한
성과 측정에서 벗어나 결과 중심 성과 측정으로 전환할 수 있도록
지원해야 한다. 다음은 관리자가 결과 중심 측정으로 전환하도록
회사에서 지원할 수 있는 방법들이다.

개인

- 입사 교육: 입사 30일차, 60일차, 90일차 목표를 분명히 설정해
  둔다. 신입직원들이 인간관계를 쌓고 기존 정보를 습득하고 관련
  그룹에 참여하여 회사와 부서, 조직 내 여러 집단에 대해 배우게
  하기 위해서다. 분명하고 구체적인 초·중반 목표를 세워 관계자
  모두가 이 목표와 달성 방법을 이해할 수 있게 해야 한다.
- 분명한 역할과 책임: 개개의 직원들이 다양한 기능부서 간 협업
  을 요하는 업무와 자신이 속한 팀 내에서의 책임을 이해하고 있
  는지 확인한다. RACI 지표를 이용해 핵심 프로젝트에서 해당 직
  원이 실무 담당자인지, 의사결정자인지, 업무 수행 조언자인지,
  결과 통보 대상자인지를 명확히 파악하게 한다.
- 목표와 우선순위: 주간 일대일 면담을 이용해 목표를 달성하기
  위한 진행 상황을 점검하고 우선순위가 서로 일치하는지 확인

한다. 팀 전체와 새로운 진행 상황을 공유한다. 이때 우선순위를 명확히 설정해 갈등을 피하고 경영진이 내놓은 해결책과 충돌 가능성은 없는지 확인한다.

팀 성과 및 팀 역학 구도

- **팀별 목표**: 팀도 개인과 마찬가지로 명확한 목표가 필요하다. 장기 목표(예: 분기별 목표)와 중기 목표, 단기 목표들(예: 격주간 목표)을 알려 목표를 일치시킨다. 진행 상황을 측정하기 위해 가장 중요한 3~5개의 지표를 팀원은 물론 여러 부서의 이해관계자에게 알린다. 판매 목표, 제품 채택, 채용 파이프라인 등이 몇 가지 예다.

- **우선순위**: 목표에 따라, 주요 프로젝트에 따라 각기 명확한 우선순위를 설정한다. 공개 포럼에서 주요 프로젝트의 진행 상황을 공유하라. 상부 보고를 권장하고 주간 '현황 확인'은 상부 보고 안건 회의로 바꿔라. 상위 10개 프로젝트는 성과를 추적해 설정한 목표에 얼마나 다다랐는지 확인한다.

- **팀 건강 측정 지표**: 팀별 프로세스 발전과 팀 역학 구도를 위해 주기적인 회의를 확립하라. 일을 진척시키기 위한 불가피한 결정, 자원 충돌, 사업적 쟁점 등 '방해 요인'을 점검하는 주간 체크인 회의가 그 예다. 주요 프로젝트(예: 분기별 대규모 상품 출시)별로 성공 지점, 개선 기회에 역점을 두되 소소한 문제들에 대해 잘잘못을 따지며 비난하지 않는 "비난 없는 검토" 시간을 갖고 결과를 공개적으로 공유하라.

직원 참여

- 채용: 인재를 알아보고 등용하는 능력의 핵심 요소들을 측정하라. 측정 지표에는 우수 지원자 증가, 제안 수락 비율, 채용에 소요된 시간, 제안 및 수락 대상 지원자들의 다양성 증가 등이 포함돼야 한다.

- 장기근속: 잠재적 동인과 경쟁 역학을 이해하기 위해 원치 않은 퇴사자 비율, 전체 이직률, 직원의 경력 경로를 추적한다. 퇴사자 인터뷰를 진행해 개인의 동인이 시간이 흐름에 따라 바뀌는 양상을 이해한다. 다양한 인구 집단의 이직률을 면밀히 살펴보고 추이와 원인을 파악한다.

- 직원 몰입도: 전반적인 직무 만족도라는 지표가 오해를 불러일으킬 수 있긴 하지만 주요한 내외부 변화(예: 정책 변화, 사업 성과, 경쟁 역학)를 측정하고 추적하는 것은 여전히 중요하다. 이보다 나은 방법은 팀원들 사이에서 순고객추천지수를 활용하는 것이다. 직원들이 친구들에게 이 회사에 취업하라고 권할 의향이 있는가? 가장 본질적인 질문은 다음과 같다. 회사의 미래에 기대감을 갖고 있는가?

- 직무 만족도의 핵심 동인을 파악하라: 주요 쟁점에 대한 직원의 자세를 측정한다. 이곳에서 업무를 훌륭히 수행할 수 있는가? 효율적으로 일하는 데 필요한 정보와 직원들에게 접근할 수 있는가? 조직이 나의 발전을 위해 투자한다고 생각하는가? 나는 이곳에서 성공할 수 있는가? 직업적으로 장기적인 성공을 거둘 수

있는 자리에 배치됐는가?

사업 성과

- 주요 재무 측정 항목: 다음의 핵심 영역들을 살펴본다. 매출 증가 추이는 어떠한가? 어떤 부문이 가장 높은 성과를 보이고 있으며 그 원인은 무엇인가? 목표로 하는 마진과 수익성을 이해하고 공유한다. 성장과 수익 사이의 균형을 명확하게 설명한다.

- 환경·사회·거버넌스(ESG) 및 다양성·형평성·포용성(DE&I) 부문의 목표 달성 정도: 내외부적으로 ESG 목표를 명확히 하고 그 성과를 추적하고 있는가? 명확한 DE&I 목표를 설정했는가? 그 실적에 대한 책임은 누가 지는가? 어떤 벤치마킹 도구를 사용하고 있는가? ESG 및 DE&I에서 가장 중요하게 생각하는 요소는 무엇이며 진행 상황을 내외부에 어떻게 공유할 것인가?

- 고객 성공: 직원의 참여도를 높이기 위한 변화를 시행할 경우 고객 만족도, 순고객 유지율, 사업 성장률의 추이를 지속적으로 살피고 변화 양상을 비교하라.

- 로드맵: 보다 유연한 업무 환경으로 전환할 경우 지난 기준과 비교해 제품 로드맵, 영업 파이프라인, 직원 경험의 변화 과정을 추적하는 지표와 방법을 수립하라. 유연근무 환경에서 어느 분야가 성공가도를 달리고 있고 어느 팀이 고전하고 있는가? 이것이 전반적인 사업 목표에 어떤 영향을 미칠 것인가?

| 7단계 툴 |　매니지먼트리더십포투모로우가 고안한 질문 세 가지

직원이 회사에 남을 가능성을 빠르게 파악하고 싶다면 매니지먼트 리더십포투모로우가 고안한 다음 질문에 그렇다/아니다로 간단히 답해본다.

- 조직이 나의 발전과 계발에 투자하고 있다고 생각한다.
- 이 조직에서 나는 성공할 수 있다고 생각한다.
- 장기적인 직업적 성공을 달성할 수 있는 일을 하고 있다고 생각한다.

보스턴컨설팅그룹의
성공적인 팀을 위한 설문조사

보스턴컨설팅그룹 프로젝트 팀들은 핵심 성과 지표에 대한 주간/격주간 설문조사를 팀별로 실시한다. 성과 지표는 조직 문화뿐만 아니라 개인의 성취감 및 조직 내 자신의 가치, 학습 및 계발 능력, 관리자 및 팀원에 대해 느끼는 심리적 안전감을 보여준다. 직원들은 4점 척도로 응답한다(1 = 동의한다, 2 = 동의하는 편이다, 3 = 동의하지 않는 편이다, 4 = 동의하지 않는다).

- 나는 이 프로젝트에서 전반적으로 긍정적인 경험을 하고 있다.
- 우리 팀에서는 성과에 집중하고 고객 가치를 제공한다.
- 나는 개인적인 성장과 학습에 만족하고 있다.
- 우리 팀은 나의 기술과 기여도를 인정한다.
- 우리 팀은 진정성 있는 자세를 보여주고 있으며 회사의 가치에 부합하는 결정을 내린다.
- 나는 팀원들에게 편안하게 의견을 말할 수 있다.
- 나는 성공을 위해 필요한 일들을 하고 있다.
- 우리 팀은 서로를 배려한다.
- 우리 팀은 서로를 지지하고 포용하는 환경을 조성한다.
- 우리 팀은 효율적이고 효과적으로 협력한다.
- 우리 팀 전원은 각자의 역할과 우선순위, 목표를 명확하게 이해

하고 있다.

- 지난 한(여러) 주 동안 내가 맡은 업무량은 적절했다.

- 내 업무 방식은 예측 가능하므로 개별 일정을 준수할 수 있고 핵심 성과 지표도 달성 가능하다.

- 업무를 총괄하는 고위 임원과 프로젝트 관계자 전원은 긍정적인 경험을 제공하려 노력한다.

- 우리 팀은 근무 형태와 출장 주기를 주기적으로 점검하여 목적이 분명한지, 고객에 가치를 제공하고 있는지, 팀원들의 협업을 장려하고 있는지를 확인한다.

- 팀원들과 출장이나 같은 장소에서 함께 일하기 위한 계획을 솔직하게 의논할 수 있어 의지가 된다.

서문

1. The Startups Team (2018). 'Slacking Off: Interview with Stewart Butterfield', Startups.com. https://www.startups.com/library/founder-stories/stewart-butterfield.

2. Curran, E. (2021). 'Goldman says pandemic is shaping a more productive US economy', *Bloomberg*, 12 July. https://www.bloomberg.com/news/articles/2021-07-13/goldman-says-pandemic-is-shaping-a-more-productive-u-s-economy?srnd=future-of-work&sref=qysce8Zq.

3. Deloitte (2021). '2021 Fortune/Deloitte CEO Survey', https://www2.deloitte.com/us/en/pages/chief-executive-officer/articles/ceo-survey.html.

4. Subramanian, S. (2020). 'Farewell to the office?', *Future Forum*. 19 November. https://futureforum.com/2020/11/19/is-it-time-to-say-farewell-to-the-office/.

5. Thompson, D. (2014). 'A formula for perfect productivity: Work for 52 minutes, break for 17', *The Atlantic*, 17 September. https://www.theatlantic.com/business/archive/2014/09/science-tells-you-how-many-minutes-should-you-take-a-break-for-work-17/380369/.

6. Jacobson, L. (2015). 'Unions did not create the eight-hour work day and the 40-hour week. Henry Ford did', *Politifact*, 9 September. https://www.politifact.com/factchecks/2015/sep/09/viral-image/does-8-hour-day-and-40-hour-come-henry-ford-or-lab.

7. Suzman, J. (2021). *Work: A deep history from the stone age to the age of robots*. New York: Penguin Publishing Group.

8. Cianciolo, B. and Vasel, K. (2021). 'The pandemic changed the way we work. 15 CEOs weigh in on what's next', *CNN Business*,

9 September. https://www.cnn.com/interactive/2021/09/business/perspectives/future-of-work-pandemic/index.html.

9. Cianciolo, B. and Vasel, K. (2021). 'The pandemic changed the way we work. 15 CEOs weigh in on what's next', *CNN Business*, 9 September. https://www.cnn.com/interactive/2021/09/business/perspectives/future-of-work-pandemic/index.html.

인재 확보 전쟁에서 어떻게 이길 것인가

1. Jones, S. (2021). 'Dropbox's billionaire founder Drew Houston says the 40-hour office week is a thing of the past and the pandemic has changed work', *Business Insider*, 28 September. https://www.businessinsider.com/dropbox-drew-houston-40-hour-office-work-week-is-over-2021-9.

2. Future Forum (2021). 'Future Forum pulse', October 2021. https://futureforum.com/pulse-survey/.

3. Deloitte (2021). '2021 Fortune/Deloitte CEO Survey'. https://www2.deloitte.com/us/en/pages/chief-executive-officer/articles/ceo-survey.html.

4. Future Forum (2021). 'Winning the war for talent in the post-pandemic world', 15 June. https://futureforum.com/2021/06/15/future-forum-pulse/.

5. Fuller, J. B. and Raman, M. 'The caring company: How employers can cut costs and boost productivity by helping employees manage caregiving needs'. https://www.hbs.edu/managing-the-future-of-work/research/Pages/the-caring-company.aspx.

6. Future Forum (2021). 'Winning the war for talent in the post-pandemic world', 15 June. https://futureforum.com/2021/06/15/future-forum-pulse/.

7. Bersin, J. (2013). 'Employee retention now a big issue: Why the tide hasturned', *LinkedIn*, 16 August. https://www.linkedin.com/pulse/20130816200159-131079-employee-retention-now-a-big-issue-why-the-tide-has-turned/.

8. Gandhi, V. and Robison, J. (2021). 'The "Great Resignation" is really

the "Great Discontent"', *Gallup*, 22 July. https://www.gallup.com/
workplace/351545/great-resignation-really-great-discontent.aspx.

9. Harter, J. (2021). 'U.S. employee engagement rises following
    wild 2020', *Gallup*, 26 February. https://www.gallup.com/
    workplace/330017/employee-engagement-rises-following-
    wild-2020.aspx.

10. Chamorro-Premuzic, T. (2015). 'Why group brainstorming is a
    waste of time', *Harvard Business Review*, 25 March. https://hbr.
    org/2015/03/why-group-brainstorming-is-a-waste-of-time.

11. Future Forum (2021). 'Winning the war for talent in the post-
    pandemic world', 15 June. https://futureforum.com/2021/06/15/
    future-forum-pulse/.

12. Choudhury, P. (R.) (2021). 'Our work-from-anywhere future',
    Harvard Business Review, November–December. https://hbr.
    org/2020/11/our-work-from-anywhere-future.

13. Lorenzo, R., Voigt, N., Tsusaka, M. and Krentz, M. (2018). 'How diverse
    leadership teams boost innovation', 23 January. https://www.bcg.
    com/en-us/publications/2018/how-diverse-leadership-teams-
    boost-innovation.

14. JoshBersin.com (2015). 'Why diversity and inclusion has become a
    business priority', 7 December. https://joshbersin.com/2015/12/why-
    diversity-and-inclusion-will-be-a-top-priority-for-2016/.

15. McKinsey & Company (2021). 'Race in the workplace: The black
    experience in the U.S. private sector', 21 February. https://www.
    mckinsey.com/featured-insights/diversity-and-inclusion/race-in-
    the-workplace-the-black-experience-in-the-us-private-sector.

16. Subramanian, S. (2021). 'Moving from retrofit to redesign on diversity,
    equity, and inclusion: A how-to guide for leaders', *Future Forum*, 15
    June. https://futureforum.com/2021/06/15/moving-from-retrofit-to-
    redesign/.

17. Subramanian, S. (2021). 'Moving from retrofit to redesign on diversity,
    equity, and inclusion: A how-to guide for leaders', *Future Forum*, 15
    June. https://futureforum.com/2021/06/15/moving-from-retrofit-to-

redesign/.

18. William Samuelson, W. (1988). 'Status quo bias in decision making', *Journal of Risk and Uncertainty*, 1, pp. 7 – 59. https://web.mit. edu/curhan/www/docs/Articles/biases/1_J_Risk_Uncertainty_7_ (Samuelson).pdf.

1단계_무엇을 위해 변하려 하는지에 집중하라

1. Keller, V. (2015). 'The business case for purpose', *Harvard Business Review*. https://assets.ey.com/content/dam/ey-sites/ey-com/en_gl/ topics/digital/ey-the-business-case-for-purpose.pdf.

2. Pendleton, D. (2021). 'CEO who built GitLab fully remote worth 2.8 billion on IPO', *Bloomberg*, 14 October. https://www.msn.com/en-us/money/companies/ceo-who-built-gitlab-fully-remote-worth-2-6-billion-with-ipo/ar-AAPw2db.

3. Sarasohn, E. (2021). 'The great executive-employee disconnect', *Future Forum*, 5 October. https://futureforum.com/2021/10/05/the-great-executive-employee-disconnect/.

2단계_공정함에 집착하라

1. Cohen, J. R. and Single, L. E. (2001). 'An examination of the perceived impact of flexible work arrangements on professional opportunities in public accounting', *Journal of Business Ethics*. https://doi. org/10.1023/A:1010767521662.

2. Barrero, J. M., Bloom, N. and Davis, S. J. (2021). 'Don't force people to come back to the office full time', *Harvard Business Review*, 24 August. https://hbr.org/2021/08/1-force-people-to-come-back-to-the-office-full-time.

3. Telstra 'Our leadership team'. https://www.telstra.com.au/aboutus/ our-company/present/leadership-team.

4. Jones, S. (2021). 'Slack is telling execs to limit their office days to 3 a week to encourage other staff to work from home', *Business Insider*, 29 September. https://www.businessinsider.com/slack-executives-come-into-office-less-set-remote-work-example-2021-9.

5. Sarasohn, E. (2021). 'The great executive-employee disconnect', *Future Forum*, 5 October. https://futureforum.com/2021/10/05/the-great-executive-employee-disconnect/.

6. Parker, P. (2020). *The Art of Gathering: How We Meet and Why It Matters*. New York: Penguin Publishing Group.

7. Perlow, L. A., Hadley, C. N. and Eun, E. (2017). 'Stop the meeting madness', *Harvard Business Review*, July – August. https://hbr.org/2017/07/stop-the-meeting-madness.

8. Chamorro-Premuzic, T. (2015). 'Why group brainstorming is a waste of time', *Harvard Business Review*, 25 March. https://hbr.org/2015/03/why-group-brainstorming-is-a-waste-of-time.

9. Mullen, B., Johnson, C. and Salas, E. (1991). 'Productivity loss in brainstorming groups: A meta-analytic integration', *Basic and Applied Social Psychology*, 12. https://www.tandfonline.com/doi/abs/10.1207/s15324834basp1201_1?journalCode=hbas20.

10. Stanford VMware Women's Leadership Innovation Lab (2021). 'Fostering inclusive workplaces: The remote work revolution', 12 October.

3단계_철저히 구성원 중심으로 하라

1. Schiffer, Z. (2021). 'Apple asks staff to return to office three days a week starting in early September', *The Verge*, 2 June. https://www.theverge.com/2021/6/2/22465846/apple-employees-return-office-three-days-week-september.

2. Schiffer, Z. (2021). 'Apple employees push back against returning to the office in internal letter', *The Verge*, 4 June. https://www.theverge.com/2021/6/4/22491629/apple-employees-push-back-return-office-internal-letter-tim-cook.

3. Amazon.com (2021). 'Amazon offering teams more flexibility as we return to office', 11 October. https://www.aboutamazon.com/news/workplace/amazon-offering-teams-more-flexibility-as-we-return-to-office.

4. Kupp, H. (2021). 'The hybrid how-to: How leaders can embrace

flexible working models', *Future Forum*, 15 June. https://futureforum. com/2021/06/15/the-hybrid-how-to/.

5. Riedl, C. and Williams Woolley, A. (2020). 'Successful remote teams communicate in bursts', *Harvard Business Review*, 28 October. https://hbr.org/2020/10/successful-remote-teams-communicate-in-bursts.

6. Perlow, L. A., Hadley, C. A. and Eun, E. (2017). 'Stop the meeting madness', *Harvard Business Review*, July-August. https://hbr.org/2017/07/stop-the-meeting-madness.

7. Ramachandran, V. (2021). 'Stanford researchers identify four causes for "Zoom fatigue" and their simple fixes', *Stanford News*, 23 February. https://news.stanford.edu/2021/02/23/four-causes-zoom-fatigue-solutions/.

4단계_과거의 관습으로부터 도망쳐라

1. Dam, R. F. and Siang, T. Y. '5 stages in the design thinking process', *Interaction Design Foundation*. https://www.interaction-design.org/literature/article/5-stages-in-the-design-thinking-process.

2. Duck, J. D. (1993). 'Managing change: The art of balancing', *Harvard Business Review*, November-December 1993. https://hbr.org/1993/11/managing-change-the-art-of-balancing.

3. Duck, J. D. (1993). 'Managing change: The art of balancing', *Harvard Business Review*, November-December 1993. https://hbr.org/1993/11/managing-change-the-art-of-balancing.

5단계_디지털 본사를 세우라

1. Deci, E. L. and Ryan R. M. (2014). 'Autonomy and need satisfaction in close relationships: Relationships motivation theory'. In N. Weinstein (Ed.), *Human Motivation and Interpersonal Relationships: Theory, Research, and Applications*. Springer Science + Business Media. https://doi.org/10.1007/978-94-017-8542-6_3.

2. Dr. Lieberman, M. and Dr. Eisenberger, N. (2008). 'The pains and pleasures of social life: a social cognitive neuroscience approach',

NeuroLeadership Journal. https://www.scn.ucla.edu/pdf/Pains&
Pleasures(2008).pdf.

3. HermanMiller.com. 'Belonging at work'. https://www.hermanmiller.
    com/research/categories/white-papers/belonging-at-work/.

4. Sarasohn, E. (2021). 'Priya Parker on what leaders should consider
    before bringing teams back together', *Future Forum*, 13 October.
    https://futureforum.com/2021/10/13/priya-parker-on-bringing-
    your-team-back-together/.

5. Statista (2020). 'Volume of commercial real estate transactions
    completed in the United States from 2007 to 2020', 24 June. https://
    www.statista.com/statistics/245103/real-estate-capital-flows/.

6. Shankman, S. (2020). '5 questions with GitLab's head of remote on
    business travel', *TripActions*, 19 June. https://tripactions.com/blog/
    q-and-a-darren-murph-head-of-remote-at-gitlab.

7. Foster, W. (2019). 'How to run a company retreat for a remote team',
    Zapier, 1 April. https://zapier.com/learn/remote-work/how-run-
    company-retreat-remote-team/.

8. Foster, W. (2020). 'How to build culture in a remote team', *Zapier*, 18
    March. https://zapier.com/learn/remote-work/how-build-culture-
    remote-team/.

9. Tippin, M., Kalbach, J. and Chin, D. (2018). 'The definitive guide to
    facilitating remote workshops', First edition, *MURAL*, June. https://
    assets.website-files.com/5ddd9c3f2186308353fe682d/5ea880b8d87d
    1751adea578b_The%20Definitive%20Guide%20To%20Facilitating%20
    Remote%20Workshops%20(V1.5).pdf.

10. Macnee, D. (2021). 'Building a connected organization', *Future
    Forum*, 15 June. https://futureforum.com/2021/06/15/building-a-
    connected-organization/.

11. Macnee, D. (2021). 'Building a connected organization', *Future
    Forum*, 15 June. https://futureforum.com/2021/06/15/building-a-
    connected-organization/.

12. Work Life with Adam Grant (2021). 'Taken for granted: Indra Nooyi
    wants us to Reimagine the return to the office', 26 October.

6단계_사람을 관리하려 들지 마라

1. Bariso, J. (2018). 'Google spent a decade researching what makes a great boss. It came up with these 10 things', *Inc.*, 18 July. https://www.inc.com/justin-bariso/google-spent-a-decade-researching-what-makes-a-great-boss-they-came-up-with-these-10-things.html.

2. Milner, J. and Milner, T. (2018). 'Most managers don't know how to coach people. But they can learn', *Harvard Business Review*, 18 August. https://hbr.org/2018/08/most-managers-don't-know-how-to-coach-people-but-they-can-learn.

3. Edelman. 'Edelman trust barometer 2021'. https://www.edelman.com/sites/g/files/aatuss191/files/2021-05/2021%20Edelman%20Trust%20Barometer%20Spring%20Update_0.pdf.

4. Beck, R. and Harter, J. (2015). 'Managers account for 70% of variance in employee engagement', *Gallup Business Journal*, 21 April. https://news.gallup.com/businessjournal/182792/managers-account-variance-employee-engagement.aspx.

5. Fayol, H. (2013). *General and Industrial Management*. Mansfield Centre, CT: Martino Fine Books.

6. Charterworks.com (2021). 'Interview: Why the best managers ask more questions', 3 October. https://www.charterworks.com/why-the-best-managers-ask-more-questions/.

7. Edmondson, A. C. (2018). *The fearless organization: Creating psychological safety in the workplace for learning, innovation, and growth*. Hoboken, NJ: Wiley.

8. McKinsey & Company (2021). 'Psychological safety and the critical role of leadership development', 11 February. https://www.mckinsey.com/business-functions/people-and-organizational-performance/our-insights/psychological-safety-and-the-critical-role-of-leadership-development.

9. Grant, A. (2021). 'Building a culture of learning at work', *Strategy + Business*, 3 February. https://www.strategy-business.com/article/Building-a-culture-of-learning-at-work.

10. Atkins, A. (2020). 'A modern leader's guide to organizational trans-parency', *Slack*, 1 October. https://slack.com/blog/transformation/a-modern-leaders-guide-to-organizational-transparency.

11. Kossek, E. E., Barber, A. E. and Winters, D. (1999). 'Using flexible schedules in the managerial world: The power of peers', *Human Resource Management*, 8 March. https://onlinelibrary.wiley.com/doi/abs/10.1002/(SICI)1099-050X(199921)38:1%3C33::AID-HRM4%3E3.0.CO:2-H.

12. McGregor, L. and Doshi, N. (2015). 'How company culture shapes employee motivation', *Harvard Business Review*, 25 November. https://hbr.org/2015/11/how-company-culture-shapes-employee-motivation?registration=success&registration=success.

13. Blackwell, A. G. (2017). 'The curb-cut effect', *Stanford Social Innovation Review*, Winter. https://ssir.org/articles/entry/the_curb_cut_effect.

14. Blackwell, A. G. (2020). 'Why the curb-cut effect is key to beating COVID-19', *PolicyLink*, 12, 1 July. https://www.policylink.org/commentary/curb-cut.

15. Cross, R., Benson, M., Kostal, J. and Milnor, M. J. (2021). 'Collaboration overload is sinking productivity', *Harvard Business Review*, 7 September. https://hbr.org/2021/09/collaboration-overload-is-sinking-productivity.

16. Stanford VMware Women's Leadership Innovation Lab (2021). 'Fostering inclusive workplaces: The remote work revolution', 12 October.

7단계_오직 성과로 판단하라

1. Mortensen, M. and Gardner, H. K. (2021). 'WFH is corroding our trust in each other', *Harvard Business Review*, 10 February. https://hbr.org/2021/02/wfh-is-corroding-our-trust-in-each-other.

2. Mortensen, M. and Gardner, H. K. (2021). 'WFH is corroding our trust in each other', *Harvard Business Review*, 10 February. https://hbr.org/2021/02/wfh-is-corroding-our-trust-in-each-other.

3. Price, D. (2021). 'It's time to stop measuring productivity', Work Life, *Atlassian*, 10 August. https://www.atlassian.com/blog/productivity/the-problem-with-productivity-metrics.

4. Kantor, B. (2018). 'The RACI matrix: Your blueprint for project success', *CIO*, 30 January. https://www.cio.com/article/2395825/project-management-how-to-design-a-successful-raci-project-plan.html.

5. Gallup (2020). 'State of the American workplace report', 6 February. https://www.gallup.com/workplace/285818/state-american-workplace-report.aspx.

6. Gallup (2017). 'State of the American workplace report'. https://qualityincentivecompany.com/wp-content/uploads/2017/02/SOAW-2017.pdf.

7. Morgan, B. (2018). 'The un-ignorable link between employee experience and customer experience', *Forbes*, 23 February. https://www.forbes.com/sites/blakemorgan/2018/02/23/the-un-ignorable-link-between-employee-experience-and-customer-experience/?sh=36a349b848dc.

8. Judd, S., O'Rourke, E. and Grant, A. (2018). 'Employee surveys are still one of the best ways to measure engagement', *Harvard Business Review*, 14 March. https://hbr.org/2018/03/employee-surveys-are-still-one-of-the-best-ways-to-measure-engagement.

부록_유연근무를 위한 툴

1. Eliza Sarasohn, "Priya Parker on What Leaders Should Consider Before Bringing Teams Back Together," Future Forum, October 13, 2021, https://futureforum.com/2021/10/13/priya-parker-on-bringing-your-team-back-together/.

옮긴이 | 박소현

중앙대학교 영문학과를 졸업하고 서강대학교에서 국문학 석사 학위를 받았다. 현재 편집자 겸 번역가로 일하고 있다. 번역한 책으로 《교정이 필요 없는 영어 글쓰기》, 《아이와 미술에 대해 이야기하는 법》이 있다.

완전히 자유로운 근무 공간과 시간, 유연근무로 앞서가는 기업들 이야기

그들은 왜 사무실을 없앴을까

제1판 1쇄 인쇄 | 2023년 3월 25일
제1판 1쇄 발행 | 2023년 3월 30일

지은이 | 브라이언 엘리엇, 쉴라 수브라마니안, 헬렌 쿱
옮긴이 | 박소현
펴낸이 | 오형규
펴낸곳 | 한국경제신문 한경BP
책임편집 | 김정희
교정교열 | 한진영
저작권 | 백상아
홍보 | 이여진 · 박도현 · 정은주
마케팅 | 김규형 · 정우연
디자인 | 지소영
본문디자인 | 디자인 현

주소 | 서울특별시 중구 청파로 463
기획출판팀 | 02-3604-590, 584
영업마케팅팀 | 02-3604-595, 562   FAX | 02-3604-599
H | http://bp.hankyung.com   E | bp@hankyung.com
F | www.facebook.com/hankyungbp
등록 | 제 2-315(1967. 5. 15)

ISBN 978-89-475-4887-8   03320